아, PTSD 온다.

아, PTSD 온다.

지 은 이 · 성태종, 한인숙 지음
펴 낸 이 · 성상건
편집디자인 · 자연DPS
표지디자인 · 정희정

펴 낸 날 · 2024년 2월 2일
펴 낸 곳 · 도서출판 나눔사
주 소 · (우) 10270 경기도 고양시 덕양구 푸른마을로 15
301동 1505호
전 화 · 02)359-3429 팩스 02)355-3429
등록번호 · 2-489호(1988년 2월 16일)
이 메 일 · nanumsa@hanmail.net

ISBN 978-89-7027-910-7 03180

값 19,000원

다양한 트라우마 경험자의 폭풍 같은 성장을 이룬 위대한 이야기 50선

아, PTSD 온다.

Part1: 이해할 수 없다면 트라우마

성태종 | 한인숙 지음

나눔사

《이해할 수 없다면 트라우마》는 뛰어난 역작이다.

이 책에 담긴 통찰력, 사람에 대한 연민과 따사로움은 트라우마 경험자를 더욱 안전감 있게 치유하면서 '트라우마 후 성장'이라는 확증을 자신 있게 보여 준 것에 찬사와 박수를 보낸다. 그리고 이 책은 상처로 아파하는 현대인들에게 일기예보와 같은 느낌으로 다가온다. 날씨가 흐리면 비가 올 것이고, 추우면 눈이 내릴 것이다. 그래서 비가 온다는 예보가 있으면 우산과 따뜻한 옷을 준비하듯이, 이 책은 마음의 일기예보를 미리 보여주는 지침서라고 해도 과언이 아니다.

"기억 저편에 사라진 깊은 상처를 찾는 것이 잃어버린 나를 찾는 것이다."

이 글귀는 잔잔한 마음에 소용돌이처럼 생기를 불어 넣어준다. 나는 40여 년을 심리학 교수, 상담전문가로서의 길을 걸어왔고, 임상에 대한 중요성을 항상 강조해왔다. 이 책은 트라우마에 대한 임상 50사례를 기록하고 있다. 한 사례 한 사례가 너무나도 보배롭고 생명을 살리는 글임을 실감하며 감격하여 연신 눈물을 흘렸다. 정신건강 분야는 물론 의료분야 전문가들, 교육 전문가들, 사회복지 전문가들, 심리전문가들, 트라우마 경험자들과 그들의 가족, 아동학대와 폭력으로 몸살을 앓는 초·중·고·대학 관계자들에 이르기까지 행복을 찾기를 원하는 모든 사람들에게 반드시 원만한 해결책을 제시해 줄 것이다.

공보길 대학총장
(Special Assistant of Simpson University, Pac Rim Bible College and Seminary)

이 책은 현대사회에서 점점 더 많은 사람들이 직면하는 트라우마에 대한 현명하고 현실적인 지침을 제공한다.

현대의 빠른 변화의 속도와 심리적 압박 속에서 우리는 종종 내면의 상처와 싸워야 한다. 그러므로 이 책은 트라우마 경험이 있는 많은 독자들에게 손을 내밀어주는 따뜻한 안내서이다. 저자는 전문적이고 따뜻한 글쓰기로 우리에게 트라우마와의 싸움에서 벗어나 새로운 시작을 할 수 있는 방법을 제시하고 있다. 간결하면서도 감성적으로 전달되는 이 책의 내용은 독자들이 자신의 감정에 직면하고, 과거의 상처를 치유하며 자아(Self)를 찾아가는데 도움을 줄 것이라 확신한다. 특히 각 장마다 트라우마를 극복하는데 도움이 될 수 있는 행동 전략들이 담겨져 있어 독자들은 이를 통해 상처를 치유할 수 있는 지침을 얻게 될 것이다. 또한 현대인들이 직면하는 다양한 트라우마에 대한 이해와 치유에 관한 실용적인 통찰을 제공하여, 어떠한 어려움에도 불구하고 강하게 세상과 자신에 맞서 나갈 수 있는 지혜로운 동반자가 되어줄 것이다. 《이해할 수 없다면 트라우마》를 통해 다가오는 미래에 새로운 삶의 문을 활짝 열어보길 바래본다.

김성철 대학원장
(백석대학교 보건복지대학원장, NPO 경영학과 교수, 한국사회갈등조정학회장)

《이해할 수 없다면 트라우마》는 단순한 책이 아니다.

트라우마의 본질을 깊이 있게 탐구한 여정의 결과물이다. 이 책은 우리 삶에 깊게 뿌리내린 트라우마를 이해하고, 그것을 인식하며 치유하는 과정을 사례를 통해 세심하게 다루고 있다. 저자가 연구한 트라우마 통합심리치유(PNT, Physical Nervous system Therapy, 신체신경치유)를 통해 독자들이 자신의 과거와 감정을 이해하고, 궁극적으로 자신을 더 깊이 발견할 수 있도록 안내하고 있다. 이 책은 트라우마가 개인의 생각, 감정, 행동에 미치는 영향을 심도 있게 분석하여 자신의 과거를 정확히 인식하게 한다. 나아가서 현재의 행동과 반응을 이해하도록 돕는 과정을 통해 자아 발견과 성장의 중요한 단계가 되도록 유도한다. 저자는 자신의 경험과 전문지식을 바탕으로, 트라우마가 우리 삶에 어떻게 깊숙이 관여하는지를 명확하게 설명해주고 있다. 또한 트라우마 치유와 관련된 실질적인 방법과 전략을 제공하면서 이론적 지식뿐만 아니라, 실제적인 치유기법과 독자가 자신의 트라우마를 극복할 수 있는 구체적인 방법을 제시하는 독창적인 특징을 가지고 있다.

이 책은 트라우마를 가진 모든 이들에게 희망의 메시지를 전달하며, 더 나은 내일을 향한 길잡이가 될 것이다.

임은조 교수

(미국 Caroine University 뇌인지융합전공 교수)

이 책은 저자의 십 수 년 동안 노력의 결과인 아름다운 책이다.

트라우마 임상 사례에서의 다양한 치유와 트라우마 통합심리치유(PNT, Physical Nervous system Therapy, 신체신경치유)를 통하여 클라이언트가 그 치유에서 어떻게 반응하며, 그들이 과거의 파괴적 삶에서 다시 조화로운 삶으로 연결되는 과정을 매우 세심하게 보여 준다. 이 책의 각각의 사례들에서는 막연한 추측이 아니라 과학적인 신경과학, 뇌과학, 상담, 인문학, 미술 등의 모든 학문적 연구에 근거한 적용방식들을 체계적으로 알기 쉽게 풀어내고 있으며, 트라우마의 치유기법에 대한 섬세한 이론적 틀을 보여 준다. 특히 저자가 직접 개발한 통합 트라우마 기법인 PNT 신체신경치유의 핵심 기법을 통하여(트라우마가 일어난 원인과 시기를 정확하게 찾음), 트라우마로 인하여 움직임이 멈춰버려 경직되고 혼란을 겪는 클라이언트들이, 신경계가 회복되어 유연하고 활기차며, 안정적인 삶을 향한 움직임을 다시 가동시키는 통합의 과정을 매우 세밀하게 보여 준다. 우리 사회에 존재하는 각종 트라우마는 개인과 가족, 사회생활의 모든 측면에 큰 영향을 미친다. 트라우마로 인한 폭력, 우울, 불안, 절망, 불면 등의 고통에서 벗어나 온전한 삶을 누리기 위해서는 누군가는 '아픈 사람들'과 좀 더 가까이 호흡하며 삶과 질병, 슬픔과 기억, 사랑과 고통에 대한 각자의 진실에 한층 다가설 수 있어야 한다.

이 책은 그 일을 소명으로 삼고 오랫동안 임상 현장에서 연구하고 상담을 하면서, 인간의 지혜와 특성을 과학적인 통찰로 풀어내고 궁극에는 하나님과의 영적 소통을 통하여 한 생명 한 생명에게 숨결을 불어 넣은 귀한 결실의 기록이다. 이러한 결실이 의료 보건 종사자들,

상담사들, 트라우마로 고통 받는 피해자들, 그의 가족과 친지들, 그러한 폭력의 상황에서 벗어나고자 해결방안을 모색하는 모든 사람들에게 가이드라인이 되어줄 것으로 확신한다. 이 훌륭한 PNT신체신경치유 기법은 앞으로 트라우마 치유의 혁신을 가져올 것이다. 이 치유 기법이 전 세계에 널리 알려져 고통 받는 모든 사람들에게 희망의 빛이 될 것임을 확신한다.

손하윤 트라우마 전문가

(Simpson University 상담심리학 겸임교수, 두뇌트레이닝전문가, 최면·음악치유전문가)

현대인들은 스트레스와 과거 속에 갇혀 있는 트라우마로 인해 소통의 자존감을 상실하고 내 삶의 주인이 내가 될 수 없는 생활을 지속하며 살아가고 있다.

《이해할 수 없다면 트라우마》는 그러한 트라우마를 극복하고 성장하며, 결국 내 삶의 주인공으로 살아가는 사람들의 이야기다. 그러한 불굴의 주인공들의 아름다운 과정을 사례 중심을 통해 생생하게 함께 지켜볼 수 있었던 것은 더없는 영광이었다. 상처와 고통에서 벗어나려고 애쓰는 사람들은 반드시 읽어야 할 책이다.

임정옥 교수

(한국뇌건강협회 부회장, 〈두개천골요법 처치 시 심박변이도와 Alpha리듬 지표의 변화〉외 4편 저자, 박사)

《이해할 수 없다면 트라우마》는 지금까지 만난 심리치유와 트라우마에 관한 그 어떤 도서보다 체계적이고 뛰어난 성과를 이룬 역작이다.

트라우마에 대한 깊은 열정과 전문지식을 가지고 실제 상담현장에서의 경험을 바탕으로 한 사례 중심의 이론서로도 손색이 없다. 또한 다양한 트라우마 피해자와 만나 그 어려움을 극복한 치유의 지혜를 가득 담은 놀라운 책이다. 이 책을 트라우마 피해자와 이들의 친지, 그리고 우리 사회에 항상 존재하는 트라우마로부터 벗어나고자 하는 분들과 사례를 다루는 상담사, 각계각층의 전문가들에게 적극적으로 추천한다.

우준미 심리전문가
(심리상담 NO1. 새꿈마음 심리상담센터 수석상담사)

서두에 먼저 성태종 박사와 한인숙 박사에 대한 감사의 인사를 전하고 싶다.

새꿈마음 심리상담센터와 트라우마 심리연구소를 운영하면서 의학 분야에서 다루지 못하는 부분들을 심리전문가로서 명확하게 지적해 주고, 성경의 진리로 기초를 삼아 하나님이 만드신 사람들의 본마음으로 돌아가게 하는 수고와 노고에 목회자로서 크나큰 감동과 감사의 찬사를 보내고 싶다.

《이해할 수 없다면 트라우마》는 고통 속에서 힘들어하는 많은 사람들에게 새로운 희망과 소망으로 세상을 바라볼 수 있는 마음의 눈을 열어주어 밝은 사회 속에서 행복한 삶을 살아갈 수 있는 원동력을 제공하지 않을까 생각한다.

나는 목사로서 많은 성도들에게 마음의 위로와 평안을 심어주기 위해서 성심성의껏 일해 왔지만 나 자신에 대한 아픔과 고통을 해결할 수 없을 때가 있었다.

그때 성태종 박사와 한인숙 박사를 만나 심리치유, 뇌 회복(뉴로피드백, 브레인온), 트라우마 치유를 통해서 막혀있던 체증이 뚫어지는 느낌과 시원함으로 치유된 체험을 한 적이 있다. 트라우마 치유를 통해 아픔과 고통이 언제 어디서 어떻게 왔는지를 정확하게 알게 되었고, 마음 깊이 숨어 있는 아픔의 상처를 치유할 수가 있다는 것을 알게 되었다. 사람의 이론으로는 이해할 수 없는 부분들이지만, 이 책을 통해서 많은 사람들이 고통에서 자유스러움으로 회복되는 축복이 있으리라 기대해본다.

정드보라 목사
(영성센터 영성상담사, 개혁연대총회 중부노회장, 공항반석교회 담임목사)

성태종 박사가 개발한 트라우마 통합심리치유(PNT, Physical Nervous system Therapy, 신체신경치유)는 놀랍고도 경이로울 정도로 드라마틱(dramatic)하다.

단 한번의 트라우마 치유를 통해서 수십 년이 된 불면증과 우울과 무기력으로 고생하는 분들이 완치되는 장면을 직접 보면서 감탄을 금치 못했다. 그리고 트라우마와 뇌 손상에 대한 전문적인 지식을 알려주는 지침서로《이해할 수 없다면 트라우마》는 국내에서 유일무이한 가이더가 될 것이다. 트라우마 치유 시스템에 뇌활성화 의료기기 브레인온(Brain On)이 미약하나마 도움이 되었다니 기쁘고 감사하다. 언제나 따뜻한 마음으로 아픈 이들을 어루만지는 트라우마 심리연구소 성태종 원장님과 연구원에게 멀리서나마 지속적인 응원과 박수를 보낸다.

양진영 회장
(뇌활성화 의료기기전문회사 브레인온 Brain On 그룹)

기억저편에 사라진 깊은 상처를 찾는 것이
잃어버린 나를 찾는 것이다

우리 부부는 20여 년간 상담사의 길을 함께 걸어오며 수만 명의 상처 받은 마음들을 만났다. 그들은 일생을 통해 잃어버린 자신을 찾기 위해 고뇌와 번뇌 속에서 살고 있었다. 그리고 자신의 증상과 고통을 해결하기 위해 안간힘을 다하며 애를 쓰고 있었다. 그러나 정작 자신이 무엇 때문에 아픈지, 어떤 도움이나 해결책이 필요한지도 모른 채 그렇게 무방비의 상태에서 살아가고 있었다.

이유는 간단했다. 고통과 상처로 인해 눈에 보이는 결과에만 관심을 가졌을 뿐이다. 가장 중요한 근본적인 원인은 보려고 하지 않았다는 것이다. 우리가 살아가면서 우리 자신에게 가장 큰 영향을 주는 사건은 생후 얼마 되지 않아서 발생한다고 한다. 또 어린 시절의 부정적인 기억(미국 ACE는'아동기 부정적 경험〈Adverse Childhood Experiences〉'이란 연구를 통해 그러한 경험을 얼마나 많이 겪었느냐가 정신적, 신체적 건강에 어떤 영향을 미치는지 추적한 결과를 발표했다. 전체인구 중 64%의 사람들이 최소한 1개 이상의 부정적 경험으로 인해 자신들의 건강이 위협받고 있다는 사실이 밝혀졌다) 속에서 지속적인 고통이 발생되고 타인보다는 자신이 직접 경험한 사건으로 인해 지배적인 영향을 받으며 살아가게 된다는 결론을 보고했다.

그런데 시간이 지나면서 경험한 사건에 대한 기억은 차츰 흐려지고 사라지게 마련이다. 그러나 우리는 자신도 모르게 기억을 잃어버린 채, 몸으로 기억되는 아픔과 부정적인 감정만을 느끼면서 평생을 신체적·정신적인 고통을 가지고 살아가게 된다. 그것이 자신의 인생에서 얼마나 큰 부정적인 영향을 미치는지, 자신의 인생을 송두리째 좌지우지하고 있다는 사실조차 망각하고 살아가게 된다.

필자가 오랜 기간 연구하고 개발한 트라우마 통합심리치유(PNT, Physical Nervous system Therapy, 신체신경치유)의 핵심은 바로 트라우마의 원인과 대상, 정확한 시기를 찾아 변형된 신경계를 회복시켜주는 것이다.

그러한 정확한 원인과 시기를 찾아내게 되면 내 몸속에 존재하고 있는 자연치유력이 깨어나게 된다. 서서히 막연했던 흐릿한 기억들이 퍼즐 조각처럼 맞춰지게 되면서, 특정 시기에 힘들었던 사건들이 떠오르게 된다. 비로소 내가 무엇을 두려워했고 무엇을 그렇게 불안해했는지 인식하게 된다. 그래서 회피하고 외면하면서 강한 척 했으며 아무렇지도 않은 척 그렇게 살았던 나를 정확하게 알게 되며 인정하게 된다.

트라우마 경험자들은 트라우마 통합심리치유인 PNT를 통해서 나의 상태를 구체적으로 정확하게 알게 된 것에 대해 매우 신기해한다.

그리고 드라마틱(dramatic)한 치유과정에서 과거의 혼란스러운 경험들이 자연스럽게 연결되고 통합되는 과정을 경험하면서 매우 놀라게 된다. 따라서 트라우마 치유의 핵심은 외면하고 인정하지 않았던 자신의 내면을 정확하게 바라보고 인식하는 것이다.

사람들은 자신의 트라우마 사건의 상황이 어떻게 흘러갔는지를 정확하게 기억하지 못한다. 왜냐하면 트라우마 상태는 현재를 머무는 뇌의 기능이 마비되어 있고 과거에 머물러 있기 때문이다. PNT신체신경치유 세션을 통해서, 그 상황을 견디고 있는 자신의 감정과 신체감각을 기억해내고, 인정하고 인식하게 되면서 특정 시기의 트라우마가 현재에 자신의 삶에 어떤 영향을 주고 있는지 정확하게 통찰하게 된다. 전 세계에 트라우마 치유법은 많지만 뇌에서 기억하지 못하는 어린 시절, 유아기, 태아기 때의 부정적인 상처로 고통을 받는 시기와 원인, 그 대상을 명확하게 찾는 방법은 PNT신체신경치유 기법이 국내외에서 유일하다.

필자는 수많은 트라우마 경험자들을 만나면서 그들의 상한 마음에 환한 등불이 켜지게 하고, 담대하게 자신의 깊은 상처와 대면하여 눈물의 재회를 하고, 이를 통해 잃어버린 자신을 찾게 되고, 도저히 이해할 수 없었던 트라우마(PTSD)를 극복하는 모습을 함께 할 수 있었다.

지금까지 독자 여러분이 가지고 있는 트라우마에 대한 개념들이 이 책을 통해 새롭게 조명되길 바란다. 흔히 트라우마라고 하면 전쟁이나 지진, 큰 사고로 인한 정신적인 충격 정도로 여기는 사람들이 의외로 많다. 이는 '사건 트라우마(쇼크 트라우마)'로서 한번의 충격적인 사고로 인한 외상 트라우마 사건이다. 우리가 흔히 고통으로 몸부림치는 상처의 대부분은 어린 시절의 불안정 애착, 그 시절의 부모님으로부터 반복적으로 들은 부정적인 피드백, 자기 자신에 대한 존재감의 상실, 수치심과 무시당한 경험, 개인의 삶 속에서 자신감을 잃게 만드는 일상에서의 공포 경험들이다. 즉 교실에서 오줌 싼 경험, 발표할 때의 실수, 길을 잃어버린 경험, 왕따 경험, 엘리베이터에서 갇힌 경험, 엄마에게 충격적으로 혼난 사건 등을 지칭할 수 있다. 이러한 부정적이고 제한적인 신념이 고착화되면서 스스로 자신의 잠재력을 발휘하지 못하고 위축되거나 불만족스러운 삶을 살게 된다. 그것이 트라우마로 남아 성인이 된 지금까지 자신의 발을 묶고 꿈을 포기하게 만든다. 이것이 어린 시절의 트라우마, 즉 '발달 트라우마'라고 한다.

그래서 수많은 트라우마 경험자들이 어린 시절 겪은 그 기억조차 하지 못하는 상처이기에 그 원인을 본인으로서는 도무지 알 수가 없다. 속수무책으로 고통만 강요를 당하는 것이다.

필자가 상담현장에서 많은 내담자를 만나다 보면 가장 많이 듣는 말 중의 하나가 이런 표현이다.

"도저히 이해할 수가 없어요."

그렇게 상담이 진행되다 보면 여지없이 이런 결론에 도달한다. '도저히 이해할 수 없는 그것'은 대부분이 트라우마(PTSD)라는 사실에 직면한다는 것이다. 트라우마 (PTSD)는 생명을 위협할 정도의 극심한 스트레스(정신적 외상)를 경험하고 나서 발생하는 심리적 반응이다.

정신적 외상이란 충격적이거나 두려운 사건을 당하거나 목격하는 것을 말한다. 이러한 외상들은 대부분 갑작스럽게 일어나며, 경험하는 사람에게는 심한 고통을 주고, 일반적인 스트레스 대응 능력에 압도당하게 되어 그런 상황에 적절하게 대처할 능력을 상실하게 된다.

이해할 수 없는 상황이 다수 발생한다고 생각이 되면 무조건 스트레스나 분노로 스스로 해결하려 하지 말고 일단 트라우마를 의심해 보길 당부한다. 그래서 필자는 부부상담이나 사랑하는 연인들을 만나는 상담현장에서 항상 이런 메시지를 건넨다.

"사랑하는 사람과 서로 반지를 교환하듯이 트라우마를 맞교환하라."

처음에는 누구나 그렇듯 눈에 콩깍지가 끼어서 상대가 어떤 것을 하든지, 무슨 행동을 하든지 모든 것이 사랑스럽다. 그러나 시간이 지남에 따라 상대의 행동과 말과 눈빛과 표정에서 견딜 수 없는 분노와 수치감을 느끼게 된다. 그리고 왠지 모르게 자신의 행동을 이해할 수 없음에 의아해하고 힘겨워하는 자신을 만나게 된다. 이런 상황이 바로 트라우마가 촉발(Trigger) 된 상황으로 전쟁이 일어났다는 사이렌 소리가 뇌에서 울리기 시작한 것이다. 견딜 수 없는 분노를 일으키게 한 상대를 오로지 응징하려고 한다. 모든 이유를 자신을 힘들게 한 대상에게 전가하며 말이나 폭력을 동반한 전쟁을 벌이게 되는 것이다. 이러한 악순환을 습관적으로 반복하게 되면 이것이 트라우마로 인한 갈등상황, 위기상황인 것이다.

그래서 사랑하는 사람이 생겼다면, 부부간의 심각한 갈등이 발생했다면, 그리고 그 사랑하는 사람을 지키고 싶다면 진지하게 자신을 돌아보면서 예물을 교환하듯이 서로의 트라우마(그리스어로 '상처'라는 의미)를 교환하는 진지한 시간을 가져보길 바란다.

트라우마를 가장 명확하고 정확하게 설명한 성서 구절을 여러분에게 소개하고 싶다. 수 년 전에 이 말씀을 통해 영감을 받아 트라우마 기법을 만들 수 있었다.

> "만일 네가 마음을 바로 정하고 주를 향하여 손을 들 때에
> 네 손에 죄악이 있거든 멀리 버리라 불의가 네 장막에 있지 못하게 하라
> 그리하면 네가 반드시 흠 없는 얼굴을 들게 되고 굳게 서서 두려움이 없으리니
> 곧 네 환난을 잊을 것이라 네가 기억할지라도 물이 흘러감 같을 것이며
> 네 생명의 날이 대낮보다 밝으리니 어둠이 있다 할지라도 아침과 같이 될 것이요
> 네가 희망이 있으므로 안전할 것이며 두루 살펴보고 평안히 쉬리라
> 네가 누워도 두렵게 할 자가 없겠고 많은 사람이 네게 은혜를 구하리라."
> (욥기11:13~19)

많은 사람들이 트라우마를 치유한 후에 상담사에게 물어본다. '치유가 잘 되었는지?' 어떻게 알 수 있어요? 트라우마에 대한 기억은 그대로 남아 있지만, 더 이상 내 몸에 영향을 주지 않는 것을 통해서 알 수 있다. 「~네가 기억할지라도 물이 흘러감 같을 것이며...」

상처, 곧 트라우마가 없는 사람은 없다. 아직 자신의 트라우마가 무엇인지 모르고 살아가는 사람이 있을 뿐이다. 혹은 자신의 내면의 영성으로 스스로의 약점과 분노를 잘 다스리고 있는 사람도 있을 것이다.

필자가 생각하는 치유는 이런 것이다. 진정한 참자아(self)와 상처로 인해 만들어진 또다른 부분자아(part)가 통합되어 서로 사랑 안에서 협력하는 것이다. 우리 내면에 존재하는 참자아(self)는 긍휼과 자비와 겸손과 온유와 오래 참음의 성품을 갖고, 각 부분들에 대해 용납하고 용서하며, 내면 깊숙한 곳에서 사랑과 치유가 임하게 된다.

필자는 오랜 기간 대학병원에서 외상후스트레스장애(PTSD)진단을 받았다. 그 경험을 토대로 이 책을 썼다. 갇히고 얼어붙어 상처받은 부분자아에 둘러싸여 있는 그 고통과 아픔을 극복하고 진정한 참자아(self)를 찾아내는 방법을 개발하여 지금은 아픈 마음에 밝은 빛을 전해주는 트라우마 치유사의 길을 걷고 있다.

마지막으로 나는 확신한다.

아프고 상한 마음에 빛이 들어가면 밝은 희망과 꿈이 소생할 것이다. 이제 이 책을 손에 든 사람이라면 그 빛이 연결될 줄 믿으며, 부디 자신을 찾아가는 여정에 희망의 밝은 꽃을 피우길 바래본다.

2023년 12월 성태종, 한인숙

[본 저서는 다양한 사건의 트라우마 경험자 및 복합외상 피해자들이 상담을 통해 어떻게 회복이 되고, 자신을 재구성하여 궁극적으로 자아정체성을 회복해 나가는지의 기록이다. 대중적으로 편안하고 이해하기 쉽게 성별, 지역, 연령 등 다양하고 폭넓은 50case의 참여자들의 경험 진술을 토대로 심리치유 과정을 이야기 방식으로 집필하였다. 다양한 트라우마 경험사례로 함께 해주신 모든 분들께 진심으로 감사함을 전한다.]

트라우마는 나의 친구, 애벌레는 찬란한 나비가 되기 위해 친구의 손을 잡을 용기를 냅니다.

내게는 그리움이 때론 아픔이 되는 순간이 있다.

언제나 늘 세상에서 제일 귀하고, 예쁜 딸로 키워 주시려 했던 아버지, 어머니!

지금은 저 멀리 하늘의 별로 계시는 두 분은, 어느 날 그리움으로 밀려와 내 삶의 인내의 임계치를 넘어 버리는 날에는 심장에 깊은 구멍이 나서 피가 흐르는 아픔이 될 때가 있다. 두 분은 늘 언제나 이렇게 그리움이고 아픔이다.

그리고 두 분이 살아계실 때, 늘 아파하셨던 사건이 있었다. 우리 가족에게 가장 크고 슬픈 기억은 아버지, 어머니에게는 늘 현재진행형의 고통이었다. 가끔 나에게는 기억도 없는 그때의 일을 툭 던지듯이, 조심스럽게, 아주 조금만 꺼내어 놓으실 때가 있었다. 나는 감히 다 알 수는 없었지만, 엄마의 눈에 비치던 눈물의 의미를 어렴풋이 헤아릴 수가 있었기에 차마 그 일에 대해서 깊이 여쭤볼 수가 없었다. 그저 가끔 넋두리처럼 흘리신 이야기 속에서 평생 가슴에 품으셨던 자식이 있었다는 것을 어렴풋이 알게 되었다.

내가 어릴 때 집에 불이 나서 내 위의 언니를 잃으셨는데, 돌아가실 때까지 마음속에서 꺼내 놓지도 못하시고, 늘 아물지 않는 상처를 보일까, 들킬까 꼭꼭 싸매셨던 것을 기억한다. 내가 그 마음을 좀 헤아려 어떤 일이 있었는지, 마음은 어떤지 살펴 드렸으면 좋았을 텐데, 지금도 후회가 많이 남는다.

나는 30년을 음악 교사로 살았다. 어릴 때는 동네에서 가장 예쁜 옷을 입고 뭐든 하고 싶은 것은 모자람 없이 하였으며, 그 시절 피아노까지 사주시며 내게 음악의 길을 걷게 해주신 두 분의 사랑은 지금도 기억에 선명하다. 자식에게 최선을 다하여 헌신하셨고, 마을의 이웃들마저 늘 살뜰하게 살피셨던 부모님, 그것을 보고 자라서 그런지는 몰라도 이웃의 아픔을 그냥 지나치지 못했다.

'나는 왜 이러한 상황을 지나치지 못할까? 이렇게 마음이 아프니 차라리 외면하고도 싶은데, 그게 잘 안 돼 오히려 괴롭다!'

자라면서도 남들처럼 먹고 마시고 흠뻑 취해 즐기는 삶이 전혀 달갑지 않았다. 오히려 몸이 힘들더라도 나눔을 실천할 때가 더 기쁘고 보람을 느낄 수 있었다.

그런가 하면 자라면서 이러한 삶의 방식이 나에게는 어떤 의미인지, 늘 의문을 가지고 있었다. 또한 매년 4월이면 습관처럼 찾아오는 무기력증과 우울증은 한 달, 두 달을 넘기면서까지 나를 괴롭혔다. 그것에서 벗어나기 위해 나는 온몸으로 저항하며 이겨내고자 하였다. 예술가 지망생이 겪는 계절성 우울증이라기에는 너무나 심각하게 괴로웠다. 또한 대학생 시기 내내 나의 존재의 이유라도 증명하듯 감성적이고 슬픈 곡을 소화하기 위해 듣고 치는 모든 피아노곡들은 나를 더 깊은 내면의 우울로 데리고 갔다.

여느 친구들처럼 그저 대학생활의 재미를 찾고 평범하고 발랄하게 지내도 아무도 탓할 사람은 없었다.

나만 유독 그런 성향이었을까, 나를 묶고 있는 그 어떤 자존감 비슷한 그 무언가는 늘 자신을 옥죄며 깊은 나락으로 나를 떠밀었다. 그러한 제어하지 못할 감정들은 수시로 나를 찾아와 괴롭히며 날카로운 생채기를 내었다. 물론 친구들은 이런 나를 전혀 알지 못했다. 그들에게는 그저 풍족하고 다른 이들에게 잘 베풀고, 뭐든 부족한 것이 없는 부러운 아이였다. 그러나 한편으로는 친구들에게 이러한 두려움과 불안에 잠겨있는 나를 보이기 싫어 얼마나 애를 쓰고 감추며 살았는지 모른다.

그래서 나는 더 완벽하게 보이려 노력을 했다. 모든 면에서 더 철저하게 보안을 유지하며 흠집이라고는 없는 학생이고자 했다. 그 무겁고 견고한 자물쇠는 타인의 출입을 엄격하게 통제하는 최후의 방어선이었다.

그러나 이러한 나의 이중적인 삶과 대책 없는 견고함은 나중에 시간이 흘러 결혼을 하고서도 아이들에게 그대로 투사되어 나타났다. 나를 전혀 돌보지 않고, 온몸과 마음으로 남에게 헌신하고 자신을 몰아붙였다. 나는 부모로서, 엄마로서 아이들에게 온전하게 다 주어야 한다는 책임감으로 오직 아이들만을 위한 삶을 살았다. 아이들도 내가 그렇게 하니, 모든 일이 다 잘 될 것이라고 생각하는 듯했다.

어느 날 건강에 문제가 왔다. 그럼에도 불구하고 '나는 이래야 한다.'라는 강한 믿음으로 자신을 더 옭아매었다. 수시로 밀려오는 공허함과 외로움은 몸의 구석구석을 점점 더 갉아먹고 있었다. 나의 몸과 마음은 채울 수 없는 그 무언가로 점점 더 피폐해져 갔다. 그러나 다른 사람들은 알지 못했다. 가족들은 물론 그 누구도.

비로소 작은 아이가 대학생이 되었을 때 아이들이 이렇게 권하는 것이었다.

"엄마도 이제 하고 싶은 것을 하세요."

자신들만 보고 살아온 엄마가 안쓰럽다는 말도 덧붙였다. 그때를 계기로 나는 나의 삶을 그제서야 찬찬히 돌아보게 되었다. 어릴 때, 나는 늘 1등이었다. 초등학교 3학년 때 쓴 가을이라는 주제로 시 경시대회에 나간 적이 있었다. 전부는 기억이 나지 않지만 가을 낙엽을 소재로 쓴 그 시의 끝부분에 이런 문장을 썼던 기억이 난다.

'여봐라, 내 동생 왕관 만들어라'

그 작품으로 나는 00시 전체에서 시 부분 최우수상을 받기도 하였다.

나는 늘 재주가 많은 아이였다. 그런데 지금 나는 무엇인가? 거기에 생각이 미치자 허망함과 더불어 깊은 자괴감에 빠질 수밖에 없었다. 슬프고 괴로웠다. 피아노도 노래도 늘 1등이었지만 손가락에 관절염이 와서 건반을 놓은 지 오래 되었고, 노래는 컨디션이 안 좋으면 늘 나타나는 천식으로 그 또한 놓은 지 오래 되었다. 전교 1등을 자랑하던 나의 명석함은 강박과 우울로 허둥지둥하는 삶이 되어있는 나를 직시하게 했다.

나의 이 채워지지 않은 갈증은 도대체 무엇인가? 이렇게 엉켜있는 실타래의 원인은 또 무엇인지, 그리고 나는 아직도 찬란한 나비가 아닌 애벌레로 꿈틀대고 있는 모습에 괴로웠고 나의 존재에 대해 근원적인 의문이 드는 것이었다. 여러 가지 풀리지 않는 이 갈증들로 혼란스러울 때, 트라우마 심리연구소에서 치유를 받게 되었다. 나는 어머니가 평생 상처로 갖고 계셨던 그때의 화재 사건을 해결하고 싶었다. 어머니가 자세하게 말해 주시지는 않았지만 틈이 나면 공허하게 한숨을 쉬시던 어머니의 그 얼굴이 아직도 기억에 생생하다.

'니가 아주 어린 아이였을 때, 그때 니 언니가 하늘나라로 갔어. 너는 내가 안고 나와서 괜찮았고.'

나는 생각했다. 내가 기억하지 못하는 그때의 사건이 혹시 내게 트라우마로 남아 있지는 않았을까 하는 생각과 지금 내가 가지고 있는 불면증, 우울, 두려움, 아이들에 대한 집착과 호흡기 문제(천식)가 그때의 그 화재 사건과 연관이 있는 것은 아닌지 궁금해지기 시작했다.

간단한 뇌파검사를 통하여 나타난 뇌파의 파형은 눈을 감고 있을 때 오히려 과활성화 되는 파형을 보여 나의 불면증에 대한 현재의 상태를 정확하게 보여주었다. 이어서 실행한 HTP 그림 검사에서 우뇌의 불안증, 두 팔을 무기력하게 내려놓고 있는 사람의 그림과 약한 수관과 경계 없는 나무 그림은 또한 지금의 나의 상태를 그대로 보여주는 것에 스스로 너무나 놀라웠다. 나 스스로 그림 검사를 하고 있고 해석을 할 수 있는데도 무의식의 나는 정확하게 그대로 표출되어 나타났다.

주위가 온통 조용했다. 그런 상태로 온몸의 편안함을 느끼고 시작된 한 번의 트라우마(PTSD) 치유는 더욱 놀라웠다. 나의 트라우마 발생 시기는 **'생후 2개월 아기였을 때'**라는 결과가 도출되었다. 그때의 상황에 직면하자 보이는 것은 '꼼짝도 못 하고 누워 있는 어린 아기가 살려달라'고 울부짖는 모습이었다. 두 팔을 꼼짝도 못 하고, 온몸이 무기력한 아기는 그저 세상이 떠나가라 울고만 있었다. 아기에게 필요한 것은 누군가의 도움이었을 텐데, 나는 차마 그 장면을 볼 수가 없어 너무 괴로워 어찌할 바를 모르고 있었다. 잠시 치유가 중단되기도 하였다. 그러나 상담사의 전문적인 치유기술과 내담자에 대한 사랑과 인내는 결국 나를 정확하고 확실하게 그곳으로 안내한 것이었다.

나의 얼어붙었던 가슴이 어느 순간에 녹아내리고, 눈물이 왈칵 쏟아졌다. 그리고 얼마 지나지 않아 명치 부분이 시원해지는 느낌이었다. 가슴 저 밑에서 무언가 부드러운, 엄마의 손길이 분명한 듯한 느낌이 느껴지고 온몸이 편안하게 풀어지는 듯했다. 그러자 내 안의 편안함이 밀려오고 나는 비로소 그 장면을 제대로 볼 수 있었다. 나는 두렵고 고통스러웠을 그 '무기력한 아기'를 아주 부드럽게 안아 올렸다. 지금까지 두려움과 무기력에 짓눌려 아무것도 할 수 없었던 그 작은 어린 아기는 성인이 되어 두 아이의 엄마가 된, 정년을 바라보는 60이 넘은 중년의 나에게 아직도 계속 남아 울고 있었던 것이다.

모든 것을 집어 삼킬 듯한 화마와 매캐한 연기 속에서 얼마나 두려웠을까, 그 아이가 바로 나였던 것이었다. 아기는 말갛고 환한 모습으로 함박웃음을 지었다. 나는 비로소 그 아기를 살려낸 것이다. 그리고 아기는 환한 웃음으로 아주 편안하게 나를 바라보았다.

나는 알 수 있었다. 생명을 위협하는 상황 속에서 살려 달라는 울음밖에는 아무 것도 할 수 없었던 그 무기력과 두려움과 불안이 나를 평생 몰아붙이는 삶을 살게 했음을 말이다. 그리고 그 무의식적인 충격은 시시때때로 밀려오는 우울로 나타났으며, 나의 재능을 발휘하는데 발목을 잡았다는 사실도 알 수 있었다. 그리고 스스로에게 지웠던 타인들과의 경계는 '나는 그냥 그렇게 사는 것이어야 한다'는 잘못된 신념으로 변질된 것이었다.

너무나 당연하게 포기해 버린 삶의 휴식과 불면의 시간이 얼마나 길었는지 아무도 모른다. 그 두려움과 불안과 무기력의 거대한 쓰나미는 나를 평생 지배하고 억누르고 괴롭혔다. 나는 그것을 나도 모르게, 당연한 것으로 받아들였다. 그러나 이렇게 분명한 이유가 있었던 것을 꿈에도 미처 생각하지 못했다. 두려움에 휩싸여 누군가의 손길을, 엄마의 손길을 애타게 기다렸을 연약한 생명의 울부짖음이 그토록 오랫동안 외면되어 왔던 것을 말이다.

찬찬히 나의 삶을 돌아보니 실타래가 비로소 풀리는 느낌이 들었다. 그렇게밖에 될 수 없었던 이유가 하나하나 눈에 보이자, 나 자신에게 참 애쓰고 열심히 살았다고, 수고했다고, 고생했다고 위로해주고 싶었다. 그리고 괜찮다고.

그날 나는 아주 편안하게 잠을 잤다. 그 이튿날도 마치 엄마의 품에 편안하게 안겨 잠든 어린아이처럼 깊은 잠을 잤다. 그리고 트라우마 치유 후 그 이튿날에는 하루 종일 배에서 가스가 나오는 기이한 현상을 경험했다. 아마도 그날의 화재로 인해 많은 연기가 내 몸에 남아 있다가 빠져나가는 느낌이 들면서 아주 오래된 천식도 치유될 것이라는 믿음마저 생기는 것이었다.

나는 이제 불면과 불안과 두려움, 무기력이 날 찾아오면 다정한 모습으로 이렇게 말할 것이다.

'이제 괜찮아, 네가 나를 많이 걱정하는구나. 이제는 내가 너를 아주 편안하게 해줄게. 걱정하지 말고 나랑 잘 지내자. 편히 쉬고 편히 지내렴. 나는 잘 할 수 있어. 날 믿어. 언제나 네 곁에 있을게. 사랑해.'

"기억조차 못하는 내안의 상처로 울었지만 이제는 웃으면 말할 수 있다."

또 하나, 하늘의 별로 계시는 두 분, 아버지 어머니께서도 자식을 지키지 못했다는 죄책감에서 벗어나 이젠 편안해지셨으면 한다. 그리고 먼저 간 딸과 반갑게 재회하시고 회포를 푸셨기를 바란다. 그리고 당신이 사랑하셨던 딸은 이제 애벌레의 허물을 벗고 찬란한 나비가 될 것이기에, 축하를 해주시기를 바란다. 하늘에 계시는 아버지, 어머니, 그리고 한 번도 보지 못했지만, 나의 하나뿐인 언니, 사랑합니다. 그리고 고맙습니다.

끝으로 나를 대면해 한순간도 긴장의 끈을 놓지 않고 사랑과 인내로 기다려 주시고 마침내 나의 깊은 고통의 고리를 끊을 수 있게 도와주신 트라우마 전문가이신 성태종 박사님과 한인숙 박사님께 깊은 감사를 드린다.

트라우마 치유를 경험한 'S'선생님의 치유전·후의 뇌파사진과 HTP 그림검사 비교

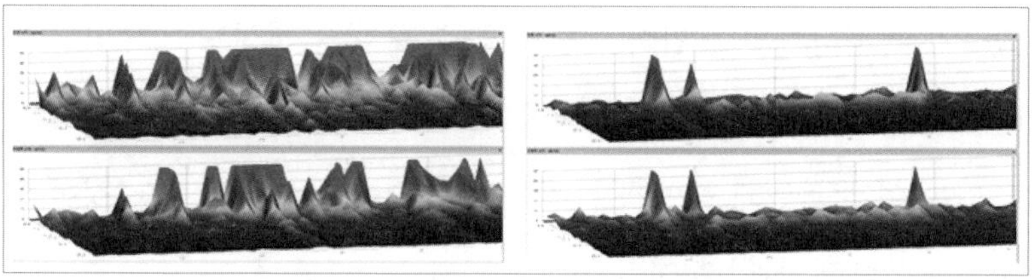

치유전의 뇌파사진(좌우불균형과 불안정을 보이는 트라우마 상태)　　치유후의 뇌파사진(좌우균형과 안정을 보이는 건강한 상태)

트라우마 치유 전에는 극심한 공포와 두려움, 불안, 스트레스로 좌우불균형이 심하게 나타나는 트라우마 뇌파가 출연하였으나, 트라우마 치유 후에는 과활성은 안정을, 비활성은 활성화를 이루어 두뇌의 균형이 맞추어졌다.

[트라우마치유전 그림검사]

[그림해석]

환경이 주는 압박감으로 내면의 부적절함에 대한 과잉 보상 욕구, 불안정감, 불안에 대한 신경증적 상태, 사회적 인정, 타인과의 친밀한 관계에 과도하게 비중을 두면서 방어적이거나 불안한 양가감정, 자아강도 약함, 불확실하고 모호한 상태, 자율적이지 못하고 경직된 상태로 유연함과 생기(에너지)가 부족하고 회피성이 그림을 통해 나타나고 있다.

[트라우마치유후 7일경과 그림검사]

[그림해석]

유연함과 생기(에너지)가 상승하고, 그로 인해 내면의 욕구가 드러났으며, 활동성과 자아강도의 상승, 불확실하고 모호한 상태와 불안정한 내면의 상태에서 안정적이고 현실성의 상승이 유의미하게 보이고 있다.

HTP 그림 검사는 종이와 연필을 이용한 투사 검사로 피검사자들이 그린 집-나무-사람 그림을 통해 성격 발달, 에너지 상태, 뇌 발달 정도, 정서적인 면들과 역동적인 면 등을 파악할 수 있는 검사 도구이다.

한인숙 박사는 십여 년간 미술을 전공한 후 심리학을 공부하여 그림을 통한 심리분석은 정확하고 예리하기로 유명하다. 그래서 채널A'아빠본색'이라는 프로에 출연하여 예능 출연진들의 그림을 통해 심리를 해석하고 심리상담을 진행하기도 하였다.

차 례

다양한 트라우마 경험자의
폭풍 같은 성장을
이룬 위대한 이야기 50선

Part1: 이해할 수 없다면 트라우마

1. 25년 동안 뒷목이 아프게 된 트라우마의 원인

수정 씨(가명)는 55세의 기혼여성으로 현재 심리센터에서 상담사 일을 하고 있다.

그녀는 긴 머리를 틀어 올리고, 156센티미터의 작은 키에 오밀조밀한 이목구비로 매우 귀여운 모습을 하고 있었고 웃는 얼굴이 정말 매력적이다. 매사 자신감 넘치는 태도와 행동으로 자기 확신의 확고함을 그대로 보여주는 사람이다. 남편은 두 살 연하이며 재혼가정이다. 남편은 재혼 전 딸 하나를 두었다. 수정 씨는 전 남편과의 사이에서 두 딸과 아들을 두어 지금 아이들은 넷인 상황이다. 남편과의 사이는 매우 좋고 이전의 결혼에서 가지고 있는 상처들을 서로 보듬어주고 서로 치유해주는 등 바람직한 결혼생활을 하고 있다.

남편 또한 수정 씨의 아이들에게 진심을 가지고 아버지로서의 역할을 다하고 있다. 각자가 가지고 있는 상처와 문제들을 회피하지 않고 진심으로 노력하여 해결하려 하고, 그런 노력이 서로의 원 가족에도 선한 영향력을 끼치고 있다. 남편과 아내 집안에 형제간의 경직되고 소원했던 분위기가 긍정적인 관계로 바뀌는 등 시댁과 친정의 모습까지도 이제는 가족들이 사랑으로 연결되어 관계들이 너무 자연스럽게 좋아졌다고 한다. 가족 내에서 수정 씨와 남편의 역할은 그야말로 대단한 것이었다. 물론 다른 형제들도 각자의 역할에 충실했지만 거의 모든 집안의 대소사를 그들이 주관하고, 집안에 어려운 일이 생기면 그것들은 해야 할지 말지에 대한 고려의 대상이 아니라 마땅히 해야 한다는 마음가짐으로 함께 협력했다. 수정 씨와 남편 모두 이런 삶의 여러 일들이 서로에 대한 믿음과 사랑에 대한 보답이라고 생각한 것이다.

수정 씨는 트라우마 경험자로 트라우마 관련된 치유를 5회 정도 받았다. 이번 세션에서는 오랫동안 고질병처럼 붙어있는 '뒷목의 고통과 불편함'이 혹시 트라우마로 인한 것은 아닌지 알고 싶어 했다. 25년 이상이나 거북목 상태로 뒷목 윗부분이 아프면서 저려오는가 하며 왼쪽 어깨와 팔은 굳어서 뻣뻣해졌다. 설상가상 지금은 오른쪽 어깨와 팔에까지 통증이 엄습해 오고 있어 삶의 질이 현저히 떨어진다고 하소연을 했다.

심리센터의 상담 일이 끝나고 집으로 오면 몸의 기운이 다 소진되어 아무것도 하고 싶지 않고 편하게 쉬고 싶었다. 그럴 때 수정 씨의 기분과 감정을 남편이 알아주지 않으면 분노가 치밀고 죽고 싶은 생각이 올라와서 자신을 극한의 벼랑으로 내밀어 폭풍이 몰아치는 바닷속으로 깊이 들어가고 싶다는 생각까지 든다고 했다. 남편은 더없이 자상했고 죽음의 계곡에서 자신을 구해준 세상에 둘도 없는 착하고 좋은 남자라고 생각하며 살고있다. 그러나 그렇게 불안과 공포, 분노와 우울이 자신을 엄습해 올 때면 어김없이 '내가 이 인간 앞에서 죽어 버려야지'하는 극한의 상황으로 자신을 몰고 간다고도 했다.

수정 씨는 자신 안에 남아 있는 특정 시기의 트라우마로 인하여 몸이 경직되고 마음이 혼란스럽게 되어 그러한 파괴적인 행동이 나오게 되지는 않았을까 하는 의문이 들었다고 했다. 그래서 트라우마 치유를 통해 그 원인을 알기를 원했다.

'뒷목의 고통과 불편함'에 대해서 트라우마 통합심리치유 기법인 PNT(신체신경치유)와 사이밤(SIBAM)을 통해 신체감각, 이미지, 행동, 감정에 어떤 의미가 있는지 우선적으로 탐색해 보았다. 뒷목이 아프게 된 트라우마를 염두에 두고 질문을 했을 때 수정 씨는 신체감각(Sensation)은 뒷머리가 좀 띵한 느낌과 특정한 이미지(Image)는 없다고 단호하게 대답했다. 행동(Behavior)에 대한 질문에는 그냥 인상을 쓰는 것 외에 별 생각이 안 든다고 대답을 했다. 그때 느끼는 감정(Affect)에 대해서 묻자 이렇게 대답했다.

'별 감정이 없다. 굳이 감정이 있어야 하는가. 누구라도 사는 게 그렇지 않느냐?' 다소 냉소적인 표정을 지으며 평소의 그녀답지 않게 짜증스럽고 귀찮다는 듯 이해할 수 없이 둔감하게 말을 하였다. 그렇다. 이해할 수 없다면 트라우마를 일단 의심해 보아야 한다. 치유 세션이 종료될 쯤에야 그 부분이 트라우마 상황에서 벗어나지 못하고 있었다는 것을 알게 되었다. 처음에는 자신의 감정에 대해 회피하는 모습을 보였으나 나중에는 자신이 너무 불쌍하다며 많은 눈물을 흘렸다. 뒷목이 아프게 된 트라우마는 당신에게 어떤 의미(Meaning)가 있느냐는 질문에 '자신이 혹사당하고 있다'는 생각이 든다고 했고, 혹사당함의 의미는 '가슴이 찢어지는 슬픔'이라고 대답했다.

본 치유 전에 뇌파 검사를 실시했다. 좌·우 뇌의 밸런스가 매우 흐트러져 있었고, 불안, 긴장, 스트레스 뇌파가 확연하게 관찰되었다. 우선 호흡을 통하여 수정 씨를 편안한 상태로 이끌고, 머리끝부터 발끝까지 이완 작업을 한 후 뒷목이 아프게 된 트라우마의 원인을 탐색하기 위해 몸이 기억하는 정보(Information that the body remembers)를 이용하여 트라우마가 시작된 정확한 시점과 원인과 대상을 찾아낼 수 있었다. 뇌파(brain wave)를 통해 트라우마 전후를 확인할 수 있어 수정 씨는 좀 더 안전한 느낌을 받는다고 하였다. 트라우마 심리치유기법(PNT Physical Nervous system Therapy, 신체신경치유)을 통해 수정 씨는 **"27세 12월 전 시어머니로 인해"** 그 증상이 자신에게 찾아왔음을 명확하게 찾을 수 있었다.

수정 씨는 27살 12월에 전 시어머니와의 일을 하나씩 기억해 내면서 많은 감정들이 교차하는 듯 힘겨워하는 모습을 보였다. 경제관념이 없는 시어머니로 인해 시댁이 빚더미에 앉아 어쩔 수 없이 수정 씨의 집으로 시댁 어른들이 들어와서 같이 살게 되었다. 그 집은 수정 씨가 열심히 일을 해서 돈을 모아 산 집이었다. 수정 씨는 미술유망주로 대학 졸업 후에 입시학원을 하였는데, 그 당시 아이들 입시성적이 좋아 매우 인지도가 높은 선생님이었다. 그런데도 불구하고 시부모가 그녀의 집에 얹혀사는 처지임에도 시부모의 구박과 입에 담을 수 없는 욕설을 견뎌야 했다. 주객이 전도되어도 단단히 잘못된 것이었다. 시어머니의 막무가내는 인내의 한계를 시험하는 듯했다. 시어머니의 정서적 학대와 언어폭력은 수정씨로 하여금 불안과 긴장, 무력감의 극한으로 내몰았다.

결정적인 사건은 기어코 일어나고 말았다. 감기가 심하게 들어 고열이 나고 아무 것도 먹을 수도 없는 탈진상태에서 누워 있는 수정 씨를 일으켜 세우고는 무릎을 꿇게 하고 시어머니는 이렇게 말했다.

"가정교육을 못 받고 자라서 그런지 시부모 앞에서 이렇게 태연하게 누워 있다니, 어디서 배워먹은 버르장머리냐?"

입에 담을 수도 없는 욕설과 폭언을 하면서 수정 씨를 벼랑 끝으로 몰아세웠다. 그때 당시의 남편은 전혀 수정 씨를 도와주지 못하고 방관만 했고, 그런 남편을 도저히 믿고 살 수가 없다는 생각이 그날 들었다고 한다. 수정 씨는 이렇게 생각했다고 한다.

'나는 이제 이 집에서 나가야겠다. 저 나이 많은 사람들을 내보낼 수는 없으니 내가 나가야겠다.' 수정 씨에게 이제 더 이상 그들은 부모님이 아니었던 것이다.

그렇게 마음을 먹고 그대로 집을 나왔을 때가 '27세 되던 해 12월 23일'이었다는 것을 기억하게 되었다. 「트라우마를 탐색하기 전에는 기억 저편에 사라져 그 사건을 전혀 기억하고 있지 않았다.」 이 모든 부정적인 선택의 언저리에는 무언의 목소리가 항상 남아 있었다. 그녀의 친정 어머니는 늘 이렇게 말씀하셨다고 한다.

"어른들은 다 생각이 있어서 그런 거다. 너는 아직 어려서 그 깊은 마음을 헤아릴 수 없단다. 진중하게 기다려라."

이 말 때문에 극한의 고통을 받으면서도 시부모를 믿으려고 애쓰며 살다가 끝내 자신의 집도 가정도 지키지 못하고 바람이 매섭게 부는 27세 되던 해 12월 23일에 '몰골이 그야말로 비쩍 마른 거지꼴'을 하고 주머니에 돈 몇천 원을 들고 친정집을 찾아가게 되었다고 한다.

친정 대문은 굳게 닫혀 있었다. 막막한 비참함 속에서 공중전화로 친정 오빠한테 전화를 걸어 대성통곡을 했다고 한다.

“오빠, 나 엄마한테 왔는데, 엄마가 안 계셔. 그리고 돈도 없고 너무 추워. 오빠가 나 좀 데려가 줘.” 그날 친정 부모님은 크리스마스를 맞이하여 따뜻하고 맛있는 음식과 함께 오빠 집에서 행복한 시간을 보내고 있었던 것이다.

그렇게 오빠의 도움으로 친정 부모님의 집으로 돌아와 부모님과 함께 지내며 그때의 고통스러운 마음과 두려움을 견딜 수가 없어 미친 듯이 일을 하게 되었다고 한다. 무려 식당에서 12시간 이상을 일했다고 한다. 5살밖에 안 된 딸을 못 키울까 봐, 못 데려올까 봐, 혹시 시어머니가 나한테 했던 것처럼 내 딸에게도 그 못된 짓을 하지 않을까? 그런 불안과 두려움이 엄습할 때면 수정 씨는 그 감정을 회피하려고 더욱 더 일에만 몰두했다고 한다. 이후 아이 아빠의 회유와 큰딸에 대한 미안함으로 수정 씨와 아이아빠, 큰딸 이렇게 세 식구가 친정집에 얹혀살며 아이 둘을 더 낳고 살았다고 한다. 그렇게 가정을 지키려 애썼지만 결혼생활은 그리 오래 가지 못했고, 끝내는 이혼하게 되었다고 한다.

이번 세션의 의미는 PNT(신체신경치유) 트라우마 기법을 통하여 트라우마의 원인과 시기와 대상에 대해서 정확하게 찾아내었다는 점이다. 수정 씨가 무엇을 두려워했고 무엇을 불안해했는지, 그래서 회피하고 아닌 척 강한 척 아무렇지도 않은 척 그렇게 살았던 자신을 정확하게 알게 된 것이다. 그때의 수정 씨는 약하고 나약한 모습을 다른 사람에게 보이면 자신이 아이를 키우지 못할 것이라는 막연한 불안 속에 스스로의 힘듬을 애써 외면하며 살고 있었던 것이다.

수정 씨는 이전에도 상담을 통해서 여러 번 다루었던 사건들이었지만 PNT(신체신경치유) 트라우마 기법을 통하여 구체적인 '나'의 상태를 정확하게 알게 된 것이 너무도 의미가 있고 신기하다고 했다. 그녀는 '자신이 원하는 것을 하지 못할 것에 대한 불안이 생각보다 극도로 높았다. 그로 인해 자신의 힘듦을 외면하고 인정하지 않으며 살고 있는 자기 자신을 명확하게 바라보고 인식하게 되었다.' 그리고 '그때 자신이 얼마나 아팠으며 그 고통 가운데 자신을 바라볼 힘과 안정감을 잃은 채 괜찮은 척, 안 그런 척 외면하며 얼어붙어 있던 자신을 있는 그대로 만나게 되었다.'고 한다.

트라우마 심리치유 후 그녀는 목과 팔에 뜨거운 무언가가 오랫동안 자신을 씻어내는 듯한 느낌을 받았다고 한다. 온몸에 퍼져 있는 꽉 찬 덩어리들이 쑤욱 빠져나가버린 느낌이 들면서 팔까지 시원하다고 하였다. 그녀는 이렇게 말하며 활짝 웃었다.

"힘든 상황이 오면 더더욱 그때의 트라우마가 촉발되어 아무렇지 않은 듯 애썼어요. 아무 생각이 들지 않게 하려고 감정과 신체감각을 둔감화 시켜 자신을 혹사 시키며 이해할 수 없을 정도로 몰두해 뒷목에 무리가 왔음을 알게 되었어요. 이제는 힘든 상황이 오면 남편에게 솔직하게 의논할 수 있을 것 같아요."

수정 씨는 트라우마 치유 이후 성장하고 있는 자신을 바라보며 이렇게 말했다.

난 그동안 내가 하고 싶은 것과 해야 할 것들에 있어서 불가능 이라는 것을 용납하지 않고 살았어요. 내 몸이 아파서 일을 할 수 없을 때 난 내 몸을 무시했고 그대로 밀고 나갔어요. 어떤 상황도 어떤 사람도 내 앞길을 막는 걸 용납하지 않았어요.

이제는 그런 삶을 살고 싶지 않아요. 나 자신도 그 어떤 누구라도 어떤 상황이 와도 돌아봐야 할 때 돌아보고, 사랑해줘야 할 때 사랑하며 살고 싶어요.

"기억조차 못 하는 내 안의 상처로 울었지만 이제는 웃으며 말할 수 있다."

위의 사례에서 볼 수 있듯이 신체적인 고통과 질병의 근원적인 원인을 찾아보면 대부분 트라우마와 맞닿아 있음을 알게 된다. 그리고 그 트라우마를 치유하게 되면 그 증상은 바로 소거 되거나 더 이상은 나빠지지 않고 서서히 회복된다(자연치유력)는 것을 심리치유현장 경험을 통해 알게 되었다.

2. 내가 소리 지르면 쌤은 쫓겨나나요?

훈이는 초등학교 6학년 남학생으로 엄마와 아버지, 그리고 초등 3학년의 남동생이 있다.

엄마는 어린이집을 운영하고 계시고 아버지는 대기업에 다닌다고 했다. 훈이는 4살부터 어린이집 부적응으로 심리센터에 다니며 놀이치유를 했다. 훈이의 어머니는 예민한 성격으로 항상 불안에 쌓여있었다. 때문에 아이들에 대한 통제가 심했고 거기에다 자가면역질환이 있어 입안에 심하게 염증이 생겨 음식에 대한 거부감이 크다고 했다. 자가면역질환은 외부로부터 인체를 방어하는 면역계가 이상을 일으켜 오히려 자신을 공격함으로 생기는 질병이다.

훈이 또한 보통의 키에 깡마른 체형에 안경을 쓴 모습이 까칠하고 예민해 보였다. 센터에 오게 된 경위는 이랬다. 유아기 때부터 친구를 사귀지 못하고 늘 혼자 다니는 것, 학교에서의 부적응, 피해 의식과 충동적 분노 폭발로 인해 어머니가 의뢰한 경우였다. 처음 상담실에 들어왔을 때 훈이는 의자에 앉으며 발을 책상 위에 올려놓고 이렇게 말했다.

"엄마가 오자고 해서 왔긴 했지만 여기가 마음에 안 들면 언제라도 그만둘 거예요."

아이에게서 불안과 거부에 대한 두려움이 느껴졌지만 그럼에도 불구하고 새로운 치유자에 대한 기대감이 보였다. 나는 아이의 반응에 대해 무조건적인 수용을 하며 충분히 존중한다는 표현을 했다. 그리고 이곳은 안전하고 이곳에서 버림을 받을까봐 걱정하지 않아도 된다는 말로 안정감을 전달하며 관계 형성을 시작하였다.

훈이는 산만함과 조급함, 또래 관계의 문제, 사회성 부족의 특성을 가지고 있었다. 당연히 우울과 불안에 젖은 피해의식이 높았다. 예민한 성향의 엄마는 훈이가 태어난 후 바로 어린이집을 시작하여 거기에서 일하며 훈이를 돌봤다. 평소 불안이 높아 통제 욕구는 높았으며 아이를 향한 따뜻한 정서 교류가 대체적으로 부족했다. 완벽주의자인 아버지는 누구라도 실수하는 것을 용납하지 못했다. 눈앞의 상황과 기능적인 것에 집중하느라 정서적인 접촉의 부족함을 넘어 아이를 대하는 기본적인 감정도 없는 상태였다. 이런 가정환경에 훈이는 부모와 안정적인 애착을 도저히 형성할 수가 없었다. 생애 초기에 가장 중요한 타인(부모)과의 기능적이고 따뜻한 애착 경험 부족은 양육과정에서 지속되는 부정적인 경험으로 자리를 잡았다. 엄마로부터 비롯된 듯한 타고난 예민한 기질간의 상호작용에 의해 부적응적인 증상들이 그렇게 형성된 것으로 보였다.

또한 이러한 부정적 부적응이 활성화되면서 회피하고 싶은 심리기제에 의해 극단적인 개인주의적 특성과 우울 증상이 함께 유발되었다. 이로 인한 또래 관계의 갈등은 학교생활과 정서발달에 큰 악영향을 지속적으로 주면서 우울, 불안과 같은 문제와 연결됨으로써 학교생활 부적응과 일탈 행동을 보이게 되었다. 너무도 당연한 결과였다.

훈이는 상담 초기부터 모래 놀이에 집착을 보였다. 모래 놀이실에서 자동차를 이용하여 혼자 노는 것을 즐기며 나와 교류하려는 모습은 보이지 않았다. 일방적으로 차와 게임에 대한 이야기를 했다. 상담 중에 학교에서 친구들과의 이야기 등을 간혹 하기도 했으나 놀이를 하며 자신의 관심 분야에만 신경을 집중시키려고 애쓰고 있었다. 자신의 행동이 만족스럽지 못한 결과를 만들었을 때는 공격적으로 돌변하고 강압적인 모습을 보였다.

나는 훈이에게 모든 사람은 서로가 존중해줘야 하는 소중한 존재라는 것에 대해 이야기하며 그렇게 행동할 수 있도록 규칙을 함께 정하도록 했다. 훈이는 놀이 중에 나를 비웃고 비하하며 무시하는 말투를 통해 자신의 무너진 자존심에 대한 분노를 표현하고 있었다. 자신만의 규칙을 정하고 지켜야 한다고 강요하면서 또래 관계에서 무시당하는 것에 대한 보상을 받으려고 하였다.

어머니의 상세한 이야기에 의하면 훈이의 학교생활은 듣기에 너무도 마음이 아팠다. 학교에 가면 항상 왕따와 놀림의 대상이 되어 무시를 당했으며 아무도 훈이에게 관심을 가져주지 않았다. 그러던 어느 날 훈이는 머리에 커다란 반창고를 붙이고 상담실에 들어왔다. 학교에서 피아노에 부딪쳐 머리를 꿰매는 상처를 입었다며 그 다급했던 상황에 대해 이야기했다. 나는 그런 상황에 대해 진심으로 걱정하고 관심을 가지며 위로해주었다. 훈이는 쑥스러워 하면서도 진심 어린 위로에 처음으로 마음을 여는 듯한 부드러운 표정을 지어보였다.

그러나 이후로도 훈이는 나를 자주 자신의 실험대 위에 올려놓고

난도질을 하고 싶어했다. 충분한 안정을 찾지 못하고 있었다. 칭찬과 지지를 선뜻 받아들이지 못하고 거부하거나 외면하는 모습을 자주 보였다.

그런 와중에 어머니와의 상담에서 훈이의 달라진 모습이 일상생활에서 드러나기 시작했다고 말했다. 친구들과 카톡을 하는가 하면 집으로 직접 데려와서 같이 놀기도 한다는 것이다. 그 모습에 너무 감동을 받아 울기도 했다며 감사를 표시하기도 했다.

훈이는 끊임없이 자신의 지식에 대해 이야기하며 인정받기를 원했다. 하루는 집착에 가까운 자동차 놀이를 그만두고 다른 놀이를 해야겠다고 말하는 것이다. 그 이유를 묻자 이렇게 말했다.

"자동차 놀이만 하면 비정상이잖아요."

어떻게 그런 생각을 하게 되었는지 묻자 당연한 생각이 아니냐고 반문을 했다. 자동차 놀이만 즐긴다고 비정상인 건 아니지만 다른 놀이를 하고 싶은 것도 좋은 생각이라고 대답해 주었다. 훈이는 갇혀 있던 자아에서 탈출구를 모색하고 있었다. 혼자서만 놀던 훈이는 조금씩 놀이도구를 이용하여 나와의 상호교류를 시도하면서 자신이 관심 갖는 분야에 대해 나도 관심을 가져 주기를 은근히 강요했다. 자신의 의견을 고집하면서 나의 이야기를 듣고 싶지 않을 때는 소리를 지르거나 반박을 하기도 했다.

훈이와 나는 서로를 존중하는 의사소통 방법에 대해 이야기를 나누고 구체적인 연습을 하며 타협하는 방법을 배워나갈 수 있도록 했다. 훈이는 자신에게 관심을 갖지 않는 것에 대한 반발심이 높아 상담

내내 자신에게 집중해서 이야기를 들어주기를 원했다.

훈이는 자신이 하는 게임 이야기를 즐겨했다. 그리고 학교에서 있었던 일에 대해서도 조금씩 이야기하기 시작했다. 훈이의 이야기를 들으며 자세히 관찰해 보니 주관적 해석이 심한 것은 물론 남을 탓하는 경향이 강했다.

"모르면 가만히 있어!"

훈이는 이런 표현을 자주 사용했다. 학교에서 반 아이들에게서 자주 들어온 말인 듯 했다. 훈이는 내게 자신의 이야기에 무조건적으로 맞장구 쳐 주기를 바랬다. 자신이 얼마나 인기가 많고 아이들의 우두머리로써 대단한지에 대해 이야기하며 심지어는 나의 우두머리로 군림하고 싶어했다.

나는 아이의 마음에 대해서 무조건적으로 지지해 주고 수용해 주고자 했다. 그렇게 이어진 많은 대화는 훈이로 하여금 스스로 깨우치는 계기가 된 듯했다. 아이들에게는 강압적으로 가르치려 하거나 성급하게 결론을 도출하려 강요하면 안 된다. 훈이는 자신의 허황되고 비현실적인 이야기에 대해 점점 시들해져 가는 모습을 보이면서 가끔씩 자신의 진심을 슬쩍 털어놓곤 하였다. 그런 아이에게 나는 이렇게 확신을 심어주었다.

"나는 지금 현재 너와 함께 있고 너와 함께 있는 이 시간이 아주 소중하단다."

아이의 눈이 반짝거렸다.

"제 소원이 뭔 줄 아세요? 나는 사람의 마음을 조작해서 내 말을 듣게 하는 거예요."

훈이는 타인에 대한 애정 욕구에 대한 좌절과 외로움, 소외감으로 인한 상처가 컸다. 친구들과 스스럼없이 어울리고 싶었지만 내면의 '자신 없음'으로 인해 특이한 행동이나 무리한 요구를 했다는 결론이 명확해졌다.

모래놀이 중에 훈이는 뜬금없이 자신에게 복종할 것과 자신의 이야기에 적극적으로 반응할 것을 규칙으로 정하자고 내게 제안했다. 나는 이렇게 대답했다.

"지금 여기에 우리가 함께 있는 상황에 집중하며 갑과 을의 수직적인 관계가 아니라 서로를 배려하고 존중해 줄 것을 약속하자."

나의 물러섬이 없는 단호한 역제의에 훈이는 조용히 수락을 했다. 이후로 상대의 감정 읽기, 느끼기, 서로의 감정 느끼기, 자기감정 표현하기 등의 훈련을 통해 관계와 행동의 발전이 보이기 시작했다.

어느 날 훈이는 모래실을 맘대로 사용하지 못하는 것에 대해 기분이 상해 막말을 하며 혼잣말과 행동으로 높은 공격성과 충동성을 보였다.

"선생님, 왜 모래 놀이실을 마음대로 못써요. 내가 하고 싶다는데 왜 못 해주는 거예요? 여기서 꼴찌예요? 내가 막 소리 지르면 선생님은 쫓겨나요?"

훈이는 모래실과 놀이실을 맘대로 사용할 수 없는 것에 대한 심한 반발로 더 이상 여기 있을 필요가 없다, 여긴 아웃! 이라며 나름대로의 방법으로 시위를 벌였다. 그러나 나에게 비아냥거리면서도 센터에서 내가 곤란해 질까봐 신경을 쓰는 모습을 보여주었다.

나는 아이의 속상한 마음을 그대로 수용해 주면서도 함께 사용하는 공간에서는 규칙의 중요성에 대해 상세히 알려주었다. 그리고 상대에게 어떤 이야기를 할 때는 충동적으로 하지 말 것과 자신이 한 말에 대해 책임을 질 수 있어야 한다고 당부했다. 그리고 정말 센터로 오지 않으려는 말인지에 대한 진위를 물어보았다. 매우 중요한 판단의 근거가 되는 말이라는 설명도 같이 해주었다. 아이는 고개를 숙이며 말했다.

"그건 아니에요!"

그런 일이 있고 얼마 후 학교에서의 수련회로 2주 만에 센터에 왔을 때 아이의 행동에 많은 변화가 있음을 알았다. 담배를 피우는 시늉을 하거나 깡패들이나 할 만한 행동을 흉내를 내는 것이었다. 말투는 거칠고 불량스러웠으며 행동은 거칠어 보였다. 심한 공격성을 보여 아이의 말투와 행동에 대해 자각할 수 있도록 단호하게 이야기하자 함부로 행동하려는 마음은 없음을 표현하였다. 그러나 공격적인 행동을 하며 재미있어하는 것으로 보아 환경의 영향을 너무도 쉽게 받는 아이의 내적 공허함이 그대로 느껴졌다.

훈이의 내면은 자신의 마음을 들키는 것에 대한 저항과, 알아주는 것에 대한 안도감이 교차되고 있는 듯했다. 훈이는 자신의 내면에서 일어나는 감정의 변화를 느끼고 알아차리고 탐색하는 과정을 거치며 학교나 학원에서의 사건 이야기가 많아지는 등 현실적인 소통이 어느 정도 이루어지고 있었다. 그러면서도 아직은 치유실에서 마음대로 행동하고 말하는 자신이 그대로 받아들여지기를 원했다.

나는 위험한 행동 외의 것은 수용해 주기로 했다. 시간이 지나면서 허황된 이야기가 줄어들고 분명한 사실만 이야기했다. 건강한 관계의 재경험을 통해 나에 대한 감사를 표현하기도 했다. 의사소통 방법, 단어선택, 눈 맞춤, 상대 배려에 대한 경험, 타인존중, 자신에 대한 존중, 상황존중, 이런 훈련을 지속적으로 진행했다. 일반적인 소소한 일상에 대한 이야기가 많아지면서 모래실에 대한 집착이 서서히 없어지고 있었다. 그러다가 불쑥 언어상담을 하고 싶어했다.

훈이는 정서적으로 접촉하고자 하는 욕구가 점점 강해지고 있었다. 나와의 정서적 접촉이 이루어지며 내면의 고민에 대해 이야기하기 시작했다. 중학교 생활에 대한 질문과 중학교 진급에 대한 두려움을 표현하기도 했는데, 이대로 6학년으로 있고 싶다며 중학 생활에 대한 고민을 풀어놓았다.

사실 훈이는 지속적인 부적응과 대인관계 스트레스의 신체화, 짜증, 귀찮은 정서, 과잉 활동 및 공격적 행동 등을 겪으며 회피성향과 현실 검증력 부족으로 고통을 받고 있었다. 외부의 정보가 왜곡된 방식으로 처리되어 자신에 대한 부정적인 정서로 이어진 것은 물론 자존감이 낮게 형성하게 되어 중학교에 대한 막연한 두려움과 불안이 굉장히 컸다.

하지만 나는 안다. 현실을 바로 바라볼 수 있는 힘으로 자신을 알아차리고 부딪치고 있는 훈이가 멋진 중학 생활을 하게 될 것을.

3. 손목을 그어야 숨통이 트이는 여자

송이(가명) 씨는 외동딸로 부족함 없이 풍족한 유년시절을 보냈지만 돈과 일에만 집중하는 부모님으로 인해 가정환경은 늘 적막하기만 했다.

집안일을 돕는 아줌마와 함께 지냈고 그러다 보니 어릴 때부터 부모와 불안정한 애착 관계가 형성되어 있었다. 일에 바쁜 부모님은 그녀가 중학생이 되는 해에 학교 근처 아파트에서 혼자 지내게 했다. 외동인 딸에게 모든 걸 지원해준 덕분에 송이 씨는 경제적으로는 부족함 없이 부유한 생활을 누릴 수 있었지만 늘 상대적 박탈감을 느끼며 살았고 외로움과 허전함은 자연스럽게 탈선으로 이어지게 되었다. 생애 초기 부모와 조화로운 상호작용을 경험하지 못한 애착 트라우마(PTSD)로 인해 주변 환경이나 사람들과의 자연스런 조화를 이루지 못했고, 충동조절이나 공감 능력이 부족할 수밖에 없었다. 인내심과 대처능력이 발달하지 못한 청소년기의 송이 씨는 원만하지 않은 성격으로 인해 학교와 사회생활에 적응하지 못하고 오로지 인터넷과 탈선에 몰입하였다.

그러던 중 아버지의 사업실패로 마음껏 돈을 쓸 수 없게 되자 쉽게 남자들을 사귀며 호화롭게 살고 싶어 했다. 기존의 살아온 방식이 영향을 끼친 탓도 있었다.

"뭔가를 성취해도 그다지 성취감을 못 느끼고, 남자를 만나면 뭔가 사랑받는 느낌을 받았어요. 공주 대하듯 하니까. 그런데 잠자리를 갖고 조금 지나면 사람이 달라지기 시작하는 거예요. 그럼 다른 남자를 만나고. 잘 살고 싶었어요. 일하기 싫은 것은 당연하고 고생하는 건 딱 질색이고. 그래서 돈 많은 남자를 만났어요. 그러다가 임신을 했는데, 유부남이라는 거예요. 정말 결혼했는지 몰랐어요. 아이도 있더라구요."

불안정한 애착 형성으로 속임수나 위험한 사람을 가려내는 능력과 위험에 대처할 수 있는 능력 또한 부족했던 그녀는 임신 후 남자의 수모에 가까운 모진 말과 회유 등을 겪으며 점점 피폐해지고 망가져 갔다. 끝내 임신중절수술을 하게 된 이후 그 충격으로 큰 트라우마(PTSD)에 시달리며 자신을 학대하고 자책했다.

인간에 대한 절망과 상처, 아기에 대한 죄의식에 시달리며 몸과 마음은 처절하게 망가져 갔다. 정신적으로 견딜 수 없는 극한상태가 되면 칼날로 손목을 그어야만 비로소 숨을 쉴 수 있었다. 트라우마(PTSD)로 인해 현실감이 완전히 상실되어 늘 멍한 기분으로 지냈다. 죄의식과 자신에 대한 경멸스러움을 느낄 때면 손목을 찬찬히 그으면 조금이나마 안정이 되고 위안을 얻을 수 있었다.

하지만 손목을 긋고 나면 위안에도 불구하고 깊은 수치심이 그녀를 더욱 힘들게 했고 그럼에도 자신은 중독이 된 듯 그런 행동에서 도저히 벗어날 수가 없었다. 그녀를 처음 보았을 때 약간 마른 체형에 검은색 트레이닝복을 입고 있었다. 네일아트를 화려하게 하고 속눈

썹을 길게 붙인 모습에서 습관적인 꾸밈과 함께 자신을 드러내고 싶지 않은 심리가 언밸런스(unbalance) 하게 교차되어 있었다. 그리고 미인이었다.

손은 미세하게 떨리고 있었고 눈에는 초점이 없었다. 삶에 대한 의지가 전혀 없어 보였다. 일상생활에서도 최대치 용량의 정신과 약을 복용하고 있었고 약이 없으면 전혀 잠을 자지 못한다고 했다. 사람에 대한 신뢰가 철저하게 무너지고 미움과 분노, 억울함과 죄의식이 강박으로 뭉쳐져 있어서 라포(Rapport, 의사소통에서 상대방과 형성되는 친밀감 또는 신뢰관계를 이르는 심리학 용어)형성에 오랜 시간이 필요해 보였다. 그러나 상담시간에는 빠지지 않고 꼬박꼬박 시간에 맞춰 방문하였으며 질문에도 충실했다. 일상의 괴로움 속에서 위안을 받을 누구의 도움도 받지 못했던 그녀는 약물이나 폭식, 손목을 긋는 그런 비상식적인 일상을 멈추고 싶어 했고 상담을 통해 그런 희망을 얻고자 했다.

나는 적극적 공감과 응답을 통해 그녀의 핵심감정에 접근하고자 했다. 그녀의 말에 무조건 공감해 주었고 하고 싶은 말을 다 할 수 있도록 했다. 그녀가 감정에 압도될 때에는 무조건적인 공감과 더불어 진심을 다한 존중의 태도로 신뢰감을 쌓으려 했다. 안심하고 자신의 감정을 제대로 표현할 수 있는 계기를 만듦으로서 지금까지 제대로 된 이해와 사랑을 받지 못하고 의지할 데가 없어 병이 된 그녀에게는 안전감에 대한 욕구를 충족시켜 주었다. 이후로 자신을 해치고 싶어 하는 핵심감정을 반복적으로 깨달을 수 있도록 유도하여 궁극적으로 죄의식에서 벗어나게 하여 스스로를 돌아보고 위로해 줄 수 있도록 하였다.

마음 챙김 훈련을 통해 신체의 미묘한 감각과 느낌을 인지함으로써 자신의 내부에서 무슨 일이 일어나는지 탐구하고 관찰할 수 있다. 이러한 훈련으로 내부의 수용감각 수준이 올라감으로 인해 조절력과 통제능력 또한 향상이 된다. 뭔가 안전하지 않다는 느낌에 고질적으로 시달리며 피해의식과 분노로 가득 차 있으면 타인을 배려하거나 이해하려는 의지조차 없어지게 된다. 극단의 이분법적인 사고로 거칠고 냉소적인 히스테리가 만연하게 된다. 나는 그녀 내부의 차단되어 굳어버린 감각을 끄집어내고, 감정에 압도되지 않고, 자신을 온전히 느끼는 경험을 하며, 자신의 문제를 받아들이고 스스로를 돕고, 사랑하며 위로해줄 수 있도록 하여 궁극적으로는 주체성 회복을 할 수 있도록 하였다. '주체의식'이란 자기 삶이 자신의 것이라는 느낌을 나타내는 전문용어이다. 나아가 주체성의 회복이란 핵심을 깨달아 스스로를 소중하게 여길 수 있는 상태를 의미한다.

"사랑하고 싶은 남자가 생겼어요. 그냥 엔지니어인데 굉장히 성실하고 착해요. 그 사람과 있으면 편안하고 안심이 돼요. 제가 많이 부족하지만 이 사람과 성실하게 열심히 살고 싶어요."

그녀는 스스로 깨달은 만큼 내면을 지탱할 수 있는 힘이 생겼다. 몇 차례의 트라우마(PTSD) 치유를 통해서 스스로 자신을 사랑하는 상태를 유지할 수 있었으며, 스스로가 주체가 되어 일상에서 그것을 실천해 나갔다. 또한 타인과의 유대관계를 통해 서로 사랑을 주고받으면서 건강한 삶을 확대해 나갔다.

그러던 어느 날 그녀가 수줍어하며 나를 찾아왔다. 그리고 조심스레 청첩장을 건네며 떨리는 목소리로 말했다.

"원장님, 대표님과 함께 제 결혼식에 와 주시면 안 돼요?"

그리고 결혼식장에서 남편과 나는 너무나도 생기발랄하고 눈부시게 아름다운 신부를 볼 수 있었다. 말로는 표현할 수 없는 감격을 선물로 받은 날이었다.

4. 마음을 보호하려고 등이 굽은 아이

살며시 센터의 문이 열리고 40대 초반의 부인이 걱정스러운 표정으로 들어왔다.

적당히 큰 키에 날씬한 체형으로 얼굴이 하얗게 야위었고 수심이 가득했다.

"전화도 없이 찾아와서 죄송해요. 전화하면 안 받아 주실 것 같아 무작정 왔어요. 우리 딸이 세 달째 학교도 잘 안 가고 집에만 있어요. 그래도 학교를 아주 안 가지는 않았는데 이젠 아예 집 밖으로 나오려고 하지도 않아요. 말도 안 하고, 물어보면 화를 너무 심하게 내면서 죽겠다고 난리를 피고. 밤을 꼬박 새우고 가끔씩 손목을 긋는 자해를 해요. 어떻게 해야 할지 모르겠어요. 우리 딸 같은 경우가 많이 있나요? 아이의 상태가 너무 심한데 정신병원에 가야하나 고민하다가 그래도 여기가 나을 것 같아 왔어요."

어머니는 지푸라기라도 잡고 싶은 심정으로 센터의 문을 두드렸지만 정작 아이를 데려 올 자신은 없었다고 한다.

"아이가 몇 살인가요?"

"중학교 3학년이에요."

나는 우선 아이를 데려와야 심리상태를 알 수 있다고 설명했다.

"어머니이니까 아이를 데려오실 수 있으세요. 자신감을 가지고 아이에게 진심으로 다가가세요. 그럼 아이가 엄마의 말을 따를 거예요."

어머니는 며칠 후 예약을 하고 딸아이를 데려왔다.

정아(가명)는 엄마를 닮아 하얗고 예쁜 얼굴에 또래보다 약간 크고 날씬한 체형이었다. 검은색의 짧은 단발이 잘 어울렸다. 그러나 아이의 눈에는 초점이 없었다. 어깨를 축 늘어뜨린 채 발을 끌며 힘겹게 걸어와 등을 잔뜩 구부리고 의자에 앉아 질문에 아주 작은 목소리로 짧게 대답하거나 아예 무응답이었다.

온몸에 생기가 하나도 없어 삶을 체념한 듯한 모습이었다. 다행히 나에게 저항하거나 적대적인 모습을 보이지는 않았다.

"정아야, 엄마가 차로 데리고 다닐 거야. 선생님한테 와서 같이 얘기도 하고 앉아 있다 가면 어떨까?"

암흑의 두려움 속에 떨고 있던 아이는 내가 내민 손을 간신히 잡아 주었고 그날부터 본격적인 상담이 시작되었다.

정아는 우울, 무기력, 대인기피증이 심했다. 자살위험도가 높아 당분간 일주일에 세 번을 오도록 하였다. 집중적인 치유가 필요해 보였다. 정아는 큰딸로 여동생이 있다. 동생은 초등학교 1학년으로 정아와는 8살 차이가 났다. 유년시절 부모님은 부부싸움을 자주 했다고 한다. 소심한 아이였던 정아는 부모님이 싸우는 날은 극심한 두려움을 경험했다.

정아가 4살 즈음에 부모님은 이혼을 했다. 부모님 모두 바쁘게 일을 하던 터라 친할머니에게 맡겨져 7살까지 자라다가 부모님이 다시 재결합을 했다. 그리고 이듬해 동생이 태어났다. 네 식구가 되었지만 엄마는 바쁘게 일을 하며 아이들을 돌봤다. 아빠 또한 늘 바쁜 일상을 살았다. 그러나 심한 부부싸움은 여전했다. 정아가 초등학교 3학년 무렵 부모는 또 이혼을 했다. 어린 동생만 엄마가 데리고 갔다.

정아는 가정적이지 않은 엄마에 대한 불신이 컸다. 어린 시절에 각인된 이기적인 부모로 인한 상처가 가끔씩 떠오르면 분노가 끓어올라 견딜 수 없었다. 언제부턴가 아버지에게 폭언을 하고 대들면서도 미안함이나 죄의식이 전혀 들지 않는다고 했다.

"어린 시절 기억을 떠올리면 좋았던 기억이 전혀 없어요. 나 같은 건 안중에도 없었어요. 그저 자기들 밖에 몰라요. 맘대로 싸우고 맘대로 헤어지고 또 합치고... 애 낳고 또 헤어지고."

나는 부모님에 대한 원망과 상처로 인해 자신을 사랑하지 못하는 정아의 내면을 탐색하며 자신의 긍정적인 면을 볼 수 있도록 치유를 시도했다.

"마음에 드는 것이 하나도 없어요. 정말이지 생각하기도 싫은 아이예요. 나 말이에요."

정아와 게임과 모래놀이 등을 하며 무기력에 젖은 아이에게 조심스럽게 활동을 시도하였다. 정아는 쑥스럽고 어색해 하면서도 거부는 하지 않았다. 가끔씩 머리를 긁적이며 웃기도 하였다.

"어렸을 때 꽤나 명랑하고 활동적이었어요. 친구들도 많았구요. 초등학교 때 친구들과 함께 놀 때가 가장 행복했었던 거 같아요. 엄마 아빠의 이혼 후에 언제부터인가 소심해지기 시작했는데 시기는 잘 기억이 나지 않아요. 지금도 기억나요(눈물). 3학년 때 엄마 아빠가 엄청 싸웠어요. 엄마가 이제 다시는 보지 못할 거라고 얘기하며 짐 싸들고 나갔어요. 다신 안 올 거라구. 제가 울면서 매달리며 가지 말라고 쫓아 나갔는데 뿌리치고 갔어요. 아빠랑 살라구요. 그럼 동생이라도 놓고 가라고 했어요. 같이 살고 싶다구요. 근데 엄마는 동생만 데리고 갔어요." 가슴이 저며왔다. 아이의 말을 통해 가슴에 응어리진 고통과 아픔이 그대로 전해오는 듯 했다.

나는 아이에게 내면에 쌓인 부정적인 면과 비합리적으로 집착하게 되는 부분에 대해서 이야기해 주었다. 그리고 건강하게 살아가기 위해서는 변화하기 위해 노력해야 함을 이야기했다. 어려운 주문이었지만 아이는 긍정적으로 수긍하려고 애썼으나 자신은 없어 보였다.

그러나 정아는 상담을 통해 조금씩 생기를 되찾았고 상담에 활기를 띄기 시작했다. 정아는 꿈을 자주 꾼다고 했다. 꿈을 탐색(꿈 투사)하며 둔감화가 되어버린 내면을 탐색할 수 있었다. 자신의 불안과 혼란, 두려움 등이 꿈에서 드러나는 것을 알아차리고 통찰한 것이었다. 똑똑한 아이였다. 자신의 감정에 대해 어느 정도 이해하고 인정을 했다.

어느 날 자신은 이상하게 애기들이 너무 싫다고 하여 원인을 탐색해 보았다. 어린 시절 동생이 태어난 후 그 당시 어린 정아로써는 이해할 수 없게 행동의 제약을 받았고 혼났던 일을 떠올렸다. 아기가 울면 안 되니까 조심하고 긴장해야 했던 것이다. '욕구'를 억눌러야 했던 경험을 알아차리면서 엄마에 대한 미움과 서러움이 올라와 무척 힘들어했다. 머리로는 자신의 비합리적인 생각이나 너무 과도하게 반응하는 것에 대해 알고는 있었다. 그러나 마음이 따라가지 않는다고 이야기하며 아직은 이대로 아무것도 하고 싶지 않다고 했다. 나는 아이의 지치고 힘든 마음에 대해 충분히 위로하고 공감해 주었다.

정아의 내면을 탐색해 보았다. 의존적이고 자존감이 대체로 낮았다. 엄마에 대한 의존-배신감-불편함의 감정이 뒤엉켜 있음을 알 수 있었다. 늘 입에 달고 사는 '귀찮다'라는 단어에 내포된 핵심감정은 '외로움과 의지하고 싶은 마음, 그냥 싫은 것들과 부딪치지 않고 이대로 혼자 지내고 싶은 마음, 상처받는 것에 대한 극심한 두려움으로 인한 방어, 회피'임을 관찰할 수 있었다. 하려고 하면 할 수는 있지만 하기 싫어 피하는 것은 사실은 하기가 두려워 할 수 없는 것임을 인정했다. 큰 매장에 가서 주문하는 것에 대한 극심한 공포의 원인은 실수하는 것에 대한 두려움 때문이라는 것. 알지 못하는 사람과 대화한다는 것에 대한 두려움으로 전화를 하지 못한다는 사실을 알아차렸다. 게임중독일 때 폭력적으로 성격이 변화하는 것에 대해 이야기하며 현재는 그렇지 않아 다행이라는 표현을 썼다.

나는 정아에게 인내하지 못하는 것과 직면하고 견뎌내야 할 것에 대해 이야기를 해주며 함께 롯데리아에 가서 주문하기 연습을 하자고 제안했다. 정아는 용기를 내었지만 두려움은 어쩔 수 없었고, 내가 옆에 있어 주기를 원해 주문할 동안 옆에 있어 주었다. 주문한 햄버거를 같이 먹으며 해보니 어렵지 않다고 자신감을 보이는 정아와 함께 웃었다.

"제가 너무 강박적인 성향이 강해요. 생각한 대로 안 되면 너무 힘들지만 지금은 예전 같이 못 견딜 정도는 아니구요. 마음의 여유가 좀 생긴 것 같아요. 객관적으로 보는 부분도 많이 생겼어요."

정아의 이야기를 들으며 지지해 주고 칭찬도 아끼지 않았다. 자신의 강박적인 성향으로 인해 실생활에서 불쾌한 경험이 많았던 것에 대해 인정하며 조금 덜 예민해질 수 있도록 노력하기로 하였다.

상담을 진행하며 정아는 자신이 진정으로 원하는 것을 진지하게 고민하게 되었다. 학교에 자퇴서를 내고 하루하루를 자신의 스케줄에 맞춰 생활해 나갔다. 검정고시 학원에 가는 것에 대한 두려움을 극복하고 학원에 곧잘 적응했다. 물론 공부를 하며 완벽주의적인 정신적 특성으로 높은 점수를 받지 못할 것에 대한 스트레스가 극도로 올라와 있었으나 결과에 상관없이 우선은 합격을 목표로 하기로 했다.

100점을 목표로 하지 않으면 왠지 떨어질 것 같아 불안하다고 했다. 그러나 스케줄 점검, 공부 분량, 공부시간을 분석하고 체크하며 불안한 감정을 최소화하였다. 정아는 자신의 불안이 비합리적임을 어렴풋이 알고는 있었지만 나와 함께 분석하며 편안함을 느끼는 듯했다. 검정고시에 대한 스트레스가 많이 줄어들면서 오히려 공부 분량은 늘어나게 되었다. 공부를 하면서도 앞으로의 진로에 대해 생각하며 하루하루 열심히 사는 것에 대한 성취감을 느끼고 있었다.

이후로는 매사에 의욕적인 모습을 보이며 자신도 하고 싶은 일이 있었으면 좋겠다고 이야기했다. 정아의 의욕적인 모습에 함께 기뻐하며 진로를 찬찬히 모색해 나가기로 했다.

자살위험이 극도로 높았던 중3 여학생 정아는 상담을 통한 지지와 위로를 바탕으로 애정 어린 건강한 관계 경험을 하며 나날이 생기를 되찾을 수 있었다.

'사람은 이 세상에서 단 한사람의 믿어주는 사람으로 인해 회복이 되고 치유가 된다.'

5. 공황장애 증상으로 나타난 트라우마 사건

29세의 건장한 남성 고집(가명)이는 공황장애 증상으로 센터를 내원했다.

그에게 나타나는 공황장애의 신체 증상은 어지럼증, 가슴 답답함, 온몸에 땀범벅 등이었다. 그 증상이 닥쳐오면 죽을 것 같이 두렵다고 극한의 불안감을 호소했다. 처음 몇 번은 이러다가 죽을 것 같다는 생각에 119 구급대로 직접 전화해서 응급실을 다녀왔다. 몇 시간 뒤에는 괜찮아져 퇴원을 하게 되지만 다시 공황증상이 나오면 여지없이 두려움이 엄습했고 그렇게 종합병원을 전전긍긍하다가 결국 정신과에서 공황장애 진단을 받았다.

정신과에서 주는 약을 복용한 후 불안은 얼마간 호전되는 듯했다. 그러나 주된 문제인 어지럼증과 가슴 답답함의 증상은 쉽게 호전되지 않아 심리센터를 찾았다고 한다.

고집이의 가족관계는 대화가 단절된 아버지, 암으로 고생하는 어머니, 알콜 중독인 여동생이 있었고 그는 집안의 장남이었다. 그에게는 결혼을 약속한 연인이 있었지만 그녀 또한 불안과 우울증의 영향으로 사회성이 부족하여 그에게 아무런 힘이 되어주지 못했다. 의존성이 높은 연인과 역기능적인 가족들 사이에서 그가 할 수 있는 유일한 것은 '잘 참는 것', '과도한 책임', '문제에 대한 회피'밖에 없었다.

그렇게 그는 그 세 가지 안에서 톱니바퀴처럼 살아가고 있었다. 이외에는 선택지는 없어 보였다. 그에게 형성된 참고 책임지고 회피하는 부분이 외상사건을 만났을 때는 유연하게 대처하지 못하고 상황에 압도되면서 공황장애 증상으로 발현되었던 것이다.

몸이 기억하는 정보와 트라우마 기법을 통해서 원인과 시기에 대해 탐색해 보았다. **"24세 9월에 친구 동기(가명)"**로 인해 공황장애 증상이 일어나게 된 것을 알 수 있었다. 그의 나이 23세 때였다. 어린 시절부터 잘 알고 지내던 친구가 중국으로 가면 큰돈을 벌 수 있다는 제안에 준비도 없이 따라가게 되었다. 그러나 1년 동안 피땀 흘려서 번 돈을 친구가 전부 가지고 도망쳐 버렸다. 고집이는 중국이라는 타지에서 돈 한 푼 없이 위험하게 버려진 것이었다. 다행히 평소에 알고 지내던 한국 사람이 그를 공장으로 데리고 가서 일을 시키고 밥을 주었다고 한다. 처음에는 잠을 잘 수 있는 방과 밥을 주는 것만으로 다행이다 생각하며 일을 하게 되었다. 그러나 시간이 지나면서 그곳이 어떤 곳인지를 알게 되면서 온몸에 소름이 돋고 가슴이 두근거리고 답답하여 숨을 쉴 수가 없었다고 한다.

그곳은 사람의 장기를 불법으로 매매를 하는 범죄 소굴이었다. 그는 그곳에서 감금된 채 노예와 같은 생활을 할 수밖에 없었다. 그가 할 수 있는 것은 견디기 힘든 모든 순간을 그저 참아내는 것과 자신이 선택해서 이곳에 왔다는 자책감, 자신을 한없이 한심하게 생각하는 우울감과 무력감뿐이었다. 그런 무력한 자신의 모습을 바라보고 있으면 미쳐버릴 것 같았다. 그래서 가급적이면 생각하지 않고 회피하며 피해버리는 것 외에는 아무런 방법이 없었다.

다행이 그곳에 있는 한국 사람의 도움으로 간신히 탈출하여 고국으로 돌아왔다. 그러나 그때까지의 경험은 고스란히 머릿속에 각인이 되어 있었다. 참아야 하는 상황이 되면 과도하게 책임감을 느끼게 되었고 갈등이나 문제가 발생하게 되면 그 문제에 대한 해결책은 생각하지 못하고 회피해 버리는 모습이 반복되었다. 그 이후에 찾아온 것이 공황장애 증상이었다.

고집이의 가장 큰 문제는 '아무것도 할 수 없다'는 무력감으로 그저 참는다는 것에 대한 상처였다. 일상생활에서 일어나는 문제에서 무력하게 참아야 한다고 생각하는 순간 트라우마가 촉발되어 순식간에 인신매매 소굴에 머물 때의 상태로 들어가게 되는 것이다.

"트라우마는 현재에 머무는 뇌의 기능이 마비된 채 과거에 머물게 한다."

고집이에게 트라우마 치유를 통해 신체감각에 따른 감정을 다르게 재해석할 수 있음을 자세하게 알려주었다. 예를 들면 우리가 깜깜한 숲속을 지나가는데 갑자기 시커먼 그림자가 나를 향해 다가오는 것을 보게 되면 심장이 마구 뛰기 시작하고 손바닥이 축축해지고 가슴이 조여오고 위장이 쪼그라드는 느낌을 받는다. 이런 감각의 혼합을 '두려움'이라고 한다. 반면에 우리가 사랑에 빠졌을 때도 비슷한 현상을 느낀다. 그러나 두려움과 다르게 우리는 이 감각을 흥분, 행복, 사랑이라고 한다. 이렇듯이 같은 신체감각을 완전히 다르게 해석하고 평가하는 것은 일상적으로 가능하다.

그래서 재해석한 감정으로 다시 몸에 영향을 주면 훨씬 더 견디기 쉽게 만든다. 고집이가 가지고 있는 문제는 중국에서의 트라우마로 인한 신체 증상으로 참아야 한다는 상황이 되면 그때의 신체 증상이 발현되어 극심한 공황발작으로 이어지는 것이다. 그에게 트라우마 치유를 통해 정지된 뇌의 시간이 다시 작동하게 하여 시간관념을 되살려 현재에 살 수 있도록 도와야만 했다. 똑같은 신체 증상에서는 그저 무력하게 참는 것이 아니라 강인한 인내심과 정신력을 가지고 있다는 것으로 재해석해 주는 것이다. 그리고 그에게 일어나는 공황장애 증상은 우리의 뇌 속에 있는 편도체(amygdala)의 오작동임을 알려줌으로써 스스로 진정을 할 수 있도록 하였다. 예를 들면 불이 나면 화재경보기가 울린다. 그런데 화재경보기가 울린 이유가 고기를 굽는 연기나 담뱃불의 연기 때문에 오작동을 하였음을 알게 되면 놀라고 두려운 마음이 가라앉게 되는 것이다.

▶ 이 원리를 이용하여 신체감각이 올라올 때(심장 두근두근, 호흡곤란 등)

▶ 그 원인을 알아차리게 하고, 멈추게 하여 주변을 천천히 살필 수 있도록 한다.(호흡법을 통해 편안한 들숨과 긴 날숨을 반복적으로 하게 함)

▶ 그런 다음 편도체의 오작동임을 알아차리고 그 경보기를 끄면 되는 것이다.

▶ 그리고 좋은 신경회로를 만들어 주는 것도 좋은 치유법이다.
그러기 위해서는 좋은 기억이 없는 내담자는 좋은 기억을 찾을 수 있도록 도와주어야 한다.

▶ 마지막으로 공황장애의 증상을 고마움, 감사함으로 전환하여 생각할 수 있어야 한다. 공황장애 증상은 자기 자신을 보호하기 위한 증상이므로 평소에 심장에 감사할 수 있어야 한다.(모든 과정을 EFT 감정자유화기법과 함께 하면 효과는 극대화된다)

공황장애 발작도 내 몸이 나를 보호하기 위해서 보이는 증상이다. 나를 보호하기 위한 증상이라면 충분히 감사하고 고마울 수 있다. 두려움에서 감사함으로 감정의 재해석이 가능하다. '불안'이라는 감정의 원래 취지는 위험으로부터 나를 보호하기 위해서이다.

고집이는 자기 몸이 주는 신호에 감사하다는 것을 깨닫고 트라우마 치유가 종료된 이후의 그에게는 엄청난 변화가 찾아왔다.

먼저 몸을 괴롭히던 신체 증상은 차츰 사라져갔다. 경직되고 긴장된 몸이 이완되기 시작하면서 체중이 120kg에서 30kg 감량이 되어 수면무호흡증과 호흡곤란과 비염이 상당히 호전되었다. 그리고 가장 중요한 생각의 깊이와 넓이가 변화되었다. 트라우마 후의 성장을 통해 회사에서 팀장으로 승진하게 된 것은 물론 사랑하는 여자친구와 결혼식을 올려서 행복한 신혼생활을 보내고 있다.

"트라우마 극복 후에 찾아오는 뇌의 성장통, 외상 후 성장은 고통을 감내하고 이겨낸 자에게 주는 선물이다."

6. 가상 세계에서 만들어낸 여러 명의 자신

10살 된 다연(가명)이가 엄마와 함께 내원을 했다.

학교생활의 부적응, 또래들과의 관계의 어려움, 무감각과 틱 장애 등의 문제를 가지고 있었다. 그리고 그 아이는 자신의 그런 문제적 부분에 관심이 조금도 없다고 당당하게 표현했다. 자신은 전혀 힘들지 않는데 왜 여기에 와야 하는지 이해할 수가 없다는 표정으로 앉아 있으면서도 연신 운동틱을 심하게 하고 있었다.

그런 아이에 대해 엄마 역시 대수롭지 않게 생각하고 있는 듯 했다. 단지 주변에서 센터를 권해서 어쩔 수 없이 방문하였다고 했다. 아이와의 라포 형성이 이루어지면서 자신에 대해서 알려달라는 상담사의 말에 아이는 눈이 휘둥그레지면서 의아해 하는 모습을 보였다. 그리고 몇 번의 만남 이후에 조심스럽게 상담사에게 이런 말을 하는 것이었다.

"누구를 먼저 알려주면 되요? 그럼 엔젤(가명) 이야기를 할게요. 내 몸에는 엔젤(가명)이라는 아이가 있어요. 자신이 예쁘고 천사 같다고 생각하는 아이예요. 엔젤의 아빠는 요즘에는 때리지 않고 선물을 자주 사온대요. 왜냐하면 엔젤 아빠가 다니는 회사에서 엔젤이랑 놀아주라고 일찍 보내주거든요. 그리고 늘 손에는 과자를 사오곤 한답니다."

그래서 엔젤에게 그런 아빠를 보면 마음이 어떠냐고 묻는 상담사의 질문에 기다렸다는 듯이 이렇게 말했다.

"근데요, 믿지는 않아요. 자기가 미안한 짓을 했거든요. 그래서 선물이랑 과자를 들고 오는 거예요. 자기 잘못에 대해서 충분한 보상을 해 주었다고 생각하면 다시 똑같은 짓을 할 그 사람은 원래 그런 사람이거든요."

좀 더 자세하게 그 상황을 설명해 줄 수 있느냐는 상담사의 요청에 엔젤은 다시 대답했다.

"괴롭힌 상황은 알 것 같은데 정확하게 기억이 나지 않아서 답답해요. 그리고 그 이후부터 기억력이 너무나도 나빠지고 있어요."

트라우마(PTSD)로 아파하는 내담자의 대부분이 단기 기억력이 나빠지고 있다는 진술에서 볼 수 있듯이 트라우마가 뇌의 좌반구를 불활성화시켜 경험을 논리적 순서에 따라 정리하고 기억하는 부분에 부정적인 영향을 주게 된다. 그 이후로 엔젤은 왼쪽 손등을 연필로 찌르는 등의 자해를 하고 있다고 했다. 아이는 한참동안 엔젤에 대해서 소개하면서 너무 행복하고 재미있게 이야기를 이어 나갔다. 그러면서 이야기를 하는 내내 자신이 운동틱을 했다는 사실을 잊은 듯이 틱 증상을 멈추고 있었다. 그리고 이렇게 오랜 시간 동안 운동틱을 하지 않은 적은 처음이라며 자신도 신기하다면서 말을 이어 나갔다.

"선생님, 저는 흥분이나 긴장을 하게 되면 몸에서 여지없이 틱 반응이 엄청 올라와요."

트라우마(PTSD)를 경험한 사람들은 몸이 경직되어 있는 상태를 유지하고 있기 때문에 외부의 반응을 곧잘 '공격'으로 받아들여 쉽게 흥분하고 긴장하게 된다. 그럴 때에는 들숨과 긴 날숨을 통한 호흡법을 통해서 몸의 경직과 긴장을 해소 시켜주는 것이 도움이 된다.

트라우마는 뇌를 바꿔놓는다. 트라우마에 노출된 뇌는 위험을 알아차리는 기능이 특히 발달하게 된다. 그런 이유 때문에 외부의 반응을 즉각적인 공격으로 받아들이며 반응하는 것이다.

몇 차례 상담을 통해 엔젤에 대한 이야기와 신체 증상들에 대해 상세하게 관찰을 이어 나갔다.

"선생님, 엔젤은요, 가슴이 아프거나 압박감을 잘 느끼고요, 메스꺼운 느낌과 뱃속의 불편함을 자주 호소하는 편이에요. 그리고 웃긴 것은 아빠한테 혼날 때는 비꼬듯이 말을 해서 저를 기분 나쁘게 하는 경우가 많아요. 그리고 언제나 위험한 상황이 벌어지지 않을까 하면서 지나치게 경계하고 집중하는 것을 힘들어해요. 잠은 언제나 깊이 잔 적이 한 번도 없는 것 같아요. 그래서인지 늘 멍하게 있는 것 같아요. 방 정리 하다가 멍, 놀다가 멍, 공부하다가 멍, 히히."

"지금 엔젤은 어떤 것 같아?"

"사실 이런 이야기는 아무한테도 한 적이 없거든요. 선생님이 처음이에요. 그래서 그런지 엔젤은 몸이 가벼워지고 행복해 하는 것 같아요."

몇 주 동안 엔젤에 대해 들어주고 공감해주고 함께 웃어주고 울어주는 시간을 통해서 아이는 소리를 지르거나 엔젤이 나타나는 빈도가 눈에 띌 정도로 줄어들고 있었다. 그리고 한참이 지난 후에 엔젤은 더 이상 나타나지 않는다고 하면서 그에 대한 이야기를 멈추는 것이었다. 엔젤과 그 아이가 통합이 되어 하나가 되어가고 있음을 느낄 수 있었다.

"선생님, 제 머리에 있는 다른 친구도 소개해 드릴까요? 제 머리에는 나나(가명)가 있어요. 나나는 화나고 짜증나는 일이 있을 때 저를 찾아와요. 그렇게 함께 하면 나나가 짜증을 내거나 화를 낼 필요가 없게 돼요. 아마 나나 때문에 힘들거나 아픈 일들이 생겨도 지금은 신경을 전혀 쓰지 않고 관심이 조금도 안 생기는 것 같아요. 나나는 팔에 화상을 입기도 했고 교통사고를 당하고 뼈까지 썩고 양팔을 잘라야만 했어요. 그래서 제가 팔을 다시 만들어 주었어요. 교통사고를 낸 운전자가 나나에게 1억을 주기도 했어요."

아이가 너무 많은 일을 당해서 그런지 나나는 몽유병에 걸려 있다고 했다. 나는 나나가 짜증을 내거나 화를 내면 어떻게 되는지 물어보았다.

"가장 사랑하는 사람이 아무 반응을 안 하게 되면 어떻게 되는지 아세요? 울다가 지쳐서 잠이 들게 되요. 자고 일어나도 여전히 아무 반응을 안 하게 만들어요."

몸이 기억하는 정보와 트라우마 기법을 통해서 나나에게 일어난 트라우마 사건과 일시를 탐색해 보았다. '**5세 6월 엄마로부터**' 시작되었다는 사실과 그로 인해서 분노의 감정을 박탈당해서 무감각한 상태로 지내게 되었음을 알 수 있었다. 내담자가 자신의 분노를 적절하게 전달하지 못하고 무시를 당했다고 생각하는 순간 자기주장이나 의사표현의 힘을 잃는 경우가 많이 있다. 그래서 그들은 능동적이지 못하고 수동적이며, 남을 기쁘게 하는 것에 신경을 쓰며, 타인 앞에 나서지 않으려 하고, 자신감과 추진력이 결여되어 능동적으로 행동하는 힘을 잃어버리게 된다. 그것은 분노를 잃어버렸기 때문이다.

아이의 상담을 마친 후에 부모 상담을 진행했다. '5세 6월에' 무슨 일이 있었는지 알려달라고 정중하게 요청했다. 그 말을 들은 어머님은 얼굴이 사색이 되어 아무 말을 하지 못하고 상담실을 도망치듯이 나가버렸다. 그리고 다음 주에 어머님께서 먼저 들어오셔서 한참을 망설이다가 말문을 열었다.

"선생님, 혹시 건물이나 집, 땅들이 예전 기억을 가지고 있다는 것을 믿으시나요? 이상하게 들릴지 모르겠지만, 저에게는 집이나 건물에 들어가면 아주 오래전에 있었던 기억들을 소리로 들을 수 있어요."

아이의 어머니는 어릴 때부터 그런 소리를 일상적으로 들었기 때문에 별로 이상하게 여기지 않았고 다른 사람들도 자신처럼 이런 소리를 듣는다고 여겼다고 한다. "중학교에 올라가면서 다른 사람은 저처럼 이런 소리를 듣지 않는다는 것을 안 이후부터는 제 자신이 무서웠고, 너무 두려웠어요. 어떤 집에 들어가면 비명 소리와 함께 사람을 죽이는 소리가 들려요. 그래서 주변 부동산이나 오랫동안 사신 분들에게 조심스럽게 물어보면 이 집에서 형제들이 부모님 상속문제로 칼부림이 났는데, 동생이 형을 칼로 찔러 죽였다는 이야기를 들었어요. 그때부터 제가 듣는 소리가 사실이고 집이 그것을 기억하는 있다는 것을 알았어요. 여기저기를 돌아보아도 끔찍하고 소름 끼치는 소리들이 들리는데, 처음에는 미칠 것 같이 두려웠지만 시간이 지나니까 아무렇지도 않았어요. 아니, 전혀 신경이 쓰이지 않았어요.

그런데 제 딸이 5살 되던 초여름에 놀이터에서 놀다가 팔에 골절을 입고 피투성이가 되어서 들어온 적이 있었어요. 아이가 뭐라 뭐라 하는데 제 귀에는 아무것도 들리지 않고 그다지 신경이 쓰이지가 않더라고요. 제 귀에는 이보다 더 끔찍하고 무서운 소리들이 늘 들리니까 대수롭지 않았어요. 아이가 짜증을 내다가 화를 내었는데도 아무런 반응을 해주지 않았어요. 아이는 한참을 울다가 잠이 들었다가 일어났는데, 아무 일이 없는 듯이 멍한 표정으로 앉아만 있는 거예요. 저녁에 남편이 퇴근한 이후에 아이 팔의 뼈가 부러지고 뒤틀려 있는 것을 보고 급히 응급실에 가서 수술을 한 적이 있어요. 그러고 보니 그 사건 이후로 아이가 한 번도 짜증을 내거나 화를 낸 적이 없었던 것 같아요. 그래서 저도 아이가 문제가 있거나 힘들다고 여긴 적이 없는 것 같아요."

그리고 남편의 이야기를 들려주었다. 그제야 엔젤(가명)이 한 말이 이해가 되었다.

"남편은 평상시에는 천사 같은 사람이에요. 그러나 술을 마시거나 화가 나면 분노의 화신처럼 변해 버려요. 눈빛이 변할 때는 아무 것도 보이는 것이 없는 것처럼 말이에요. 아이가 있든 없든 상관하지 않고 폭력을 행사하고 온갖 폭언을 퍼붓는 사람이었죠. 그래서 아이가 한 번은 이렇게 말하더라고요. '엄마! 내가 아빠 죽일 테니까 우리 둘이만 같이 살자.' 눈물이 왈칵 쏟아지더라고요."

어머니와의 상담을 통해서 자세한 내용을 들어본 결과, 엔젤과 나나는 아무도 없는 어두운 공간에서 다연이에게 친구였고 위로자가 되었던 것이다.

다연이에게 정서 치유와 뉴로피드백 뇌 훈련을 병행하면서 손상된 뇌 부분을 조금씩 회복시켜 나갔다. 그리고 몇 차례의 트라우마(PTSD) 치유를 통해서 엔젤과 나나와 나연은 하나로 통합하게 되었다. 오랜 시간 동안 억압되었고 외면당한 분노는 조금씩 그 기능을 회복하게 되었다. 그리고 자신을 표현하고 자신의 분노감정에 대해서 조금씩 안전하게 표현하게 되었다. 처음에는 학교 친구들과의 다툼과 싸움도 벌어졌지만, 분노의 감정을 서서히 컨트롤 하는 모습으로 성장해 나갔다. 그리고 자신만의 세계로 들어가는 부분은 서서히 없어지면서 자신이 평상시 좋아하던 춤과 댄스를 배우면서 내면의 에너지를 적절하게 표출해 나갔다. 부모교육을 통해서 어머님은 전문상담과 우울증 치유를 병행해 나갔고, 아버님은 알코올 치유와 분노조절에 대해 인식하고 전문상담을 진행했다. 이후로 그 가정에는 웃음과 행복이라는 꽃이 피기 시작하면서 아이는 학교생활이나 친구 관계에서 인싸라고 불릴 정도로 인기가 좋은 아이가 되면서 그 또래의 아이답게 당당하게 자신을 찾아가고 있었다.

"가족 구성원 중에 누군가 아프면 그것은 가족 전체가 병이 든 것이다. 병이 든 사람은 가족을 대신해서 병을 짊어지고 가는 헌신자이고 희생자이다."

7. 뇌종양 수술로 한쪽 마비, 트라우마 치유가 해결책

대학병원 이비인후과에서 지인의 소개로 연락이 왔다.

32세 여성이 뇌종양 수술 이후에 오른쪽으로 완전히 마비가 와서 재활치료를 3년 동안 받고 있는 환자라고 설명했다. 귀, 코, 성대, 눈 부분은 의학적인 검사소견으로는 아무 문제가 없다는 것이다. 그런데 오른쪽(절반 전부) 얼굴신경과 균형을 잡는 것을 어려워한다는 소견을 들려주었다. 모든 검사항목에서 균형감의 문제, 신경의 문제가 전혀 없으니 심리적인 요인에 근거한 트라우마(PTSD) 증상으로 판단한 것이다. 그녀는 전문직에 종사하는 엘리트 여성이었고, 남편과 2살 된 아들이 있었다. 회사에서 일을 마치고 퇴근하는 길에 갑자기 쓰러져서 응급실에 들어가게 되었고, 큰 수술 후 중환자실에서 호흡기와 산소 마스크를 쓰고 있는 자신을 기억하고 있었다.

자신이 왜 그렇게 되었는지, 무엇 때문에 그렇게 되었는지에 대해 의아해하는 모습이었다. 병원에서 뇌종양으로 소뇌 우측을 절제하는 대수술을 한 이후에 자신의 모습을 거울로 본 후 큰 충격에 빠졌다는 것이다. 한쪽이 완전히 마비가 되어 한 얼굴에 다른 얼굴이 있는 듯하여 소름이 끼쳤다는 것이었다.

병원에서 운동치료, 음성치료, 침 치료, 필라테스, 대체 의학 등 안 해본 것이 없다는 한숨 섞인 소리가 그동안의 애환을 그대로 느끼게 하였다. 마지막 시도로 이곳을 찾은 그녀에게 희망을 주고 싶은 마음에 세션 시간을 충분히 배려하면서 상담을 진행하였다. 그녀가 주로 호소하는 문제는 심리적인 불안과 트라우마였다. 첫 번째 불안의 문제는 '넘어져서 다시 의식을 잃고 쓰러지면 어떡하나'였고, 두 번째는 거울을 볼 때마다 '입이 삐뚤어져 웃는 척'하는 자신의 모습이 너무나 괴롭고 힘들다는 거였다.

몸이 기억하는 정보와 트라우마 기법(PNT 신체신경치유)을 통해 탐색해 보았다. 먼저 그녀가 괴로워하는 이 두 가지 부분은 감정자유화기법 EFT(Emotional Freedom Technique) 치유를 통해 몸이 느끼는 증상과 감정이 느끼는 부분에 대해 탐색한 후 심리적·신체적인 안정감을 주었다.

'다시 넘어져서 의식을 잃고 쓰러지면 어떻게 하나'를 생각하면 신체는 급격하게 경직이 되고 걸을 때는 팔다리가 막대기처럼 딱딱하게 굳는 것 같으며, 경직되는 부분은 오른쪽 무릎 아래 부분이라고 정확하게 설명했다. 그리고 그때의 감정은 긴장되고 우울해지다가 차츰차츰 답답해지면서 참을 수 없는 분노가 올라온다는 것이다. 그리고 '입이 삐뚤어져 웃는 척'하는 부분에서는 과연 내가 괜찮을까 하는 의심과 걱정, 불안한 감정이 올라오면서 남들을 지나치게 의식하면서 계속 웃어야 하는 마음, 즉 웃는 척하는 부분자아(part)가 올라온다는 것이다. 왜 그토록 타인의 시선에 집착하는 부분과 웃는 척 하는 부분에 대한 트라우마를 탐색해 보았다. 대학교 졸업 후 인턴 신입사원에 지원하였을 때의 일이었다. 토익 점수가 좋지 않았는데도 불구하고 합격을 하게 되었다. 그리고 몇 일 후에 모든 직원들이 모인 자리에서 회사 책임자가 이렇게 말하는 것이었다.

"니가 말 잘 듣고, 시키는 대로 잘할 것 같아서 채용했어."

이 말을 들은 이후로 그녀는 유난히 심각할 정도로 외모에 신경을 쓰게 되었다. 남들이 자신을 어떻게 바라보느냐는 회의감에 사로 잡혔던 것이다. 회사 직원들의 눈이 감찰, 감시자의 눈으로 느껴지면서 저절로 몸이 경직되는 것이었다. 또한 본인이 원하는 대로 하고 싶은 일을 하지 못하고 자연스럽게 행동하지 못하면서 불편함, 불안함을 느끼게 되면서 자신도 모르게 타인의 눈치를 보게 되었다.

그리고 감찰자의 눈, 감시자의 눈은 초등학교 때 어머니, 아버지로부터 시작되었음을 트라우마 탐색을 통해 알게 되었다. 부모님은 언제나 바르게 무언가를 해야 한다는 것, 남들에게 바른 모습만을 보여줘야 한다는 강박관념을 심어주면서 그렇게 하지 않으면 나쁜 사람이 된다고 어릴 적부터 주입을 시켰다. 그래서 그때부터 엄마나 아버지가 자신을 쳐다보면 감시한다는 생각이 들면서 몸이 경직되고 긴장이 되어서 자연스레 하고 싶은 행동을 할 수 없었다고 한다. 그리고 이후에도 다시 넘어져서 의식을 잃고 쓰러지면 어떡하나 하는 일상적인 불안이 생활의 일부로 자리 잡게 되었다고 한다.

"우리가 보이는 증상은 충분히 그럴만한 이유가 있는 것이다."

이렇듯 몸이 나타내는 증상에 대한 정확한 원인과 이유를 알게 되면 몸이 스스로 치유하려는 자연치유력을 회복하게 된다. 그리고 트라우마 치유 전과 후의 뇌파검사를 통해 알파파(휴식과이완) 5.99에서 9.5로 향상되었고, SMR파(주의상태)는 3.19에서 5.03으로, 낮은 베타파(활동과 집중)는 2.54에서 4.44로 향상되었음을 측정결과로 알 수 있었다.

트라우마 치유 후 그녀의 행동에서 많은 변화가 관찰되었다. 우선 코를 골지 않았다(수술을 해야 할 정도의 코골이). 그리고 샌들을 신어도 걸음이 부자연스럽지 않고 편안함을 느꼈고, 몸과 팔의 경직이 사라졌으며, 튀어나온 오른쪽 눈이 들어가면서 양쪽 눈이 균형을 맞추었으며, 샤워하는 시간이 평소에 20분 정도 소요되었는데 8분 정도로 단축되었고 걸음을 걷는 부분에 대해 자신감이 생겼다.

그리고 2차 트라우마 탐색 부분에서는 양쪽 엄지발가락(특히 오른쪽)에 힘을 줘야 하는데 무의식적으로 새끼발가락에 힘을 줘서 서 있을 때 균형을 잡는 것이 어렵다는 것을 알게 되었다. 트라우마 기법으로 탐색한 결과 **"6세 6월에 엄마"**로부터 자기표현을 제대로 하지 못해서 억압받는 부분자아가 그 원인이었음을 알게 된 그녀는 울부짖었다.

"엄마는 내 얘기를 들어주지 않았어요. 화를 내면 나쁜 사람이라고만 했어요."

그때의 감정이 너무 답답하고 화가 난다고 했다. 신체 증상으로는 경직과 딱딱함, 긴장감으로 엄지발가락이 굳어가고 있는 느낌을 호소하였다. 그래서 어릴 적부터 무의식적으로 새끼발가락에 힘을 주는 버릇이 있어서 이것이 균형을 잡는데 어려움을 겪게 했음을 알 수 있었다. 그리고 트라우마 치유가 마무리될 때쯤에는 어깨의 힘이 빠져나가면서 엄지발가락에 힘이 들어가고 균형을 잡는 것에 성공할 수가 있었다. 또한 심리적으로는 자기주장에 부쩍 자신감이 생겼다.

3차 트라우마 탐색에서는 완벽에 집착하는 부분자아(part)와 책임감에 집착하는 부분자아(part), 자기표현을 못하는 부분자아(part), 불쌍하고 안타까워하는 부분자아(part), 어머니가 자신을 혼내고서 기운이 빠져 앉아 있는 모습을 볼 때면 좋은 것만 보여주려는 부분자아(part)가 있음을 알 수 있었다. 이런 증상들에 대해서는 몸이 기억하는 정보와 트라우마 기법(PNT 신체신경치유)을 통해서 신경계의 회복과 안정감을 되찾을 수 있게 하였다.

감사하게도 그녀의 주된 호소 문제와 생각지도 못했던 어릴 적 트라우마의 기억까지 회복한 후에는 오른쪽의 마비된 부분이 90% 이상 돌아왔다. 오른쪽 얼굴 부분은 경직되지 않고 어느 정도 자연스럽게 완화가 되었다. 뇌종양 수술 이후 그녀는 사진 찍는 것이 너무 끔찍하다고 생각하는 사람이었다. 그러나 지금은 사랑하는 남편과 아들과의 가족사진을 예쁘게 찍었다고 감사하다며 자랑을 곁들인 연락을 주었다. 이번 사례를 통해서 우리나라 큰 병원마다 트라우마 센터가 세워지길 바래본다.

"모든 면에서 이해가 안 될 때에는 트라우마를 의심해 보아라."

우리는 기억조차 못하는 상처로 인해 울고 있다. 내 몸은 소리 내어 울지 못할 뿐, 끊임없이 자신에게 느낌으로 고통의 신호를 보내온다. 몸의 말에 귀를 기울이면 몸은 여지없이 회복과 치유의 자리로 당신을 초대하게 될 것이다.

8. 성관계로 분노를 표출하는 남편

결혼 1년 차에 접어든 신혼부부가 심한 갈등 문제로 센터에 내원했다.

아내는 33세로 내성적인 성격에 우유부단한 모습과 단박에 거절하지 못하는 이슈를 가지고 있었고, 남편은 36세로 외향적인 성격에 억압된 모습을 보이는 분이었다. 이들은 연애한 지 6개월 만에 남자의 끊임없는 청혼으로 결혼을 하였다고 한다.

그런데 결혼한 이후에 남편의 이상 행동들이 조금씩 보이기 시작했다. 남편은 부부싸움이나 화가 나면 언제나 성관계를 요구하였다. 아내는 처음에는 부부싸움은 칼로 물베기라는 어른들의 말씀이 기억이 나서 그렇게 해서라도 관계를 해결하려는 노력의 일환이라고 생각하고 남편의 요구에 응해 주었다고 한다.

그러나 남편의 느닷없는 요구의 횟수가 늘어만 갔다. 감정적인 어려움과 분노가 쌓이면 여지없이 성관계를 통해서 자신 안에 있는 분노를 풀어가려는 느낌을 받았다고 한다. 그럴 때마다 아내는 거절하고 싶었지만 그럴 수도 없었다. 평상시에도 그렇지만 어릴 적부터 거절에 대한 어려움을 가지고 있었던지라 거절한다는 것은 그녀에게는 실로 어려운 일이었다고 한다. 그렇게 시간이 지나면서 남편의 성적인 요구는 수위가 점점 높아져 갔다. 그리고 더 이상 견디지 못하는 상황에 이르자 아내의 요구에 남편과 함께 상담센터에 내원하게 되었다.

부부상담을 진행하면서 남편이 지나치게 성에 몰두하는 부분에 대해서 조심스레 탐색해 보았다. 성이란 한 개인의 정신적인 부분이 건강하거나 그렇지 못하느냐를 측정할 수 있는 아주 중요한 부분이다. 남녀의 성에 대한 관심은 사춘기 시기에 접어들면서 나타나게 된다. 그 시기에 성에 대해 많은 관심을 보이는 것은 상식적으로 건강한 행위라 할 수 있고 지극히 자연스러운 현상이다.

그런데 사회적인 분위기가 성에 대해서 억압하고 나쁜 짓으로 간주하게 되면 성에 대한 인식이 왜곡되어 성에 대해 과도하게 억압하거나 문란한 성행위를 하게 되는 역효과가 나타나게 된다. 사회적 분위기나 가정의 분위기가 성에 대해 억압하고 금기시하게 되면 그 반동으로 성에 대한 충동적인 행동은 더욱 강화된다. 이것을'스프링 효과'라고 한다. 자신을 컨트롤 하는 능력, 즉 자기조절 능력지수가 조금이라도 약해지게 되면 억압되어 있던 성 충동은 어마어마한 에너지로 왜곡된 변화를 일으키게 된다. 그래서 견디기 힘든 스트레스 상황으로 자신을 억제하는 힘이 저하되게 되면 성에 대한 충동은 통제할 수 없는 수준으로 변질되는 것이다.

남편의 가족에 대해 탐색해 보았다. 남편의 부모님은 섹스리스 부부로서 부부관계 및 성에 대해서 경멸하는 정도의 생각을 가지고 있는 분들이었음을 알 수 있었다. 남편이 중학생일 때는 한참 사춘기 시절이라 성에 대해 관심이 많을 때였다. 그냥 평범한 학생이었던 것이다. 그러다가 야동이나 야한 책을 보다가 부모님께 걸린 적이 있었다. 아버지는 죽기 직전까지 때리고 발로 밟으며 입에 담지 못할 폭언까지 퍼부었다.

"이 더러운 새끼야! 너 같이 지저분한 새끼가 왜 태어났어!"

그러면서 남편은 성인이 되면서 분노가 일어나거나 스스로 이겨내지 못할 힘든 상황이 발생하면 자위행위를 하지 않으면 견딜 수가 없었다고 한다. 그러다 자위행위로는 안정감을 찾을 수가 없어지자 성적인 관계를 위한 여성을 만나곤 했다고 한다.

남편은 왜 그렇게 성에 집착하게 되었을까?

심리학에 보면 과도하게 성에 집착하는 몇 가지 유형에 대해서 설명하고 있다.

첫 번째 유형은 성 정체성에 확신이 없고 성에 대한 열등감이 아주 큰 유형이다. 남자의 경우 남성으로서 자신이 힘이 없고, 여자는 여성으로서 아름답고 매력적이라는 생각을 가지지 못할 때 다른 이성과의 성관계를 통해서 욕구를 채우려는 경향이 있다는 것이다. 이런 남자들은 이성과의 관계 후에 여자를 정복했다, 성취했다고 생각하고 자신이 남자로서의 능력이 있으며, 강한 남자임을 스스로 확인받는 느낌을 가진다고 한다. 자신에 대해 자신감이 없고 무기력한 남자라는 생각을 마음속 깊이 숨기고 있는 남자일수록 이성(異性)에 대해 집착하게 된다. 이런 경우 그들이 행하는 성적인 행동은 만족감을 위한 것이 아니라 그들 자신이 강한 남자임을 확인받기 위한 수단으로 사용하게 된다.

여자들도 동일하다. 자신이 아름답거나 사랑스럽지 않은 여자라는 사고가 잠재의식에 숨어 있는 여자일수록 이성들로부터 사랑받고 인정받고 확인받고 싶어 한다.

그리고 그들은 '사랑받을 수 없는 사람'이라는 부정적인 신념에 사로잡혀있기 때문에 상대 이성이 자신을 언제든지 버리고 떠날 것이라는 생각으로 불안 속에 살아간다. 그러다 만남을 이어가던 이성과 헤어지게 되면 즉시 다른 상대를 찾아 나서게 된다.

두 번째는 억압되어 있던 분노와 스트레스를 성적인 자극으로 해소하려는 유형이다. 성적인 자극은 내면의 분노를 감소시키는 효과가 있다고 한다. 대개 분노의 감정이 내면에서 올라올 때 잘 표현하지 못하는 사람들이 성적인 자극을 통해서 분노에 대한 감정을 해소하려고 한다.

이런 사람들에게는 내면 깊은 곳에서 들리는 부모님의 목소리가 있다고 한다. 자신을 비난하는 유령의 목소리를 가슴 속에 간직하고 있다는 것이다.

"너는 형편없는 놈이야, 너는 쓸모없고 쓸데없는 사람이야, 너는 이것밖에 못하는 인간이야!"

이러한 사람들은 일상생활에서 자신이 원하는 일이 잘 되지 않고 극한의 스트레스 상황에 임박할 때를 마주치면 어김없이 자신을 비난하고 경멸하는 소리를 만나게 된다. 그리하여 정면으로 문제를 해결하려 하지 않고 오직 자신만의 상처받고 쓰린 마음을 달래기 위해서 성적인 자극을 찾아 헤매게 된다. 그리고 그 수위는 점점 높아지게 된다.

세 번째는 외로워서 사랑을 찾아 헤매는 유형이다. 사랑에 목말라 있는 사람들은 성적인 만족감이 목적이 아니라 자신에 대한 모든 것을 존중받고 자신의 행위가 그대로 수용되기 위해서 이성을 만나는 유형들이다. 이들은 자신들의 이야기를 있는 그대로 받아주거나 들어주는 아주 편안한 어머니 같은 존재에 대한 로망을 가지고 있다. 어떤 남성의 경우에는 직업여성을 찾아가서 관계는 하지 않고 자신의 이야기만 하는 사람이 적지 않다. 이들에게는 직업여성이 어머니나 상담사로의 역할을 대신하는 것이다. 「출처 나는 왜 지나치게 성에 몰두할까 정신 건강의 바로미터, 성욕에 지배당하는 사람들 참고」

그 남편의 경우는 두 번째에 해당되었다. 어릴 적부터 권위적이고 엄격한 부모 밑에서 성장하면서 자신 안에 올라오는 분노의 감정을 제대로 드러내지 못하면서 분노에 대한 왜곡이 뚜렷하게 나타나고 있었다. 남편이 생각하는 분노는 수치감이고 더러운 오물과도 같다고 했다. 그리고 내면 깊숙이 올라오는 분노를 느낄 때면 언제나 아버지의 목소리가 들린다고 했다.

"야 더러운 새끼야! 니가 왜 태어나서 지랄이야!"

그럴 때면 견딜 수 없는 고통과 아픔이 심장을 칼로 찌르듯 죄여온다는 것이었다. 그럴 때마다 죽을 것 같았는데, 그 순간을 잊게 해 주는 것이 성적 자극이고 이성과의 무분별한 성관계였다는 것이다.

남편에게는 트라우마(PTSD) 심리치유를 통해서 억압된 분노를 건강하게 표출할 수 있도록 도와주었다. 내면 가족체계치유 IFS(Internal Family System)를 통해서 상담을 진행해 보니 감춰진 분노가 드러나면 처음에는 상당히 과격해지고 폭력적인 부분(Part)을 보이기도 했다. 그러나 차츰 분노가 분노로서 건강함을 회복하게 되자 자신의 화를 존중하게 되었다. 화에 대한 제어가 가능하게 되니까 분노의 감정과 성에 대한 생각이 분리되면서 서로의 자리를 건강하게 찾아갈 수 있게 되었다. 그리고 아내와의 부부관계는 건강하게 회복되었다.

우리는 살아가면서 이성과의 관계 속에서 사랑받지 못하거나 존중받지 못하다고 생각하게 되면 어딘가의 무엇에게 집착하게 된다. 이런 유형의 사람들은 일상생활에서 이성과의 관계 및 대화에 어려움을 호소하면서 상대적인 관계 안에서 위축되는 경우가 많이 있다.

자기 자신도 알아차리지 못하는 상황에서 성에 몰두하는 경향이 있다면 성에 대한 트라우마(PTSD)나 부정적인 신념이 있다는 반증이 되는 것이다. 그래서 성 심리치유를 통해서 그러한 충동 속에서 어떤 메아리가 들리는지, 어떤 메시지가 내면 깊이 숨어 있는지 탐색해 보기를 권한다.

자신 안에 있는 이해할 수 없는 트라우마를 명확하게 탐색하고 들여다보고 신경계의 변화를 경험한다면 성에 대한 충동은 억압이나 스트레스가 아닌 건강한 자기조절능력으로 변화되어 나타나게 되는 것이다.

"당신이 자녀나 배우자에게 내뱉는 부정적인 폭언의 메시지는 무언의 울림이 되어 그들이 죽는 순간까지 따라다니는 무서운 귀신이 될 수 있다."

9. 신체에 머물고 있는 상처받은 내면아이와의 만남

장미 님은 75세의 미혼 여성으로 아주 예민하고 까탈스러운 내담자이다. 히스테리가 상상을 초월한다.

조금만 비위에 거슬리면 투정을 부리고 자존심을 내세운다. 상담사를 바꿔버릴까, 이런 협박도 마다하지 않으며 갑질을 부린다. 상담실에 방문한 건 첫 회기 딱 한번 뿐이었다. 상담을 위해 센터를 방문한 후 지독한 감기에 걸려 3월부터 9월이 다 되어가도록 영상 온라인 상담을 지속하고 있다. 상담사인 나는 75세의 병약하고 극도로 예민한 노인의 날카로운 투정이 좀 불편하긴 했지만 상담을 진행하면서 의존적이고 어린아이와도 같은 그녀에게 조금씩 연민을 느끼게 되었다. 그녀의 내면에 도사리고 있는 아주 어린 소녀를 보았기 때문이다. 매주 그녀의 투정을 받아주고, 또한 그녀가 원하는 대로 일상에서의 고민과 궁금증에 대한 해답을 제시해 주며 엄마로써의 역할을 톡톡히 하고 있다.

장미 님은 6남매 중 늦둥이 막내로 태어났다. 그녀가 초등학생이 되었을 때 부모님은 이미 60대의 나이로 늙고 가난하여 막내를 예뻐해 주거나 살뜰히 돌볼 여력이 없었다. 그녀의 기억 속 부모님은 시골 촌구석의 힘없고 늙은 노인네였다. 아버지는 우울증이 심했고 비굴해 보이기까지 했다고 한다. 아버지는 그녀가 태어난 걸 달가워하지 않았고, 엄마는 막내딸에게 무심하여 애정결핍과 욕구불만이 가득한 유년시절을 보냈다고 한다. 어린 시절에는 병약하여 늘 아팠고, 친구들과 뛰어놀 수도 없었으며, 그래서 아무도 돌봐주지 않는 골방에서 혼자 지내는 날이 많았다. 한번은 이런 고백을 했다.

"16살 즈음에 공장에 다녔어요. 하루는 퇴근을 하고 나가는데 거기 공장장이 뜬금없이 도둑년이라고 욕하면서 속옷까지 다 벗으라고 하더라구요. 황당했죠. 거세게 저항했죠. 난 진짜 아버지처럼 비굴하게 살고 싶지 않았는데, 그런 말을 들으니 얼마나 화가 나고 창피스러운지, 고래고래 소리를 지르며 발악을 하면서 나왔어요. 온갖 생각들이 다 스쳐지나 가더라고요. 비굴하게 사는 아버지가 너무 수치스럽고 싫었는데 밑도 끝도 없이 날 도둑년 취급하니, 정말 수치스러웠어요. 그날 이후 누군가 날 무시하는 것 같으면 화가 나서 견딜 수가 없었어요."

어린 시절 트라우마(PTSD)로 인해 애정결핍과 욕구불만으로 보낸 세월이었다. 결혼하여 사랑받으며 행복하게 살고 싶었던 20살의 어린 처녀는 어느 날 갑자기 위장병으로 쓰러졌다. 4개월 만에 몸무게가 50kg에서 30kg으로 빠졌다. 죽을 수도 있다는 두려움을 안고 힘겹게 사회생활을 해야만 했다. 사는 것이 원래 이런가 싶기도 했다. 어느 날부터인가 자살에 대한 생각을 많이 하게 되면서 자신도 모르게 그것을 실행할지도 모른다는 두려움으로 저녁이면 칼을 숨겨놓고 자곤 했다.

9년 전부터 몸이 극도로 악화되면서 자연스럽게 대인관계는 단절이 되었다. 타인과의 소통은 전화에만 의존하며 지금껏 투병 생활을 이어오고 있다. 현재 대학병원에서 '크론(입에서 항문까지 소화관 전체에 걸쳐 어느 부위에서든지 발생할 수 있는 만성 염증성 장 질환)'이라는 난치성 희귀병을 판정받은 상태였다. 심부전, 부정맥, 협심증과 위장병, 코로나 후유증으로 인해 아플 때는 몹시 불안하고 공포스럽다고 했다. 거기에 심리적 불안정함으로 인해 온몸에 벌레가 기어가는 것 같다고도 했으며, 심장이 마구 뛰며 숨도 못 쉴 듯한 공황장애 증상까지 겪는다고 했다. 몸이 아플 때면 전화에 더욱 집착하게 되어 주변 지인들에게 전화를 하여 위로라도 받고 싶은데, 반대로 그런 자신에 대해 너무 자존심이 상하고 짜증이 나서 견딜 수가 없다고 호소했다. 그런 상태인지라 상담자인 나에게도 그렇게 예민하고 까칠해지곤 했던 것이다. 충분히 이해가 가고도 남았다.

그녀의 핵심감정은 이런 것이었다.

상대방과의 대면에서 정신적인 패배감을 느끼는 극도의 자존심 상실이었다. 또한 비굴하게 살고 싶지 않다는 왜곡된 신념과 돌봄 받지 못했던 불안한 정서, 사랑받고 싶어 주변인들에게 집착하는 것에 대한 경계심 등이 복합적으로 작용하고 있었다. 도저히 그러하지 못함에도 불구하고 완벽하려는 노이로제는 불안과 우울의 근원이었다. 그녀는 깊은 관심과 더불어 따사롭게 자신의 길을 안내해 줄 수 있는 엄마와 같은 존재를 원하고 있었다. 나는 흔쾌히 정서적 엄마가 되어 그녀의 투정을 받아주며 때론 따끔하게 때론 부드럽고 따스하게 나아갈 길을 안내해 주기로 했다. 자신의 뿌리(부모)로부터 정서적 지지와 사랑받지 못했다는 결핍으로 인한 미움과 부정성을 다루며 어떤 상황에서라도 조금이나마 긍정적으로 변화될 수 있도록 최선의 도움을 줌으로 관계에 대한 집착과 노이로제에서 조금씩 벗어나도록 정성을 다해 독려하였다.

그녀의 결핍은 너무도 처절했다. 그래서 더욱 초연하려고 애썼다. 타인에 대한 의존성과 집착, 사랑받고 인정받고 싶을수록 몸은 더욱 심하게 아팠다. 그렇게 세상과 타인과의 단절을 통해 자신을 보호하고자 하는 악순환의 연속이었다.

"엄마 아버지를 생각하면 너무 화가 나요. 저게 사람이나 되려나

늘 혀를 끌끌 차곤 했어요. 어릴 때는 너무 야위어서 돌아다니면 보기 싫다고 저리 가라고 무시하고. 장에 갈 때도 저는 늘 안 데려갔어요. 사람 몰골도 아니라고, 창피하다구요."

나는 그녀에게 내면 가족체계치유 IFS(Internal Family System)를 통해 어린 시절 부모님께 멸시받았던 어린 자아를 만날 수 있도록 하였다.

"학교에 아버지가 왔어요. 그날도 술이 취해가지고는, 그런데 도시락을 가지고 왔어요." "어린 장미는 어디 있나요. 바라보세요."

"창문으로 아버지를 보고 있어요. 짜증이 잔뜩 났어요. 술이 취해서 찾아오고."

"그렇군요. 어린 장미에게 무엇을 해 주고 싶나요."

"그냥 함께 있어 주고 싶어요."

"네, 그렇게 하세요. 함께 아버지를 바라보세요. 아버지는 어떤가요?"

"아버지는 술이 취해서 도시락을 가지고 와서는 제 이름을 부르고 있어요. 아버지 얼굴이 보여요. 막둥아, 막둥아! 제 이름을 불러요."

"아버지를 바라보며 지금 어떤 감정이 올라오나요?"

"아버지가 저를 미워하는 줄 알았어요. 짜증나게 뭐 이런 부모가 다 있나 싶었는데. 지금 보니까 아버지는 제가 굶을까 봐 걱정이 되어 다리도 불편한데 먼 길을 걸어오시느라 힘들어 보여요."

"아버지는 예쁜 막둥이가 굶을까 봐 힘든 길을 걸어오셨네요."

"네, 그러네요. 아, 정말 기뻐요. 아버지는 저를 많이 생각하고 계셨어요."

"어린 장미에게 하고 싶은 말이 있나요?"

"엄마 아버지는 널 많이 사랑하셔. 널 예뻐해. 우리 막둥이, 넌 정말 예쁘고 사랑스러워."

75세 장미 님의 눈가에는 눈물이 하염없이 흐르고 있었다. 그 시절 울지 못했던 상처받은 내면 아이가 지금 울고 있는 것이다. 자신이 울고 있다는 사실조차 모른채 이렇게 말했다.

"나도 모르게 눈물이 나요. 제가 많이 슬펐나 봐요. 차가웠던 가슴이 따뜻해져요. 가슴이 따뜻하다는 기분을 이제야 알 것 같아요. 제가 죽기 전에 아버지의 마음을 알게 된 것이 너무나도 기쁘고 감사해요"

그녀는 어린 자신을 만나는 작업을 통해 새로운 관점으로 외상적 경험(PTSD)에 대한 이미지를 개선해 나가기 시작했다. 치유를 진행하면서 부모님에 대한 아프고 부정적이었던 기억이 왜곡된 것임을 깨닫고 긍정적인 자기개념을 가지게 되면서 늘 무겁고 아팠던 머리가 가벼워지는 경험을 하였다. 그날 이후 부모님에 대한 미움과 원망이 사랑으로 바뀌며 자신에 대한 부정적인 이미지가 긍정적으로 변화되는 놀라운 체험을 하였다.

***내면 가족체계 치유**(Internal Family System): 다양한 특성을 지닌 사람들의 성격, 내면체계와 외부체계의 관계 역동을 이해하고 그들 간의 갈등을 치유하기 위해 치유사의 역량을 증진시키는데 매우 중요한 이론.

10. 트라우마로 인한 공포와 두려움으로 학교 가기 싫어하는 아이

우리의 깊은 내면에는 여러 명의 '또 다른 나'의 모습이 있다.

지금까지 열심히 살아온 자기(part), 솔직하게 살아온 자기(part), 숨기면서 살아온 자기(part), 자기 자신이나 타인에게 엄격한 자기(part), 잔소리하는 자기(part), 두려움에 떨고 있는 자기(part) 등이 각자의 목소리를 내면서 가족처럼(IFS:Internal Family System, 내면가족체계치유)공존하며 살아간다.

이번 사례의 아동은 초등학교 3학년 남자아이이다. 이 아이는 학교생활이나 가정생활에서 강제로 무언가 「아동이 원하지 않는데 강요하거나 시킬 때」를 하게 하면 무서움과 공포, 극도의 불안감이 엄습하여 목에 뭔가가 걸린 것 같은 신체화 증상을 겪고 있었다. 이 증상은 숨이 막히거나 가슴의 답답함과 고통을 동반한 압박감, 두통 등의 증상을 병행하였다. 어디에 있든지 한번 울음을 터뜨리면 두세 시간 이상 계속되고 입술이 심하게 떨리면서 온몸에 신체화 증상을 보이는 트라우마(PTSD) 증상을 겪고 있는 아동이었다.

이런 이유로 인해 친구 관계가 어려워지는 것은 물론 학교에서 선생님이 무언가를 큰소리로 시키거나 엄마가 학교숙제나 공부를 큰소리로 시키게 되면 '강요한다'는 트라우마 증상이 촉발(Trigger)이 되어 아동과 가족 모두가 오랜 시간 동안 도무지 이해할 수 없는 고통 속에서 지내오다가 센터에 내원하게 되었다.

처음 방문했을 때의 아이의 첫 모습은 통통한 체격에 또래보다 덩치가 큰 편이었으나 걷잡을 수 없이 산만한 모습이었다. 심리검사와 뇌기능검사를 진행할 때에는 잠시도 가만히 있지 못하고 안절부절하는 심한 정서적 불안함을 보였다. 필자(상담자)와 눈을 마주치는 것을 매우 힘들어하면서 나의 질문에 대답하는 목소리는 모기소리 마냥 작았고 그 음색에는 잔뜩 주눅이 들어 있었다.

가족관계로는 엄마와 아빠, 두 살 아래 남동생이 있었다. 아빠는 40대 중반으로 엄마의 보고에 의하면 자신의 일을 너무나도 열심히 하는 분이었고 아내에게는 언제나 긍정적인 말로 자신감을 주는 성격이라고 한다. 그러나 반대로 자녀들에게는 부정적인 말과 행동을 자주 보였고 당연히 아이들을 향해 짜증과 화를 많이 냈다고 한다. 엄마는 40대 초반으로 온순해 보였고 아들과 많은 시간을 함께하려고 노력하는 전형적인 주부였지만 급한 성격으로 인해 자주 불안정한 모습을 보이기도 했다. 자신은 불안해지는 것이 너무나도 힘들게 느껴져 어떤 일이든지 미리미리 사전에 처리해 버리지 않으면 못 견딘다고 자신을 설명했다. 그리고 두 살 아래인 남동생은 평소에는 소심한 형을 세심하게 배려해 주는 듯하지만, 자신이 납득이 되지 않으면 금방 소리를 지르며 분노와 짜증을 폭발적으로 내는 모습을 보였다.

엄마는 아들의 여러 증상이 아무리 생각해도 이해할 수가 없다는 말을 반복하면서 심리 상담을 통해서 이런 증상들이 치유가 되냐며 연신 걱정과 불안함을 호소했다. 몸이 기억하는 정보와 뇌파검사를 통해서 아동이 보이는 트라우마(PTSD) 증상의 원인에 대해 탐색해 보았다. 결과는 "5세 10월에 엄마로 인해서" 그 증상이 시작되었음을 알 수 있었다.

이 아이는 어릴 적부터 극도로 예민했다고 한다. 거기에다 코골이가 심해서 깊은 잠을 자지 못하니 더욱더 예민하고 까칠한 특성이 두드러졌다고 한다. 그래서 엄마는 아들에게 충분한 설명을 생략하고 동의를 구하지도 않은 상태로 '강제로, 억지로' 병원에 데려가 코골이 수술을 시켰다. 어린 아이니까 그렇게까지 동의를 구하는 것이 무슨 대수일까 생각했다고 한다. 그리고 그 아이를 위한 수술이니 오히려 좋아해야 할 일이라고 생각했다고 한다.

그러나 아이의 경험은 달랐다. 수술이 끝난 후에 아이가 눈을 떠보니 자기 혼자 수술대에 누워 있는 것이었다. 입에는 산소호흡기를 물려놓아 숨을 제대로 쉬지 못했다. 그리고 목에 무엇인가 걸려 있는 느낌이 들어 견디지 못할 정도였다. 불편함과 공포감은 상상 이상이었다. 너무나 무섭고 불안하여 입술이 사시나무 떨듯이 떨리고 가슴이 아프고 두근두근하며 금방이라도 죽을 것 같은 공포감을 느꼈다고 한다. 그러면서 그 증상이 올라올 때마다 지금도 너무나 무서워서 울음을 터뜨린다는 것이었다. 그 이후로 집이나 학교, 학원에서 억지로 자신에게 무엇인가를 시키면 동일한 신체 증상과 공포감으로 눈물이 그치지 않는다는 것이다.

트라우마는 자신이 견딜 수 없는 공포감을 경험하게 될 때 신경계에 그 공포감의 느낌이 그대로 남아 있게 되어 신경계가 변형되어 그대로 고착된다. 그래서 변형된 신경계를 회복시켜 안정감을 주는 것이 트라우마 치유의 핵심이다.

그러기 위해서는 트라우마가 시작된 원인과 시기를 정확하게 알게 되면 우리 인체는 신비롭게도 안정감을 조금씩 회복하여 트라우마를 치유할 수 있는 기회를 가지게 되는 것이다.

아이의 트라우마 치유는 먼저 신체화 증상을 제거하는 것으로부터 시작했다.

감정자유화기법 EFT(Emotional Freedom Technique)은 트라우마의 신체적인 증상을 완화시키는데 아주 효과가 탁월하다. 먼저 아이에게 수용확언과 연상어구를 통해서 자신의 신체화가 일어나는 부위에 의식적으로 집중할 수 있도록 한다.

연상어구 : "학교 가기가 싫어 울음"

수용확언 : "나는 5세 10월에 엄마로 인해 강제로, 억지로 코골이 수술을 하고 깨어났을 때 수술대에 혼자 있는 자신을 봄으로 두렵고 불안하고 가슴이 두근거리고 입술이 떨렸지만, 그런 내 자신을 있는 그대로 받아들이고 이해하고 사랑합니다." (연상어구와 수용확언을 말하게 하면서 14군데의 경혈점을 손가락으로 두드려주면 된다.)

아이는 트라우마(PTSD) 치유 전에는 신체 증상과 공포감, 불안의 정도(0~10)가 9 정도였으나 1주차에서 5주차에 걸쳐 동일한 치유를 진행하였더니, 입술이 떨리는 증상과 눈물을 멈추지 못하는 부분 및 신체화 증상들은 0으로 떨어졌으며, 불안과 무서움의 정도는 2 정도로 줄어들었다.

그 이후의 치유를 통해 학교와 학원이나 다른 곳에서도 불안과 공포감의 증상이 일어나지 않았다. 친구들과의 관계가 눈에 띄게 향상되었다. 그러나 아이는 학교나 학원에서 자신감을 보이기 시작하면서 그동안 내면 깊숙이 억눌렀던 분노표출이 일어나기 시작했다. 6주차에 엄마에게서 이런 메모가 도착했다.

"아들과 같은 반, 같은 태권도장, 같은 성당을 다니는 아이가 3~4개월 정도 아들을 집요하게 약을 올려서 아들이 집에 오면 속상해하고 많이 울기도 하고 학교 가기 싫어하고 그랬는데, 그저께 아들이 그 아이를 엄청 때리면서 화를 주체를 못했어요. 분노작업을 부탁드립니다."

역설적이지만 분노는 건강한 감정이다. 정직한 감정이기도 하다. 그러나 그 분노감정이 불안과 두려움의 감정에 압도되어 자신을 드러내지 못하다가 불안과 두려움의 감정들이 트라우마 치유를 통해서 안정화가 되자 억압되었던 분노가 드러나기 시작한 것이다.

아이는 그동안 억제되어 있던 자신 안의 분노가 드러나자 흥분된 상태였다. 그리고 내심 자신감 있어 보이는 얼굴을 하기도 하였다. 그런 아동에게 분노를 컨트롤 할 수 있게 자기조절능력을 향상시키는 정서상담과 심리훈련을 병행하였다.

그리고 3개월이 지난 이후에 아이에게는 많은 변화가 일어났다.

① 불안하게 되면 입술과 온몸이 떨렸는데 사라짐.
② 매일 학교 가는 것이 두려워 엄마와의 전쟁이었는데 학교 가는 것을 좋아함.
③ 친구 관계가 좋지 않았는데 친한 친구들을 집에까지 데리고 온다고 함.

④ 학교숙제, 학교공부를 하게 하면 울고 견디지 못했는데 그런 증상들이 사라짐.

⑤ 동생을 미워하고 싫어했는데 관계가 호전됨.

⑥ 선생님이 수업시간에 큰소리로 가르치면 눈물이 나고 불안해서 선생님을 미워하고 짜증을 내곤 했었는데 지금은 너무나도 재미있게 수업을 함.

⑦ 불안하면 잦은 소변과 손 씻는 강박 증상이 심했는데 사라짐.

⑧ 목에 뭔가 걸린 듯한 느낌으로 항상 목이 불편하고 눈물이 멈추지를 않았는데 이런 증상이 사라짐.

⑨ 새로운 환경에 적응하는 것을 매우 힘들어하였는데 재미있다고 함.

⑩ 예민한 성격으로 까칠한 부분이 많았는데 예리하게 관찰하고 행동하는 모습으로 변화되었다고 함.

그리고 상담이 종료될 쯤에는 학교 가는 것을 너무나도 좋아하는 아이, 친구들을 너무나도 따뜻하게 대해주는 학교 인싸가 된 것은 물론 나중에는 선생님이 되고 싶다는 꿈을 갖게 되었다.

"고통의 순간을 이겨낸 트라우마 경험자는 자신 안에 있는 보물을 찾게 된다."

11. 아들이 무서운 엄마의 트라우마

꽃분 씨는 45세의 남편과 초등 1학년 아들을 둔 43세의 여성으로서 주부이다.

남편은 어린 시절 아버지께서 돌아가시고 홀어머니 밑에서 형과 함께 자랐으며, 현재 디자인 사무실을 운영하고 있다. 그리고 안타깝게도 아들은 분리불안과 틱 증상으로 상담센터에서 미술 심리치유를 받고 있었다. 그녀는 163cm 정도의 키에 준수한 외모를 가지고 있었지만 전혀 꾸미지 않는 스타일이었다. 흐트러진 헤어스타일과 추스르지 못한 옷매무새, 멍한 눈빛, 위축된 표정과 부정확한 발음의 힘없는 말투로 보아 극심한 우울과 불안에 시달리고 있음을 한눈에도 알 수 있었다. 그러나 대화를 통해 편안한 상황을 조성해주자 자신의 감정이나 상황을 조리 있게 설명하고 자신의 경험에 대해 대체적으로 잘 파악하는 편이었다.

그녀는 정해진 상담시간에 성실하게 참석을 했으나 새롭게 일정이 변경되면 시간을 잊어버려서 상담에 참석하지 못하는 일이 잦았다. 극심한 우울로 인해 단기 기억력이 현저히 떨어져 있는 상태였다. 또한 일상생활에서도 사람과의 관계에서 문제가 생기거나 스트레스 상황이 되면 금방 무기력해지고 멍해지며, 복종적이고 회피하려는 특성을 보였다. 가족으로는 언니와 남동생, 2녀 1남의 둘째로 주 양육자는 부모님이었다. 어머니는 가정적이지 않아 집에 있는 시간이 적었다. 반대로 아버지는 가정적이라 엄마가 늦게 들어오는 날은 밥을 해주거나 아이들과 놀아주는 자상한 사람이었다. 그러나 어머니의 잦은 부재로 아버지가 술을 드시는 날이 많아지고 불화가 심해지며 초등학교 2학년 무렵에 이혼을 하게 되었다. 이혼과 동시에 어머니는 집을 나가 그 길로 소식이 끊기고 어쩔 수 없이 아버지와 살게 되었다. 1년 후 아버지가 재혼을 했다. 새엄마가 아이들을 잘 돌봐줄 것이라는 안도감에 아버지는 밖에서 일에만 열중했다. 그러나 새엄마는 어린 두 자매에게 너무나 차가운 사람이었다. 새엄마가 쌍둥이를 낳은 후로는 더욱더 정서적으로 방임된 채로 자라게 되었다. 부모와의 불안정한 애착과 정서적인 지지가 부족한 환경의 영향으로 심리적 면역력이 약한 그녀에게 치명적으로 병적 후유증을 남긴 트라우마(PTSD) 사건이 발생하게 된다. 그녀가 6학년일 때 중2인 언니와 약수터에 놀러 갔다가 모르는 남자가 산으로 끌고 가 깨진 병으로 위협한 사건이었다. 남자는 어린 꽃분은 뒤돌아 앉아 있으라 하고 언니는 속절없이 성폭행을 당하게 되었다. 그녀는 눈이 가려진 채로 언니의 고통스러운 소리를 고스란히 들어야했다. 그 기억은 평생의 충격으로 남게 된다.

누구에게도 말할 수 없는 큰 상처를 안고 고통스러워하는 자매를 아무도 따뜻하게 보듬어주지 않았다. 언니 역시 동생을 보기가 너무도 괴로웠던지 슬그머니 가출을 하고 말았다. 언니마저 없는 집에서 혼자 남겨져 어렵게 살다가 고1 무렵 새엄마로부터 집에서 나가줬으면 좋겠다는 편지를 받는다. 그보다 더한 상처는 없었다. 아무런 대책도 없이 집을 나오게 된다. 이후 친구 집에 며칠 머무르며 친엄마를 수소문하여 언니, 엄마와 함께 살게 되었다. 그녀는 고졸의 학력으로 집안의 도움 없이 끊임없이 공부하려고 노력했다(방통대 교육학과 3학년 이수). 맺힌 것이 많아서인지 스스로 발전하고 싶은 욕구가 매우 강해서 더 배우면서 자신의 일을 갖고 성공하고 싶어 했다. 그리고 성폭행 사건과 아빠에 대한 배신감으로 남자를 멀리하면서 일에만 몰두했다. 그러나 욕심이 지나쳤을까, 한 가지 직업에 몰두하지 못하고 이일저일 전전하며 살아오다 보니 생활은 엉망이 되었다. 어느 정도 정리를 하고 30대 이후에 현재의 남편을 만나 아이를 갖게 되어 결혼하게 되었지만 결혼 이후 복합외상(CPTSD) 증상으로 인해 부부간의 자연스런 성관계가 힘들었고 지속적인 우울증과 심한 건망증, 산만함으로 지금까지 고통을 받고 있었다.

어린 시절에 겪었던 가정에 소홀한 엄마에의 기억, 이혼 후 재혼한 새엄마와 아버지로부터 정서적으로 방임된 채 무관심 속에서 자라면서 안정적인 애정의 경험이 없음은 참 안타깝고 가슴 아픈 일이었다. 일찍부터 대인 관계에서 애정 욕구가 충족되지 못한 채로 초등학교 6학년에 큰 상처를 받고도 홀로 견디며 자신에 대한 수치심과 죄의식, 패배적인 자아형성과 대인관계 미숙, 정서적·성적 미성숙으로 인해 사회생활에서의 부적응을 쉽게 추측할 수 있었다. 결혼 후에도 남편과 시어머니와 아들에게도 정서적으로 무시당하며 긴장과 위축감으로 생활하고 있음이 정확하게 관찰이 되었다.

그녀는 자라면서 가정환경에서의 발달 트라우마와 쇼크(사건트라우마) 트라우마가 복합적으로 내재 되어 있는 경우였다. 수치심과 죄의식이 내면에 깊이 깔려있었으며, 정서적으로 고립된 상태로 혼란스럽게 살아왔다. 준비되지 않은 상태로 원하지 않는 아이를 갖게 되어 결혼을 하게 되면서 남편의 폭력과 시어머니의 횡포로 인해 수치심, 긴장, 불안, 위축감이 더욱 강화되었음은 불을 보듯 뻔한 일이었다. 일상에서도 건망증과 산만함, 정신적 혼미함이 반복되고 있었기 때문에 이로 인해 아이를 제대로 양육하지 못해 잃을 수도 있다는 불안감에 압도되어 증상이 더욱 악화되었을 것으로 보였다. 꽃분 씨는 내게 남편과의 의사소통 문제를 가장 시급하게 변화시키고 싶다고 호소하였다. 현재의 모든 문제들이 내담자의 본래 가족과의 관계와 어릴 적 트라우마(PTSD)로 이어져 있었기 때문에 깊은 내면의 근본적 문제를 먼저 다루면서 현재 호소하는 문제를 함께 다뤄나가자고 제안했고 그렇게 합의하였다.

내가 본 그녀는 지금 현재의 삶을 살고 있지 않았다. 과거의 트라우마에서 벗어나지 못하고 그 안에서 살아가고 있었다. 눈동자에는 두려움과 공포로 뒤덮여 지금의 현실을 바라보지 못하고, 온몸은 경직되어 움츠러들어 있었다. 누구에게도 지지받지 못하고 상처받은 두려움과 고통 속에 신음하는 6학년 소녀와 성인이 된 지금의 삶이 자연스레 통합이 이루어져야 새로운 좋은 경험들을 받아들이고 자신이 살아가는 삶에서 유대감을 만들 수 있다는 판단이 들었다. 나와의 관계를 비롯하여 센터의 모든 사람들이 건강하고 따뜻한 접촉을 통한 치유를 핵심 목표로 삼았다. 주눅 든 모습으로 상담실을 방문하는 그녀를 따뜻하게 맞아주면서 최대한 편안하게 우리를 대할 수 있도록 하였다. 그녀가 오는 날은 되도록 소박하면서도 편안한 복장을 하였고, 친구나 언니와 같은 말투로 마치 친정에 오는 듯한 느낌으로 대했다. 따뜻한 지지자의 경험과 정서적 접촉을 통해 조금씩 내면의 힘을 키움으로 과거에서 현재와 유대감을 형성하기 시작했다. 그녀는 자율신경계의 밸런스가 산산이 깨져 교감신경과 부교감신경의 과잉 활성화 상태를 왕복하고 있었다. 주요 증상으로는 산만함, 집중력 저하, 불면증, 신경과민, 극심한 긴장 상태(교감신경 과항진)와 우울증, 무기력, 단절된 느낌, 멍한 상태(부교감신경 과항진) 등이었는데, 그런 증상들을 골고루 겪고 있었다.

그런데 자신의 몸이 지각하는 것을 심리치유의 출발로 보고 호흡 훈련부터 시작하였을 때 꽃분 씨의 조용한 저항이 보였다. 그녀는 일이 생겼다며 상담을 한 주 빠졌다. 다음 주 상담시간에 상담에 대한 불편함이 있는지 질문을 하자 이렇게 대답했다.

"선생님이 가르치는 것을 못 할까봐 너무 걱정이 되고 긴장이 돼요."

나는 그녀가 해야 할 과제가 없음을 정확하게 인식을 시키고 절대 안심하셔도 된다고 설득하며 호흡과 함께 신체감각 알아차리기를 통해 몸이 포함된 대화를 시도하였다.

"지금 그 이야기를 할 때 몸에서는 어떤 일이 일어나고 있나요?"

이런 자연스런 질문을 통해 신체에서 일어나는 감각을 의식적으로 자각하고 표현할 수 있도록 유도했다. 신체 자각과 연결된 감정을 알아차리고 감정을 그림으로 표현하며 감정을 재해석하는 과정을 진행했다. 자기 표현력이 부족하고 심리적 방어가 심한 그녀에게 편안하고 수용 받는 느낌으로 자신을 드러낼 수 있도록 도움을 주고자 했다. 내면의 핵심감정을 알아차리고 표현함으로써 어린 시절부터 방임된 상태로 혼자 견뎌내고 눌러왔던 감정 다루기를 경험하면서 상처로 인해 생긴 정서적 문제들을 차분하게 다뤄나갔다.

그녀는 최대한의 지지와 수용 경청과 공감을 바탕으로 신체 자각하기와 미술치유를 통해 생각하고 알아차리고 느끼며 행동하는 새로운 경험을 체험했다. 내면을 억압해 왔던 핵심감정들을 알아차리고 그로 인해 현재의 생활에 미치는 영향을 탐색하면서 긍정적으로 자신감을 가질 수 있도록 격려하는 것도 잊지 않았다. 시간이 지날수록 긍정적 인지가 더 확대됨으로써 상황에 대비하고 다루고 대처하는 힘을 키울 수 있도록 도와주었다.

정서적 문제를 다루면서는 인지적으로 습관적 사고를 재평가(나는 늘, 항상, 잘 안 된다 등등)하는 시도도 병행했다. 현재의 어려움(남편 관계, 아이의 짜증)에서 왜곡된 부정적 사고가 하는 역할을 가르치고 그 생각을 기록하고 도전과제로 삼고 수정함으로써 인지적, 정서적 왜곡을 느끼고 깨닫고 수정하는 시도를 지속적으로 진행했다. 시간이 지나면서 남편과의 관계에서 직접 자신의 생각을 행동에 옮길 수 있게 되면서 가족 및 사회적 관계에서 수직적인 '을'에 머물던 관계 형성이 평등한 긍정적 관계로 변화되는 것을 관찰할 수 있었다. 아들을 건강하게 양육할 수 있는 엄마로서의 자신감을 가지면서 그녀는 궁극적으로 '주체성 회복'을 통해 새로운 자신을 발견해 나갈 수 있었다.

"잃어버린 자신을 찾는 것은 우리가 평생동안 이어가야 할 숙제이다."

12. 책임감과 교만의 차이
-선택의 기로에 선 상담사

2년 전 심리 상담을 해주었던 학생의 학부모로부터 전화가 왔다.

같은 교회 집사님인데 우울증이 너무 심해 자신이 생각해도 위험이 느껴진다며 자택치유를 의뢰하는 전화였다. 증상을 들어보니 정신과 입원경력이 여러 번 있었다. 현재도 우울과 불안 증상이 심하게 올라와 있는 듯해 상담사와 내담자 모두를 보호하는 차원에서 정중히 거절을 하며 병원에 속해 있는 심리치료 기관을 권해드렸다.

그로부터 며칠 후 모르는 번호로 전화가 왔다. 다급한 목소리였다.

"제발 저 좀 살려주세요, 선생님, 저 이대로 있으면 정말 죽어요!"

우울증이 심하다는 집사님이라는 분의 전화였다.

이런 경우의 전화는 자주는 아니지만 느닷없이 발생하는 경우가 종종 있다. 너무도 다급하게 직접적으로 도움을 청하는 마당에 어쩔 수 없이 자택 심리치유를 할 수밖에 없게 되었다. 상담 첫날 보호자 없이 내담자 홀로 있는 자택으로 들어갔다. 약간 긴장된 마음으로 부인과 첫 대면을 하였다.

부인은 보통의 체격에 선한 이미지의 동그스름한 얼굴형에 약하게 화장을 하고 있었다. 진주목걸이에 고급스런 원피스 차림의 우아한 이미지로 나를 맞았다. 그러나 불안정한 눈동자와 어색한 미소는 감출 수가 없었다. 거실로 안내되었다.

"오늘은 선생님을 처음 보는 날이라 이렇게 예의를 차렸습니다."

부인은 타인과의 눈맞춤은 대체적으로 잘 되었으나 웃는 모습이 약간 어색하고 눈빛이 흔들리며 안정적이지 못했다. 다른 사람의 시선에 신경을 많이 쓰는 모습이었다. 처음에는 억양이나 말의 속도가 일정했으나 점점 말이 빨라지면서 급한 듯 쫓기 듯 편안하지 못해 보였다. 이야기를 할 때마다 자신의 말에 대해 확인을 받으려는 제스처를 습관적으로 취했다. 불안정한 자신의 정서를 통제하며 예의를 지키려고 노력하면서도 질문을 계속하며 확인을 받으려는 모습에서 심한 불안과 초조함, 조급함이 보였다. 부인은 자신의 증상에 대해 극도의 두려움을 가지고 있었다.

첫째로 가장 힘든 것은 온몸이 너무 아파(살을 저미는 것 같은) 일상적인 생활이 안 될 지경이라고 했다. 아픈 증상만 없어지면 살 수 있을 것 같다고 했다. 다음으로 오랫동안 (1년 6개월 정도) 사는 게 너무 불행하고, 아무것도 하기 싫은 무기력증이 너무 심하니 이러한 불행한 감정을 없애달라고 했다. 그리고 자신의 마음에서 한 남자가 없어지게 해 달라고 호소하는 것이었다. 이야기를 종합해보니 그녀는 한 남자로 인해 극심한 우울과 분노 트라우마(PTSD)를 가지게 된 것으로 보였다.

그녀는 2남 2녀의 막내딸로 영특한 언니, 오빠들과는 다르게 평범한 아이였다고 한다. 부모님으로부터 긍정적이고 전폭적인 지지를 못 받고 늘 야단을 맞으면서 항상 위축된 상태로 자랐다. 막내이면서도 어리광 한번 부릴 수 없었다고 했다.

"니가 하는 일이 맨날 그 모양이지!"

이런 폭력에 가까운 말을 상시적으로 하시는 어머니로 인하여 주눅이 들어 하고싶은 말, 행동도 맘대로 하지 못하면서 눈치만 점점 늘은 것 같다고 했다. 고등학교 졸업 후 명문대학에 다니는 언니, 오빠들과는 다르게 지방대에 합격하자 아버지가 보내 줄 수 없다고 했단다. 그래서 대학진학을 포기하고 대기업의 자회사에 비서로 입사를 했다. 대학생이라고 속이고 미팅에 나가 현재의 남편을 만나 연애 도중 남자친구였던 남편이 군대에 입대하면서 미국으로 어학연수를 떠나 1년 정도 어학연수를 마치고 돌아오기도 했다. 의사일로 바쁜 언니 집에 머물면서 조카들을 친자식보다 더 예뻐하며 돌봐주다가 그 당시 남자친구였던 지금의 남편과 5년 연애 후 결혼을 하게 되었다. 그녀는 보기에도 그렇듯 허영심이 많았으며, 조카들을 지극정성으로 키움으로써 조카들에게 엄마와 같은 대접을 받으며 언니의 삶을 살고 싶어 했다.

남편 또한 부잣집 도련님으로 부족함이 없어 보여 선택한 듯했다. 그러나 결혼 후 남편의 사업실패로 생활이 어려워지자 남편에 대한 원망과 만만함으로 인해 마음이 점점 멀어져갔다. 어쩔 수 없이 돈을 벌려는 생각에 부동산에 손을 대면서 연하의 남자와 바람을 피우기도 했다. 결과는 참담했다. 경제적인 문제가 얽히면서 심한 타격을 입으며 실연을 당한 이후 우울증을 앓게 되었다. 중증의 우울로 입, 퇴원을 반복하며 힘들어하다가 다시 회사에 입사하여 일을 하게 되면서 오로지 직장에 재미를 붙여 그때부터 마음을 다잡게 되었다고 한다.

그 과정에서 한창 사춘기인 아들에게 너무 소홀히 했다는 사실과 엄마로서 역할을 해 주지 못한 것에 대한 미안함과 죄책감이 늘 도사리고 있었다. 그러나 이후 여러 번 사람들에게 사기를 당해 돈을 날리기도 했지만 그래도 15년 동안 밝고 재미있게 살았다고 한다. 그리고 동창회에 나가는 것이 삶의 즐거움이었다고 한다. 그러다가 2년 전에 동창회에 갔다가 미국에서 귀국한 남자 동창을 만나게 되어 사귀게 되었다. 무척 즐거운 시간이었다고 한다. 그러나 기독교 집사인 동창이 자신과의 사귐에 대해 갈등하는 모습과 그러면서도 자신과 육체관계를 맺고 싶어 하는 상반된 행동에 무척이나 상처를 받았다고 한다. 그런 실망감으로 인해 마음의 병을 얻게 되어 그 보상심리로 비싼 보석과 장신구들을 충동구매하게 되었다. 그 사건의 여파와 자신에 대한 후회로 인해 우울증이 심해져 다시 정신과에 입원하게 되면서 6개월에 걸쳐 3번의 입·퇴원을 반복하며 증상이 더욱더 악화되는 고통을 겪고 있었다.

동창에 대한 원망과 분노로 우울증이 점점 심해지고, 신체화로 인해 온몸이 아픈 증상이 심해져 고통스럽게 살았다. 그러던 중 미국에 있던 언니가 잠깐 한국에 머무르게 되어 언니 지인의 소개로 교회 봉사도 나가며 성경 말씀을 듣고 언니와 자주 외출하여 다니면서 우울 증상이 없어지고 동창 생각도 나지 않아 나름 즐겁게 시간을 보냈다고 한다. 그러나 언니가 미국으로 돌아가면서 다시 우울증이 시작되고 동창에 대한 원망과 분노가 되살아나 증상이 더욱 심해져 더 이상 견딜 수가 없게 된 것이었다. 남편은 부인의 외도를 알지 못하고 있었다. 남편과는 일상적인 생활에서 사이가 좋았지만 남편을 볼 때마다 지루하기만 하고 남자로 느껴지지 않아 존재의 필요성을 느끼지 못하고 있었다.

그녀는 자라면서 일상적인 상처를 통해 얻은 발달 트라우마(PTSD)로 불안의 강도가 높았고 보상심리로 인해 무의식적으로 억압되었던 원초아의 충동이 강해 보였다. 자아가 이를 통제하기 어려운 상황에서 타인과 상황을 마음대로 조종하고 싶어 하는 욕구가 높았고, 자기중심적이며 충동적이고 좌절에 대한 인내력이 낮았다. 그래서 일이 마음대로 되지 않을 때 스트레스가 극도로 높아지면 자연스레 히스테리로 반응했다. 채워지지 않은 결핍으로 인한 관계중독성, 높은 불안, 강박적 사고로 인하여 전반적인 일상생활이 어렵고 무기력감과 극심한 신체 고통을 호소하고 있으나 본인의 힘으로 이겨내고 인내하려는 의지가 전혀 보이지 않았다.

거기에 중년기 여성의 폐경기 특성으로 인한 심리적 우울, 환경적으로는 91세인 치매 어머니와 함께 지내며 집안 분위기가 늘 어두웠다. 남편과의 정서적 교류가 적고, 성생활을 하지 않은 지는 오래되어 여성으로서의 소외감을 느낄 수밖에 없었다. 거기에다 외아들의 군입대로 인한 외로움이 가중되어 증상의 가속화를 보이고 있었다. 망상적 사고와 왜곡된 신념이 강했으며, 고집과 분노와 변덕이 심하고, 미성숙한 정서로 타인에게 의지하려는 경향이 강하여 자신의 증상에 대해 과도하게 고통스러워하면서 히스테리를 부렸다. 또한 현실 부정이 심해 심리 상담에서도 저항과 반항이 높아 치유과정에서 그것들이 커다란 방해요소가 되었다.

동창과의 이별로 인한 그 분노감정의 대상이 사라진 상태에서는 무의식적으로 자기에게 화살이 향하게 된다. 당연히 자기 비난, 자기 책망, 죄책감이 높아지면서 의심이 많아지게 된다. 상담사의 수고에 당연히 지불해야 할 비용에 대해서도 몹시 아까워했는데 그런 인색한 성품이 그녀의 회복에 독으로 작용했다.

그녀의 강점적인 자원으로는 생활력, 생존본능이 강하다는 것을 꼽을 수 있다. 그리고 누구보다도 잘 살고 싶은 욕구가 강했고, 남편과 아들의 커다란 지지를 받고 있었으며, 증상 호전을 위해 가족들이 많은 노력과 관심을 보이고 있었다. 또한 본인의 인지능력이 좋고 상황파악을 긴밀하게 하며 활동적인 것을 좋아하고 사람들과 어울리는 것을 좋아했으며 신앙심 또한 깊었다.

반대로 단점으로는 타인과 자신에 대한 불신이 강하고 타인을 깔보고 무시하려는 특성이 있었다. 그녀는 자신을 강하게 이끌 수 있는 상담을 원했고 그런 요구에 맞춰 명료하고 확신을 줄 수 있는 언어표현으로 상담을 진행했다. 복식호흡, 긴장 이완, 명상법 등의 신체활동을 통해 신체 자각하기 훈련도 병행했다. 그녀는 언어상담은 치유과정이 아니라고 생각하며 무언가 획기적이고 마술적인 방법으로 금세 자신이 즐거워질 것을 기대하고 있었다. 상담시간이 아깝다는 생각에 말의 속도가 너무 빨라 정서적 접촉이 어려운 점도 있었다. 다행히 가족 자원을 활용하여 남편에게 잠깐씩이라도 바깥바람을 쐬며 매일 일정한 시간에 산책해 줄 것을 과제로 드렸다. 환경적으로 긍정적 강화의 원천(동창 모임 및 즐거운 대인관계)의 상실로 인해 즐거운 경험은 감소하고 불쾌한 경험은 증가하여 그러한 불행감을 호소하는 부인에게 긍정적 강화의 경험으로 교회 봉사, 운동을 지속적으로 하여 규칙적인 신체활동과 식사를 할 수 있도록 하였다. 그리고 왜곡된 신념(나는 우울에서 절대 벗어날 수 없다, 동창 생각을 하루 종일 하고, 동창 생각은 내 머리에서 절대 떠나지 않을 것이다 등등)에서 역기능적 신념을 깨닫게 하여, 이를 보다 유연하고 현실적 신념으로 대체하도록 유도하였다.

상담을 진행하고 2달 정도 지났을 때였다. 오늘은 더 머물다 가셔야 한다며 시간을 많이 지체시켰다. 퇴행과 의존성이 급격히 늘어나고 떼쓰며 아무것도 하지 않으려 하거나 자신의 증상을 깨끗하게 없애주지 못한다고 비난하는 이중적인 모습을 보이기도했다. 나를 지치게 하는 것은 물론 우울이 제발 자신에게서 빠져나갈 수 있게 해달라고 사정하기도 하였다. 급기야는 심리상담을 하면서 하나도 나아진 건 없고 더 아프고 불행하다고 하며 이렇게 말하기도 했다.

"선생님이야 나 같은 사람 치유 안 하면 그뿐 아니냐. 아쉬울 것 하나도 없으니 이렇게 힘들게 하는 데 오고 싶지 않을 것 아니냐. 치유 선생님이니까, 착한 선생님이 내담자가 자신을 힘들게 한다고 내버려두진 않아야 할 것 아니냐. 병원에 입원하란 소리만 하지 말고 제발 자신을 책임져 달라. 소화가 안 되고 약으로 인한 무기력증으로 자신이 더 환자 같다. 약값도 너무 많이 드는데 이건 선생님이 하라고 해서 하는 것이니 약값 대신 상담비를 깎아 줄 것을 부탁한다."

이렇게까지 억지를 쓰는 경우가 허다했다. 나는 그건 내담자에게 꼭 필요한 것을 처방한 것이고, 본인이 책임져야 할 문제인데 다른 사람의 희생으로 보상받으려 하지 말라고 단호하게 이야기하기도 했다.

그녀는 자신의 증상을 이용하여 나를 휘두르고 싶어 했다. 나를 자신이 고통받는 것에 대한 보상과 희생자로 삼고 싶어 했다. 나는 그녀의 이기심과 욕심으로 정신적인 소모가 너무나 컸다. 증상이 호전되지 않는다고 안달을 하며 빨리 불행감에서 벗어날 수 있게 해달라고 재촉하는 그녀에게 상담초기의 증상과 지금 현재 하나하나의 증상을 글로 써 보게 함으로써 근육통이 많이 없어지고 증세가 호전되고 있음을 확인시켜 주었다. 그리고 증상이 호전되기 위해서는 스스로 노력해야 함을 상기시키고 과제를 주고 증상을 비교 분석한 것을 매일 보도록 하였다.

이후 부인은 우울, 불안이 상당히 호전되었다. 일상생활이 가능해지고 불행감에서 벗어나기 시작하자 또 다른 불만을 표출했다. 상담

시간에 툭 던지듯 왜 이렇게 유치하고 어린애 같은 짓을 해야 하는지 모르겠다면서 상담에 대한 불만과 불신을 쏟아내기 시작했다. 상담자인 내게 멸시와 비난으로 상담을 종결하도록 유도하며 끝내고 싶은 관계에 대한 그녀의 대인관계 패턴을 그대로 드러냈다. 나는 상담을 통해 그녀의 고통이 완화된 것에 의미를 두고 더 이상 그녀에게 나 자신이 손상 받지 않도록 보호하는 차원에서 상담을 종결하였다. 나는 책임감 있게 추수 상담을 지속해주지 못한 것에 대한 죄책감으로 슈퍼비전을 받았다. 그러나 내담자로부터 나를 보호한 것에 대해서는 좋은 결정이라는 피드백을 받고 마음의 위안을 받았다.

나는 이번 상담을 통해 '내가 할 수 없는 일을 만났을 때 끝까지 고집하는 것' 또한 교만이라는 것을 깨달았다.

13. 가족이란 이름으로
- 복합외상의 상처를 딛고

너무 일찍 철든 아이

미나 씨는 딸만 셋인 가정의 첫째로 어린 시절부터 일과 돈 욕심이 많은 어머니를 대신해 동생들을 돌보며 집안일을 했다. 경제적 여유가 없다는 이유로 학원에 다니지는 못했지만 학교에서는 늘 일등을 하여 엄마의 자랑거리가 되었다. 집에서는 어린 동생들을 돌보며 착한 딸로서 그저 사랑받기 위해 치열하게 살았으며 한번도 엄마에게 반항하는 마음을 품지 않았다.

엄마의 요구를 거절했을 때 겪어야 하는 체벌이 너무나 무서웠고, 자신들을 버리고 간 아빠를 대신해 일을 해서 돈을 벌어야 한다는 엄마를 도와줘야만 했다.

"중학교 때 엄마 마음에 들지 않는다는 이유로 심하게 맞았어요. 쓰러져 있는 제 얼굴을 발로 밟아서 입 주변을 7바늘이나 꿰맸어요. 정말 너무 억울해요. 어떻게 그럴 수가 있어요. 그건 사람이 할 짓이 아니잖아요."

그렇게 그녀는 너무 일찍 철이 들며 자신을 돌보거나 자신이 필요로 하는 걸 채울 여유가 늘 없었다.

슬픈 꼭두각시

어머니의 지독한 돈에 대한 집착으로 경제적으로는 풍족해졌지만 어머니의 강압적인 양육으로 인해 혹독한 어린 시절을 보냈다. 고등학교부터 외국에 나가 공부했고 유학을 보낸 댓가로 대학입학 이후부터는 알바를 하며 자신의 학비는 물론 한국에 생활비까지 보내야 했다. 일생을 키워 준 것에 대한 보답을 성인 이후부터는 해야만 했기 때문이다.

"대학을 다니며 쓰리 잡을 했어요. 정말 미친 듯이 일하고 공부하면서 막내 학비와 엄마 생활비를 보내는 것에 대해 불만을 가진 적이 없었어요. 지금 생각해보면 어떻게 그럴 수 있었는지 모르겠어요. 엄마는 한번도 제게 고맙다는 말을 하지 않았어요. 늘 불평을 하고 핀잔을 줬어요. 전 그게 당연한 줄 알았어요. 엄마한테 욕먹지 않으려고 정말 필사적으로 살았어요."

대학 졸업 후 20대 후반에 한국으로 들어와 대형학원에서 영어를 가르치는 일을 시작했다. 어린 시절부터 어머니가 원하는 대로 살아야 했고 한국에 돌아와서도 어머니가 원하는 곳에 취업을 했다. 어머니의 마음에 드는 남자를 만나 결혼도 하게 되었지만 친정 식구들의 심한 간섭과 어머니에게서 독립하지 못한 그녀 자신으로 인해 결혼 4일 만에 이혼을 하게 되었다.

그녀는 이혼 이후 식이장애를 겪으며 이런 생각이 들었다고 한다.

"이러다간 정말 죽겠구나!"

억울하다는 생각이 들었다. 성인이 되어서도 자유롭게 자신의 인생을 살고 있지 못한 현실을 자각하고는 무언가 잘못되었다는 생각이 들었다고 한다. 그때 인생에서 처음으로 꼭두각시 인형의 끈을 끊고자 결심하게 되었다고 한다. 과거 이야기를 할 때면 견딜 수 없다는 듯 몸서리를 치며 입술을 깨물고 울었다.

그녀는 자그마한 키에 귀여운 외모의 35세의 전문직 여성이다. 감각적이면서 세련된 투피스 차림에 풀메이크업을 하고 방문하여 상담을 통해 얻고 싶은 결과에 대해 이야기를 하였다. "더 이상 슬퍼하고 싶지 않아요. 내 삶을 살고 싶어요. 가슴이 체한 것처럼 엉켜 있어요." 울먹이며 이야기하는 그녀는 전형적인 복합 트라우마(CPTSD)로 인한 여러 신체적 증상을 겪고 있었고 극심한 우울과 불안, 슬픔을 볼 수 있었다.

몸은 기억하고 알고 있다

그녀의 증상적 특징으로 트라우마(PTSD)가 올라오면 굉장히 추워하면서 온몸을 쥐어뜯으며 울부짖었다. 진정이 되고 나면 이해할 수 없는 증상에 부끄러워하며 절망했다.

"실제로 강렬한 감정에는 마음과 함께 위와 장과 심장까지 관여한다. 실제로 우리는 극도로 괴로운 감정 상태에서 속이 뒤틀린다거나 심장이 부서지는 기분을 느낀다. 이러한 감정은 자가면역 문제와 건강 이상으로 암호화되어 남는다."(《몸은 기억한다》, 베셀 반 데어 콜크, 2019)

그녀의 감각은 이 끔찍한 감정에서 벗어나기 위해서 극심한 신체 증상을 만들어냈고 이러한 신체 증상에 집중하며 내면의 고통스러운 감정에서 벗어나는 방법을 택했다. 그토록 힘들어하던 여러 종류의 신체 증상이 자신을 보호하기 위해 만들어졌다는 것을 깨닫고 증상 하나하나씩 인격적으로 만나며 증상의 역할을 탐색하게 되었다. 이제는 그런 증상이 나오지 않아도 자신의 참 자아가 조절할 수 있다는 것을 통찰하며 심리적 신체적 안정감을 찾아갔다.

또한 감정 인지불능으로 인해 스트레스 상황이 되었을 때 과도하게 분노하며 자신을 보호하지 못하고 스스로 신체적 학대를 하며 통제능력이 상실되는 증상에 대해 신체감각을 편안하게 받아들이고 인식하는 훈련을 했다. 고통스러웠던 과거의 경험과 그에 대한 내면의 감정을 인식하고 집중함으로써 증상에 압도되거나 수치스러워하지 않고 침착하게 자신을 통제하는 법을 배웠다. 호흡과 감각훈련을 병행하며 이완된 상태로 내면에 집중할 때면 입술이 피가 날 정도로 악물고 온몸이 빨갛게 열이 올라오며 하염없이 울었다. 이 과정을 경험하며 그녀의 내면은 강인해졌고, 신체적·심리적으로 자신을 감당할 수 있었다. 상담사인 나와 사랑하는 애인을 통해 안정화라는 자원을 만들어 증상의 악순환이 되는 패턴을 줄여나가며 트라우마 치유가 지속이 되면서 그녀의 봉인된 기억들이 하나씩 되돌아왔다.

"기억 저편에 사라진 깊은 상처를 찾는 것이 잃어버린 나를 찾는 것이다."

세상 밖으로 나가다

"제가 얼마나 학대를 받으며 노예처럼 살아왔는지 깨닫고 모든 기억을 봉인한 이유가 있었구나, 그런 걸 알게 됐어요. 더 이상 엄마한테 죄의식 갖지 않으려구요. 늘 내쳐질까 조마조마했어요. 그동안 힘들었는데, 알아차리지 못하고 내가 너무 오래 방치했구나 하는 생각이 들었어요. 나는 너무 엄마한테 붙어있었어요. 이제는 떳떳하게 독립하려구요. 두렵지만 할 수 있을 거 같아요."

그녀는 자신이 걸어온 트라우마 치유 여정에 대해서 이렇게 표현을 했다.

"심리상담을 시작한 3, 4월에는 확실히 과거에 있었고, 6월에는 현재로 가고 싶었고, 7월에는 현재에 있는 느낌이었고, 8월에는 현재에 살며 하고 싶은 것, 목표를 위해 행동을 하고 있었고, 9월에는 가족에서의 독립을 시작했으며, 10월과 11월은 온전히 현재에 있으면서 내가 하고 싶은 것들을 해내고 있었어요."

"과거에 묶여 있던 내면 아이가 현재로 살아가는 과정을 경험하면 치유가 임한다."

나는 병적으로 포화상태인 어머니에게서 독립하여 세상 밖으로 당당히 걸어 나가는 그녀에게 격려의 박수를 보내며 앞으로의 여정이 끝나 내게서도 독립할 수 있을 때까지 안정된 대지의 역할로 그녀와 함께 하고자 한다.

14. 엄마, 포기하지마!

"난 세상에서 선생님이 제일 좋아, 아차! 우리 엄마 빼고!!"

준아는 밝고 명랑하며 간혹 무모하지만 너무도 사랑스러운 아홉 살 남자아이다. 준아의 주된 호소 문제는 산만함(ADHD), 학교에서의 반항, 떼씀, 말 안 통함이다. 엄마는 아들로 인해서 거의 죽을 지경이라며 눈물로 호소했다.

"다섯 살부터 떼를 쓰는 게 너무 심해서 '우리 아이가 달라졌어요'라는 TV 프로그램에도 출연했어요. 말이 전혀 안 통해요. 하고 싶은 거 못하게 하면 막 집어던지고 소리 지르고, 우리말을 전혀 듣지 않아요. 정말이지 이젠 더 이상 견딜 수가 없어요. 죽을 거 같아요. 저 좀 살려주세요."

준아의 가정환경은 겉으로 보기엔 일반 가정과 별반 다르지 않았다. 그러나 내면으로 들어가보면 고집이 세고 자기 멋대로 행동하는 엄마가 있었고, 그런 아내의 눈치를 보며 힘들어 하면서도 술 마시고 노는 걸 좋아해 술마신 날이면 간혹 아내에게 폭행을 당하거나 심하게 욕을 먹으면서도 성실하게 회사생활을 하는 아버지, 이렇게 세 식구이다. 준아는 아버지가 술을 마시고 새벽에 들어오는 날에는 집안의 물건들을 부수고 아버지의 옷을 쥐어뜯으며 욕을 해대는 엄마로 인해 불안과 긴장감으로 두려움에 떨었다. 엄마는 아들이 말을 안 들을 때는 내다 버린다거나, 집을 나가버린다는 등의 협박을 하거나, 그렇지 않으면 심한 체벌이 있었다.

준아의 엄마는 아들을 너무도 사랑했지만 늘 불안한 상태로 아이에게 어떻게 대응해야 하는지를 알지 못했다. 강박적으로 아들과 남편을 자신의 통제 아래 있도록 하였으며, 아이를 어떻게 키워야 하는지 학습이 되어있지 않았음은 물론 감정조절 능력이 현저히 떨어졌다. 아들과의 관계를 형성하는 법을 찾지 못해 본의 아니게 적대적으로 대하거나 두려움의 원천이 되기도 했다.

준아를 처음 만났을 때였다. 아이는 테이블과 의자를 거칠게 다루는가 하면 앉아 있는 태도마저 바르지 않았다. 테이블보를 잡아 빼거나 끄트머리를 꼬기도 하고 의자를 흔들거나 지우개를 뜯어 탁자 위에 흩어놓기도 했다. 비치되어 있는 치유 도구를 거칠게 다루는 등 자신의 행동이 타인에게 위험을 초래한다는 것을 조금도 인지하지 못했다. 언뜻 보기에도 사회성이 극히 떨어져보였다. 준아는 양육자와의 혼란애착으로 인한 정서불안과 산만함, 관계형성의 어려움을 겪으며 자신의 불안으로 인해 타인을 끊임없이 불안하게 만드는 아이였다. 상담에는 도무지 집중하지 못하는 반면 계속 무엇을 할 것인지를 물었다. 그런 내면의 불안정함으로 인해 안전과 위험을 구분하지 못해 일상에서도 늘 부주의해서 다치기 일쑤였다. 쉬운 질문에도 딴청을 부렸다.

"몰라요. 이거 말고 다른 거 하면 안돼요?"

준아는 지시를 따르거나 도무지 협상하려고 하지 않았다. 오로지 자신이 하고 싶은 것만 강조하며 조급하기만 했고 잠깐의 지루함도 견디기 힘들어했다.

"이거 끝나고 바로 학원가야 해요. 숙제 못 하면 못 자요. 학교는 딱 싫은 곳이에요."

준아는 피해의식이 심했다. 자신이 상대로부터 이해받지 못한다는 생각이 들면 공격과 보복을 당연시하는 것은 물론 다른 사람의 감정을 잘 파악하지 못해 또래의 아이라면 쉽게 이어질 정도의 대화도 어려웠다. 쉽게 분노를 표현하고 비난과 공격적인 어투가 일반화되어 있었다. 그리고 자신은 물론 타인의 존재를 늘 부정적으로 인식하고 있었다. 불안하고 위축되는 상황이 발생하면 즉시 강한 공격성을 보이며 소리를 지르거나 울고 떼를 썼는데, 그럴 때는 전혀 말이 통하지 않았고 반복적으로 자기 말만 되뇌는 것이었다.

"엄마를 슬프게 하면 안돼요. 난 정말이지 엄마를 너무나 사랑해요. 엄마가 나를 혼내는 건,음..나를 사랑하기 때문이에요. 내가 너무 말을 안 들어서 엄마가 사는 게 너무 힘들대요. 난 나쁜 아이인 거죠?"

마음이 아팠다. 너무도 순수하고 착한 아이인데도 불안정한 애착관계로 인해 사고의 혼란에서 비롯된 감정적 인지적 미성숙함으로 자아조절능력이 바닥을 치고 있었다. 준아는 성격 발달이 왕성하게 진행되는 시기에 엄마로부터 신체적·정서적 학대를 경험한 것이다. 무의식적으로 공격성이 학습됨으로써 표출하지 못한 욕구가 누적되어 그런 결과를 가져오게 된 것이다. 준아의 부모는 아이의 잘못된 행동에 대해 강압적이고 공격적으로 대응을 했다. 이러한 행동은 아들이 다른 사람들을 대할 때 동일한 모델로 작용하여 아이 또한 타인을 통제하는 수단으로 이러한 공격성과 폭력성을 이용하게 되었다. 엄마의 무조건적인 거부와 거칠고 적대적인 태도와 처벌은 준아를 말이 통하지 않는 산만한 떼쟁이로 만든 것이었다. 엄마의 폭발적인 공격성과 권력 지향적인 양육방법은 연쇄적인 폭력을 낳는 결과를 초래하게 되어 자신에게 고스란히 되돌아오고 있었다.

나는 불안정 애착 상태인 준아에게 무조건적 수용과 적극적 경청의 아동 중심 놀이치유와 미술치유를 병행하기로 했다. 경청과 수용, 존중과 예민하게 반응하기 등은 애정결핍과 사고의 혼란 속에서 인정욕구가 강한 아이의 내면과 행동에 변화를 촉진시킨다. 또한 미술활동을 통해 언어표현력이 미성숙한 아이의 내적 감정을 표출하고 파괴적이고 부정적인 에너지를 분출하게 함으로써 공격적 성향을 감소시켜 나가기로 했다.

그러나 준아에게 있어서 가장 큰 문제는 가정환경이었다. 좀 더 구체적으로 살펴보면 이런 상황이었다. 부모 역시 불안정 애착 성인으로 엄마는 불안과 강박과 정서 혼란이 심했고, 아빠는 아내에 대한 의존과 벗어나고 싶은 욕구가 동시에 공존하고 있었다.

시간이 지나 준아는 자신에 대해 긍정적으로 상황을 올바르게 파악할 수 있게 되었다. 자신의 감정을 언어로 표현하며 자기조절을 할 수 있게 되자 엄마의 바르지 못한 행동을 판단할 수 있게 되었고, 그때부터 내적 갈등을 보이기 시작했다.

“어제 엄마가 아빠를 엄청 때리구, 소리도 지르구. 엄마가 저도 이제 포기한대요. 난 숙제도 다 했는데... 엄마한테 얘기할래요. 전 아직 어려서 엄마가 키워야 해요. 이젠 엄마한테 얘기할 수 있어요. 그런데 무섭기도 하고... 엄마는 저 없으면 못 산대요. 다른 사람한테 엄마 욕하면 안 되는데..."

준아는 어느 정도 부모에 대한 분별력이 생기면서 엄마에 대한 죄의식을 보였다. 엄마의 이중 메시지는 준아에게 사고의 혼란을 가져온 것이다. 결국 나는 부부에 대한 상담과 부모교육을 병행할 수밖에 없었다. 다행히 엄마는 가족을 사랑하는 마음이 컸다. 다만 사랑하는 방법을 몰랐을 뿐이다. 준아는 뉴로피드백 뇌 훈련과 지속적인 트라우마 치유를 통해서 내면 깊은 곳의 상처가 치유되면서 시간이 지날수록 몰라보게 밝아졌다.

15. 짜증과 분노로 만든 자가면역질환 베체트 병

(본 내용은 14번 '엄마 포기하지마'아동의 엄마 사례입니다.)

36세 여성이 신경증과 견딜 수 없는 분노로 센터를 방문했다.

그녀는 간호사로 남편과 초등학교 1학년 외아들을 슬하에 두고 있었다.

남편은 39세로 개인사업을 운영 중이라고 했다. 부지런하고 성실한 듯 하지만 술을 거의 매일 마시며 술버릇이 좋지 않다고 했다. 아들은 학교에서의 부적응이 심했다. ADHD(주의력결핍 및 과잉행동장애) 진단을 받았고 여전히 온갖 사고는 다 치고 다닌다고 하였다. 최근에는 '우리아이가 달라졌어요'라는 프로그램에도 출연까지 했는데, 너무 어려운 케이스라 제작진도 포기했다고 한다.

상담을 통해 그녀는 짜증이 나고 화가 나는 이유에 대해 이야기했다. 남편과 아들 때문에 미칠 것 같다는 호소였다. 그리고 짜증과 분노를 표출하고 나면 여지없이 가슴이 답답하고 온몸에 힘이 빠져버려 아무 일도 못하고 누워 있어야 하며, 입술에 물집이 심하게 잡혀 아무것도 먹지 못하는 상태에 이르게 된다고 하였다. 병원에 가서 검사를 해 보니 자가면역질환*인 베체트 병이라고 하였다.

***자가면역질환:** 외부로부터 인체를 방어하는 면역계가 이상을 일으켜 오히려 자신을 공격하는 현상을 의미한다.

몇 번 상담이 진행되는 동안 부인은 남편과 아들로 인해 미칠 것 같다며 동일한 분노를 표출했다. 그녀의 주요 문제로 표출되는 '짜증과 분노에 대한 트라우마(PTSD)' 탐색을 시작한 결과 그 원인과 시기를 몸이 기억하고 있었다.

그녀의 증세는 **"7세 8월 자신의 엄마로 인해서"** 짜증과 분노에 대한 발달 트라우마가 시작되었음을 알 수 있었다. 그녀의 상처받은 '내면아이'는 어린 시절 엄마가 동생과 자신을 제쳐두고 남동생만 예뻐하고 사랑했다고 기억하고 있었다. 자신과 동생의 말은 전혀 들어주지 않았다고 했다. 그녀가 7살이 되는 해 여름이었다. 엄마는 아버지와 사이가 좋지 않아 자주 다투었다. 그날도 늦은 밤 아버지와 싸운 엄마가 동생만 데리고 집을 가출하는 장면을 목격하고 충격에 빠졌다.

어린 그녀가 겁에 질려 놀라며 맨발로 뛰쳐나가 엄마를 수십 차례 불렀지만 엄마는 뒤도 돌아보지 않고 동생만을 데리고 어둠 속으로 사라졌다. 자신이 그토록 애타게 울부짖는데 돌아보지 않고 떠나버린 엄마에게 너무나도 큰 상처를 받았다. 그때부터 울분이 치솟아 가슴이 답답해 견딜 수가 없었다고 하였다.

그녀는 자신의 상처받은 어린 시절을 기억하고 싶어 하지 않았다. 무의식적으로 밀어내고 인정하려고 하지 않았다. 그러나 몸은 너무나도 정확하게 기억하고 있는 것에 놀라워했다.

어둠 속으로 사라지는 엄마를 어디까지 따라갔는지는 알 수 없었지만 어느새 캄캄한 어둠 속에서 혼자 울고 있는 자신을 보았다. 그리고 자신이 할 수 있는 것이 아무것도 없다는 무기력함과 무능감을 느끼면서 온몸에 힘이 다 빠져 버린 것이었다. 그렇게 상처입은 내면아이는 길거리 한가운데 앉아 허우적거리며 울고 있었고 자신에게 짜증과 분노를 일으키게 하는 상황을 만나게 되면 어김없이 무기력하게 울고 있는 그 아이가 가슴 속으로 올라왔다. 그 상태가 되면 죽을 것 같이 가슴이 답답하고 모든 것을 포기하고 싶은 생각이 들었는데 시간이 흘러 그렇게 베체트 병으로 발병하게 되었다. 그리고 입술에 물집이 생기면 쓰라리고 아파서 다른 것은(트라우마 신체증상) 다 잊고 오로지 거기에만 신경을 쓴다는 것이다.

"우리 몸에 일어나는 모든 증상은 자신을 보호하기 위한 선한 의도가 있다"

그녀는 상담을 통해서 내면 깊은 트라우마를 알게 되었고, 자신의 몸에서 일어나는 베체트 병에 대해 다르게 바라보게 되었다. 입술에 물집이 생기지 않았으면 답답하고 무기력한 자신에 대해 견디지 못하고 극단적인 결정을 내렸을 수도 있겠다는 생각을 하게 되었다. 트라우마 치유를 통해서 잃어버린 자신을 찾게 되었고 얼어붙어 있던 신경계가 회복되면서 신체 증상과 베체트 증상은 호전되어 갔다. 그리고 동일한 상황을 만나더라도 입술에 물집이 올라오는 증상은 더 이상 나타나지 않았다.

물론 자신의 가장 중요한 문제인 '짜증과 분노'가 남편과 아들 때문이 아니라는 사실 또한 알게 되면서 가족 간의 관계가 회복되기 시작했다. 그녀는 남편과 아들에게 진심으로 용서를 빌었다. 아래의 편지는 트라우마 치유를 마치고 그녀가 직접 쓴 내용인데 지금 읽어보아도 가슴이 뭉클하다.

"엄마, 내 이야기 좀 들어주고 나 좀 안아줘! 나 좀 봐줘! 나도 행복해지고 엄마랑 이야기하고 웃고 싶어"

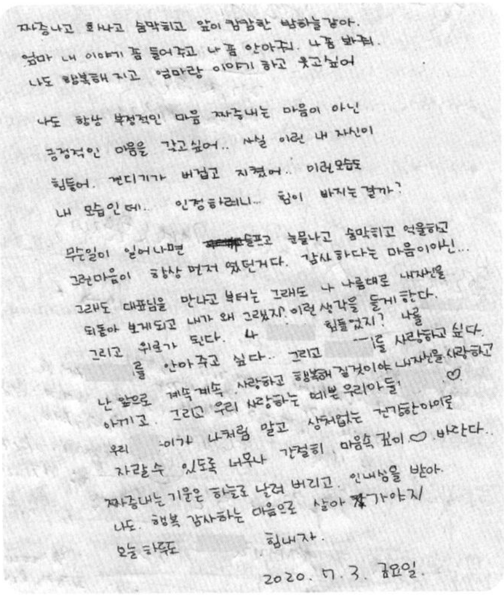

짜증나고 화나고 숨막히고 앞이 캄캄한 밤하늘같아.
엄마 내 이야기 좀 들어주고 나 좀 안아줘. 나 좀 봐줘.
나도 행복해 지고 엄마랑 이야기 하고 웃고싶어

나도 항상 부정적인 마음 짜증내는 마음이 아닌
긍정적인 마음을 갖고싶어.. 사실 이런 내 자신이
힘들어. 견디기가 버겁고 지쳤어.. 이런모습도
내 모습인데.. 인정하려니... 힘이 빠지는 걸까?

무슨일이 일어나면 슬프고 눈물나고 숨막히고 억울하고
그런마음이 항상 먼저 였던거다. 감사하다는 마음이아닌...
그래도 대표님을 만나고 부터는 그래도 나 나름대로 내자신을
되돌아 보게되고 내가 왜 그랬지? 이런 생각을 들게 한다.
그리고 위로가 된다. 나 힘들었지? 나를
를 안아주고 싶다.. 그리고 이를 사랑하고 싶다.
난 앞으로 계속 계속 사랑하고 행복해 질것이야 내자신을 사랑하고
아끼고. 그리고 우리 사랑하는 예쁜 우리아들 ♡.
우리 이가 나처럼 말고 상처없는 건강한아이로
자랄수 있도록 너무나 간절히 마음속 깊이 ♡ 바란다..
짜증내는 기운은 하늘로 날려 버리고. 인내심을 받아.
나도. 행복 감사하는 마음으로 살아 가야지
오늘 하루도 힘내자.
2020. 7. 3. 금요일.

이 글귀는 좀처럼 뇌리를 떠나지 않았다.

16. 감당할 수 없다면 차라리 지워 버려
- 죽어라, 죽어라 하는 환청 소리를 계속 듣는다면

미애(가명) 씨는 11살 아들과 8살 딸을 둔 40세의 이혼녀이다.

그녀는 긴 생머리에 조금 큰 체격으로 검은색 티에 검은 바지를 입고 있어서 외면적으로는 무척 도전적으로 보였다. 그러나 내면의 풍

경은 두려움으로 가득 차 있었다. 얼굴과 몸은 잔뜩 경직되어 마치 선생님 앞에 꾸중 들으러 불려온 어린아이와 같이 겁에 질려 있었다. 자신의 이야기를 하면서도 마치 남의 이야기를 하듯 했고, 손을 계속 꼼지락거리며 다리를 떨면서 불안해하고 있었다.

20대부터 우울증이 시작이 되었는데 2년 전 남편과 이혼 후부터 그 증상이 더 심해지고 있다. 회사를 다니고는 있지만 전 남편으로부터 양육비를 받지 못해 경제적 어려움을 겪고 있으며 그로 인해 스트레스가 심했다. 딱히 큰 병이 있는 것은 아니었지만 온몸이 지속적으로 아프다고 했다. 자주 복통이 일어나고 조금만 신경을 쓰면 두통으로 머리가 깨질 듯 하다고 했다. 본인의 판단으로도 신체적으로나 정신적으로 상당히 좋지 않은 상태임을 알고 있었다. 그런 이유로 엄마 노릇을 제대로 할 수 없을 것 같아 불안하다고 호소했다.

원 가족으로는 70대 중반의 부모님과 8살 터울의 언니, 4살 터울의 오빠, 이렇게 2녀 1남의 막내딸이었고 지방의 중소도시에서 태어났다. 아버지는 일정한 직업 없이 막노동을 하셨는데 불안정한 직업 때문에 엄마와는 매일 싸우다시피 하여 집안 분위기는 항상 불안정했다고 한다. 그러한 불만스러움 때문에 중학교를 다니면서부터는 거의 밖에서 생활을 했었다. 그래도 엄마는 아이들을 무척 아끼며 예뻐해 주셨다고 한다. 반면에 아버지는 늘 술을 드셨고 간혹 폭력을 휘두르기도 했다. 그런 남편이 무서워 눈치를 보느라 엄마는 자녀들을 살뜰히 돌볼 힘이 없었다고 했다.

"전, 정말이지 아이들한테 뭘 어떻게 해야 할지 아무것도 모르겠어요. 제가 엄마 노릇을 못할 것 같아 너무 두려워요. 큰아들은 말을 너무 안 듣고, 저한테는 아예 말을 안 해요. 아이들이 무슨 생각을 하는지 도통 모르겠어요."

미애 씨는 정서적으로 어린아이와 같은 미성숙함을 보였다. 엄마 역할에 대한 두려움도 컸다. 얼마 전부터는 숨을 쉬기가 어려워지고 어지럼증 때문에 밖으로 다닐 수 없을 때가 자주 생겼다. 스트레스를 받으면 바들바들 떨리는 공황장애 증상과 수면장애를 겪고 있었다.

"스무 살 때부턴가 자살 시도를 간혹 했어요. 죽어라, 죽어라, 하는 환청이 계속 들렸어요. 그럴 때면 손목을 그었어요."

"무엇이 미애 씨에게 죽고 싶은 마음이 들게 했을까요?"

"모르겠어요. 그냥 엄마 아빠가 많이 싸운 거? 공부하기 싫은 거? 말썽을 많이 피워서 자주 혼났어요. 그냥 아무것도 하기 싫고, 늘 우울하고 죽고 싶었어요."

이후 4회 정도 상담을 진행하며 그녀로부터 심각한 트라우마(PTSD) 사건을 들을 수 있었다. "며칠 전부터 어렸을 때 오빠들로부터 겪었던 일이 떠올랐어요. 그냥 잊고 살았는데..."

그녀는 초등학교 때 중학생인 친오빠로부터 유사 성폭행을 당했다고 했다.

"엄마한테 말을 할 수가 없었어요. 창피하기도 하고, 혼날까 봐 무섭기도 하고..."

이후로는 밖으로만 떠돌며 여러 좋지 않은 친구들과 어울려 다니다가 18살에는 오빠의 친구로부터 심하게 성폭행을 당하게 되었다.

"고등학교 때는 교회 집사님한테도 성추행을 당했구요..."

그녀는 너무 외롭고 무서웠다. 부모님은 그녀에 대한 조금의 관심도 없었고 당연히 세상으로부터 보호하지도, 상처를 보듬어주지도 못하는 분들이셨다.

그녀는 극도로 불안정한 집안 환경과 극심한 트라우마(PTSD)로 인해 지속적인 우울과 공황장애, 여러 가지 신체 증상과 함께 자란 셈이었다. 성인이 되어서는 결혼생활에 대한 부적응으로 인한 트라우마까지 겹치면서 삶은 나날이 황폐해져 가고 있었다. 감당할 수 없는 어린 소녀의 고통스러운 기억들은 무의식 속으로 사라지며 지워져가는 듯 했지만 결코 그렇지 않았다. 잠시 가라앉아 있었을 뿐이었다. 그녀의 경험은 정신적·신체적 증상을 통해 자신을 돌아봐 주기를 간곡히 호소하고 있었다. 견디다 못한 고통 끝에 용기를 내어 상담소를 찾아옴으로써 자신을 향한 사랑의 위로와 돌봄이 시작되었다.

"트라우마를 겪은 사람이라면 누구나 처음에는 두려움으로 마비되고, 그 다음에는 세상에서 길을 잃어버린 자신의 영혼과 단절된 느낌이 뒤따른다는 것을 안다. 트라우마로 인해 상처받고 지쳐버린 사람들에게 치유자가 할 수 있는 일은 무엇일까? 그것은 바로 그들이 자신의 몸이 전하는 무언의 목소리에 귀를 기울이고 분노와 두려움의 강력한 생존 정서들에 압도되지 않은 채 이를 느낄 수 있도록 돕는 것이다."

-《무언의 목소리》. 피터 레빈. 2020

미애 씨는 평소 일상에서 과도한 불안과 두려움으로 인한 활동의 제약이 컸다. 트라우마 사건에서 누구의 도움도 받지 못하고 외롭게 혼자 견뎠지만 분노와 두려움의 강력한 생존 정서들에 압도되어 자기조절력과 성장할 수 있는 역량이 망가져 버렸다. 그녀는 트라우마 사건과 연관될 수 있는 촉발 요인에 대해 예기 불안이나 공포를 항상 품고 있었다.

그녀는 언제나 검은 옷을 입음으로써 자신이 드러나는 것을 극도로 피했으며 몸을 씻거나 집안을 청소하는 데 많은 시간을 할애했다. 그리고 아이들의 일거수일투족을 감독하고 조급하다고 싶을 정도로 압박했다. 그로 인해 큰아이와의 관계가 좋지 않음을 자각하고 있었음에도 그것이 또 늘 걱정이고 불만이었다.

1년 정도 사귄 남자친구가 그녀를 이해해 주고 도움을 주고 있었지만 그와의 스킨십을 극도로 싫어했고, 그런 이유 때문에 언제라도 자신을 떠날 것이라는 불안을 갖고 있었다. 안전하고 예견 가능할 때에도 늘 세상을 위협적으로 느끼고 있었다. 회사에서도 일이 잘못될 것에 대한 걱정으로 초조해하고 전전긍긍했다. 그래도 이런 특성으로 인해 오히려 일에 더욱 몰두하게 되어 회사에서는 능력을 인정받게 되었고, 대체로 사회생활에서는 만족해했다.

트라우마(PTSD)는 과거로 가서 바꿀 수 없는 피할 수 없는 현실이다. 하지만 영원히 고통의 대상이 될 필요는 없다. 트라우마의 주요 정서는 '안전의 붕괴', 즉 '불안전감'이다. 다시 말해서 트라우마의 치유의 핵심은 바로 이러한 위협에서 기댈 수 있는 희망으로 우리의 인식이 바뀌는 것에 있다. 상담과 치유를 통해 위협과 위험은 더 이상 존재하지 않으며, 다시 본래의 생활에 적응하여 평범하고 행복하게 살 수 있다는 몸과 마음의 인식이 필요하다.

나는 감정과 감각이 둔감화 되어 있는 그녀에게 호흡명상이나 신체감각 깨우기를 통하여 감각들에 생기가 돌게 회복훈련을 시켜나갔다. 말하기와 호흡의 속도를 줄이고 신체의 일부에 집중하여 감각을 느끼도록 하였는데, 실례로 발바닥의 감각을 느끼면서 아주 천천히 걸으며 신경을 집중하도록 하였다. 팔과 발목을 교차하여 손을 겨드랑이에 넣고 고개를 떨구고 호흡하며 몸과 연결하는 경험을 하는 (Somatic Experiencing) 신체감각기반치유를 통해 천천히 주변을 둘러보며 현재 자신이 있는 곳을 알아차리고 편안한 것에 시선을 머물게 하여 짧은 휴식시간을 만들도록 하여 몸 안의 감각들을 그대로 느낄 수 있도록 하였다. 그녀는 몸의 반응을 느끼며 그 안에 깊숙하게 자리 잡고 있는 자신의 두려움과 공포 등의 감정을 대면했다. 감정에 압도당하지 않고 직접적으로 대면하도록 하여 차근차근 자신의 이야기를 하면서 깊은 곳에 잠재된 핵심감정을 알아차렸고, 그 안에 있는 무너짐과 패배감, 살아갈 의지력의 상실에서 벗어날 수 있도록 유도하였다.

지금 그녀는 더 이상 트라우마에 갇혀 있지 않다. 자신을 부정하는 감정에 맞서 그 실체를 정확히 파악함으로서 서서히 과거로부터 벗어나기 시작했다. 과거에서 현재 지금 여기에서의 새로운 의미가 형성되면서 그녀는 부모로써의 역량을 키우고 싶어 했다. 부모 코칭을 병행하여 아이들에 대한 불안을 낮추었고, 아이들에 대한 불안이 낮아지자 더욱더 자신을 돌아보고 느낄 수 있는 여유를 갖게 되었다.

이후 안전해진 세상에서 그녀가 어떻게 살아야 할지 '외상 후의 성장'을 하며 당당하게 걸어 나가는 그녀에게서 약간의 과장을 더해 잔다르크가 연상되었다.

트라우마 사건은 큰 아픔과 시련이 있는 것이 사실이지만, 그러나 치유과정을 통한 외상 후의 성장은 가히 폭발적이었다. 폭풍 성장을 하는 그녀의 앞날과 그 가정에 축복이 임하길 기도한다.

17. 몰라요
- 원 가족 안에서 관계 형성이 안 된 복합외상CPTSD

중학교 1학년인 서영이는 짙은 화장 속에 자신을 감춘 채 고개를 푹 숙이고 앉아 눈만 깜빡이며 상담에 대한 반응이 없다.

아이는 다음 주에도 그 다음 주에도 한결 같은 화장을 하고 왔으며 나의 질문에도 여전히 반응이 없었다. 나 역시 채근하거나 강요하지 않았다. 그러면서도 그 아이는 천천히 내게 와주었다. 아이는 그렇게 내게 와 주는 것만으로도 이미 상담에 대한 반응을 보이고 있었던 것이다.

서너 번의 상담을 진행하며 서영이는 나의 질문에 조금씩 대답을 하기 시작했다. 첫 마디 짧은 대답은 이랬다.

"몰라요!"

그렇게 나와 서영이의 언어적 교류가 시작되었다. 관계는 이렇게 발전하는 것이다. 서영이는 영업사원인 아버지와 호텔 라운지에서 일하는 엄마 사이에 2살, 3살 터울의 남동생을 둔 2남 1녀의 첫째 딸이다. 어릴 때부터 알았던 아버지의 지속적인 외도와 그로 인한 엄마의 우울과 불안으로 인해 날마다 부부싸움이 심했다.

아버지와 심하게 다툰 날이면 아버지를 많이 닮은 서영이에 대한 엄마의 히스테리는 극에 달했다. 그런 날이면 서영이는 영락없이 악몽을 꾸었다고 한다. 결국 아이가 초등학교 3학년 때 부모님은 이혼을 했고 서영이는 초등학교 6학년까지 엄마와 남동생들과 살았다. 그런데 엄마는 일이 자기 뜻대로 풀리지 않으면 불같이 화를 냈고 금방 제풀에 지치기 일쑤였다. 일상이 늘 일방적인 지시와 폭언으로 채워졌고 거기에 따른 폭행은 바늘과 실처럼 따라다녔다.

"6학년이 되었을 때, 더 이상 엄마와 살기가 싫었어요. 너무 미운 생각이 들어서. 동생들도 너무 시끄럽고 그래서 싫었어요. 그래서 아빠한테 전화해서 저 좀 데려가 달라고 했어요. 더 이상 엄마하고는 못 살겠다고요. 엄마가 저한테 어떻게 했는지 아빠한테 다 얘기했더니 아빠가 엄마한테 미친년이래요. 그리곤 아빠한테 갔어요."

"아빠하고는 그리 가까운 편은 아니에요. 같이 있으면 싫지도 좋지도 않아요. 근데 아빤 여자가 있어서 집에 잘 안 들어오니까 편하기는 했어요."

아버지에게 가고서는 일방적인 제약이 없다 보니 마음대로 행동할 수가 있었다. 학교에서는 품행 문제로 하루가 멀다 하고 지적을 받았다. 아버지가 안 들어오는 날에는 친구들을 불러 담배를 피우거나 술을 마시며 놀았다. 어느 날 아버지가 없는 집에서 친구들과 놀고 있을 때 아버지가 불쑥 들이닥쳤다. 남자아이들과 어울려 놀고 있는 아이를 본 아버지는 불같이 화를 내며 친구들을 내쫓았다. 그런 과정 중에 반항하는 서영이를 우발적으로 때리게 되었다. 함께 있던 친구가 경찰에 아동학대로 신고하여 그 자리에서 아버지가 경찰서에 끌려가는 사건이 발생했다.

이후 서영이의 품행 장애는 더욱더 심해졌다. 저항하고 반항할수록, 그럴수록 또 더 외로웠다. 왜 살아야 되는지 알 수 없는 공허함과 우울로 인해 커튼으로 목을 매달아 자살 시도를 하거나 손목을 긋는 등의 자해를 하기도 했다. 그 모습을 그대로 SNS에 올리기도 했다.

서영이는 정서적인 불안과 우울, 애정결핍을 품행 장애와 자해로 행동화하며 지속적인 SOS를 보내고 있었다. 하지만 도움을 받을 수 있는 기회를 제대로 얻지 못했다. 어느 날부터인가 소화가 되지 않아 음식을 잘 먹지 못하는 것은 물론 배고픔을 거의 느끼지 못하게 되었다. 153cm의 키에 조금 마른 체형인 아이는 체중이 8kg정도까지 빠졌다. 아이의 상태가 극도로 나빠지고 심각한 무기력 증상을 보이게 되자 다시 엄마에게로 오게 되었다. 여러 상담실을 다녔지만 마음의 문을 열지 않아 심리치유도 실패하게 되어 본 센터에 의뢰가 되었다.

인간은 태어나면서 원래의 가족 안에서 처음으로 사회적 관계를 형성한다. 그 과정 속에서 사람과의 관계나 사랑을 주고받는 법을 배운다. 그것이 가장 기본적인 사회생활의 경험이다. 이런 경험을 생략하고 다음 단계의 시기를 맞게 된다면 거기에서는 당연히 부작용이 뒤따르게 된다. 어린 시절부터 안정적인 환경 속에서 부모님의 무한한 사랑을 받으며 순서에 따라 교육이 제대로 이루어진다면 자신을 가치 있는 사람으로 자연스럽게 인식하고 나와 타인을 사랑하고 귀하게 여기는 자아존중감이 형성된다. 안타깝게도 안정적인 안식처를 제공받지 못한 아이는 독립성과 공감 능력, 자신과 다른 사람을 이해하고 도울 수 있는 능력이 형성되지 않는다. 서영이는 가장 안전해야 할 가정 안에서 지속적인 폭력에 노출되는 트라우마(PTSD)를 경험했다. 트라우마는 경험의 종류나 심각성, 발달 시기에 따라 그것을 경험하는 대상에게 미치는 영향력은 크게 다르게 작용한다. 중요한 발달 시기인 아동기에 트라우마를 경험하게 될 경우 삶을 형성하는 전반적인 요건을 형성하는데 지대한 영향을 받을 수밖에 없다. 특히 아동기에 가정 내의 불화나 폭력 등의 발달 트라우마가 형성될 경우 애착형성과 깊은 관련이 있다. 그런 아이들은 건강한 자아 존중감을 형성하기가 어려울 뿐만 아니라 불안, 우울, 무기력은 물론, 대인 관계에서의 원만한 결과를 기대하기 어렵다. 부정적 경험이 너무 많이 쌓여 있어 그것을 일시에 해소하기가 쉽지 않기 때문이다.

서영이는 이렇게 발달과정에서 복합외상CPTSD을 겪으며 불안정한 자존감이 형성된 것은 물론 항상 분노와 적대감을 내면에 간직하고 있었기 때문에 학교생활이나 대인 관계에서 심한 부적응을 보일 수밖에 없었다. 또한 서영이는 자신의 아픔을 언어적으로 표현하지 못했다. 그래서 내면 깊숙이 감정을 억압하며 성장하면서 감정둔화가 상당히 진행되어 있었기 때문에 서영이만의 인간성을 찾기가 너무 어려웠다. 그 무엇도 자신이라고 할 만한 것을 느낄 수 없었던 아이는 오히려 자신을 느끼려는 극단적 몸부림으로 면도날로 손목을 긋거나 자신을 위험에 처하게 방치해 놓는 등의 행동을 보인 것이다.

"엄마와 소통이 안되면 자기 자신과도 소통이 안된다."

나는 아이와 유대감을 형성하고 조율하는 과정을 통해 발달 트라우마에서 벗어나도록 유도하고자 했다. 그러나 아이는 자신에 대해 구체적으로 이야기 하고 싶어 하지 않았다. 그래서 EMDR(안구운동 둔감화 및 재처리기법) 훈련을 통해 말을 주고받는 과정 없이 고통스러운 과거의 경험을 관찰할 수 있도록 방법을 바꾸어 보았다. 신뢰 관계가 만족스럽게 구축되지 않은 시점에서도 EMDR 훈련으로 트라우마 치유가 이루어지며 미술치유로 마음을 시각화하여 표현할 수 있게 된 것은 정말 다행스런 일이었다.

다행이 서영이는 그림 그리는 것을 좋아했고 그림 안에서 자신의 이야기를 계속 이어 나갔다. 언어로 표현하기 힘든 감정, 소망 등을 그림이라는 작품을 통해 자신의 문제를 파악하고 성취감을 얻도록 유도했다. 아이는 그런 행동에서 많은 카타르시스를 느끼며 자신을 통찰하고 표현해나갔다. 똑똑한 아이였다. 그래서 더욱 아팠을 것이다. 자신과의 대면과 엄마에 대한 미움, 그리고 지나간 날에 대한 흘려보냄, 아프고 상처받은 자신을 위로하고 보듬어주는 과정을 거치면서 아이는 조금씩 성장했다. 그리고 상처받은 깊은 내면에서 조금씩 벗어나며 세상을 향한 문을 열고 스스로를 사랑하는 법을 배우면서 한발 한발 발걸음을 떼었다.

18. 세상이 거꾸로 매달려 있어요
- 모두가 쏟아지고 있는 중

건호(가명) 씨는 27세의 청년이다.

스스로 예약을 하고 왔으니 나름 용기를 낸 행동이라 보아도 무방하다. 우울과 무기력이 심했다. 167cm 정도의 키에 약간 마른 체형으로 동남아 느낌의 피부색과 어깨까지 내려온 검고 긴 헤어스타일을 하고 있었다. 느릿하게 상담실로 들어와 조심스럽게 앉아 자신의 이야기를 시작했다. 모든 지인들과 연락을 끊고 집에만 있은 지 2년 정도 되었다고 한다. 그러나 갈수록 점점 상태가 안 좋아져 아무것도 할 수 없을 것 같은 두려움에 상담을 왔다고 했다.

증상이 심각해진 발단은 얼마 전 형과 집에 둘이 있게 되었을 때라고 했다. 형은 동생이 하는 일 없이 몇 달을 놀며 지내는 것에 대한 답답한 마음을 토로하며 대화를 시도했다. 그러나 건호 씨는 대화를 거부했고, 집 밖으로 나가려는 동생을 제압하는 과정에서 받게 된 형으로부터의 신체적 압박 이후 우울 증상이 심해졌다고 한다. 혼자 있을 때 2~3달 사이에 벌써 자살 시도를 몇 번이나 했다고 고백했다. 식욕이 없어 5kg정도 몸무게가 빠졌다고도 한다. 그는 자신의 우울에 대해 다시는 회복하지 못할 것 같은 두려움을 가지고 있었다.

"형 말처럼 저는 구제 불능인 것 같아요. 내가 싫은 이유가 확실해서 그런지 해결할 수 있을지 모르겠어요."

그는 가게를 운영하시는 부모님과 함께 살고 있었고, 4살 터울의 형이 있었다. 형은 미혼이지만 독립해서 따로 살고 있었다. 부모님은 신실한 크리스찬으로 가게 일로 바쁘고 힘들어도 매주 예배를 보는 것에 대해 매우 중요하게 생각하는 분들이라고 한다. 선량하고 성실한 분들이지만 본인들과는 생각이 다른 둘째 아들에 대해 이해하지 못하는 부분들로 인해 마찰이 심했다. 이런 이유로 인해 심리적으로 움츠러들거나 일상의 모든 일에 반감을 가지게 된다고 하였다.

"엄마는 내게 이렇게 말씀하세요. 너는 원래 말도 많고 밝고 친절하지 않았냐, 이렇게 얘기하시는데 도대체 나다운 게 뭔지 모르겠어요."

그는 가족들이 원하는 자신이 되지 못한다는 좌절과 자신의 의지대로 바꾸지 못할 것 같은 나약한 마음으로 걱정이 태산이었다.

"나 자신이 한심하고 혐오스러워요. 발전이 없는 사람, 주변에 해로운 사람인 것 같아요."

그는 꿈속에서 하늘이 뒤집혀 아래에 있고 땅이 위로 올라가 있으며, 그래서 사람들이 거꾸로 매달려 떨어질까 봐 몸부림치며 버둥거리는 꿈을 자주 꾼다고 하였다.

"세상 모든 사람들이 쏟아질까 봐 걱정이 되요. 어디로 쏟아질지는 모르지만 말이에요."

그는 환각에 가까운 세상의 걱정을 다 짊어지고 있는 듯한 심리적 불안감에 짓눌려 우울과 불안의 세계로 곤두박질치고 있었다.

건호 씨는 소심한 성격이긴 했지만 어린 시절부터 늘 착하다는 소리를 자주 들으며 자랐다. 그리고 누구에게나 친절한 아이였다. 고등학교 때부터는 미술을 하고 싶었으나 자신이 원하는 진로를 가족들에게 주장하지 못했다. 결국 형의 강력한 권유로 공업대학교에 들어가게 되었다. 적성에 맞지 않는 대학 생활은 수동적일 수밖에 없었고 그 또래의 젊음의 열정이라곤 도무지 찾아볼 수 없었다. 졸업 후 엔지니어로 일하다가 더 이상 견딜 수 없었다. 자신의 인생을 개척하고자 하는 마음에 직장을 과감하게 그만 두고 미술학원에 다니기 시작했다. 그러나 가족들의 보이지 않는 압박과 눈치로 한시도 편안한 날이 없었다고 한다. 늘 그게 불만이었다. 그로 인해 우울, 불안, 자기비하 등의 부정적 자아상이 점점 악화되어 갔으며 그대로 굳어지고 말았다.

증상은 꽤나 심각했다. 부족한 영양으로 인한 체력저하는 물론이고 그에 수반되는 에너지가 없는 느낌은 더더욱 무기력을 심화시켰다. 절대부족 상태의 무절제한 식사량과 수면 패턴의 변화로 인해 불면증과 식욕부진은 더욱 신경을 자극하여 예민해졌고, 그 예민함은 부정적 정서의 가중으로 이어졌다. 더욱 중요한 것은 자존감 하락으로 인한 자기 비난이나 자기 비하적인 생각이 점점 증대되는 것이었다. 집중력 저하의 결과로 연쇄작용을 일으키는 학업이나 일상 활동에 대한 흥미는 이미 잃은 지 오래였다. 어린 시절부터의 소심한 성격과 어머니에 대한 의존성이 높아서 스스로 무엇인가를 해결하려는 노력 없이 타인의 욕구나 기대에 따라 행동하려고만 했다. 나름 사회적 관계를 유지하려한 노력도 있었지만 결과적으로는 심리적 자아분화가 잘 이루어지지 않아 정서적으로 미성숙한 상태에 계속 머무르고 있었다. 자신을 있으나 마나 한 존재로 인식하여 자신과는 다르게 리더십이 있고 성격이 활발한 형과의 끊임없는 비교 속에서 자신을 열등한 존재로 여겨버렸다. 자기 비판적이고 처벌적인 인식을 자신도 모르게 강화시켜 온 것을 그대로 볼 수 있었다.

그는 형을 미워하는 마음을 애써 외면하며 만나려고 하지 않았다. 이에 대한 죄책감으로 자신이 형을 극도로 싫어한다는 것을 인정하지 않으려고 했다. 그래서 이런 마음이 병이 되어 자신에게 스스로 가혹하게 벌을 주고 있었다. 성인이 되어서도 부모님께 용돈을 받아쓰는 것에 대한 죄책감으로 자존감의 하락이 컸고, 이것을 빌미로 자기 부정성이 높아가면서 사람들과의 관계도 일절 하지 않게 되었다. 그의 꿈속에 거꾸로 매달려 언제라도 떨어질 듯한 불안정하고 불안해 견딜 수 없던 세상은 바로 '자신'이었던 것이다. 현실을 인식하고 있으면서도 동시에 늘 부정하는 카오스(Chaos)의 상태가 그의 내면세계였다.

그의 핵심감정은 '수치심'이었다. 나는 그가 거부감을 느끼지 않도록 천천히 자연스럽게 소통하며 일정한 거리감을 두고 접근을 시도했다. 심리적 접근에는 타이밍이 중요하다. 상처를 들쑤셔 소금을 뿌리는 행위는 절대 금물이다. 내버려두는 것도 하나의 방법이다. 스스로 마음의 문을 열지 않으면 그 누구도 그 현장으로 진입할 수 없다. 스스로 상처를 살피고 그 실체를 정확하게 확인할 수 있도록 시간을 선물해야 한다. 해결이 아니라 해소의 방법을 찾아야 한다. 그는 상처받아 떨고 있는 어린 사슴 같았다. 나는 그냥 그에게 한없이 열린 시간의 광장으로 스스로 걸어 들어오길 오직 기다릴 뿐이었다. 그리고 모든 사람들에게는 내적 회복력이라는 자가발전의 원동력이 있음을 믿고 있었다.

상담을 할 때마다 수치심이라는 핵심감정을 다루었지만 그 단어를 직접적으로 사용하지는 않았다. 오히려 자극이 될 수도 있기 때문이었다. 아주 작은 변화에도 그 앞과 뒤의 움직임을 놓치지 않고 세심하게 주목하며 거기에서 얻은 어떤 동기에 대해 대화를 나누며 희망의 가능성을 나누었다. 그는 즉각적으로 반응해주는 나에게 안정감과 이해받음을 느끼는 듯 했다. 자신의 감정과 고통에 대해 서서히 마음을 열고 상의하기 시작했다. 나는 상황에 따라 그의 필요를 어느 정도 충족시켜 줌으로써 치유적 관계를 형성하며 서로에게 든든한 버팀목이 될 수 있음을 확인시켰다. 상담을 하면서 나와의 관계를 통해

전이감정 속의 핵심을 깨달아 극복할 수 있도록 도와주려 한 것이 나의 목표였는데, 다행히도 나에게 간섭받는 것에 대한 거부가 크면서도 의존하고 싶어하는 내면의 양면성을 발견하고는 그것을 그대로 인식하고 인정했다.

무엇보다 어려웠던 것은 형과의 관계와 감정에 대해 다루는 것을 그가 무척 힘들어 했고 형이라는 말만 나와도 저항이 심했다. 형과 얽혀있는 사건에 대해서 기억이 나지 않는다고 했고, 형에 대한 이야기를 나눌 때는 아무 것도 못 하고 온몸이 굳어버리는 증세를 보였다. 나는 그에게 호흡에 집중하도록 하고 부교감신경계를 활성화시키는 방법을 활용하여 온몸이 편안해질 수 있도록 했다. '감정자유기법(Emotional Freedom Technic)'을 통해 몸 이곳저곳의 감정의 혈을 누르며 트라우마(PTSD) 상태에서 자신이 견딜 수 있는 범위 내에 그대로 머물 수 있도록 도왔다.

몸이 안전하다고 느낄 때 비로소 감정에 압도당하지 않고 언어로 표현할 수 있게 된다. 그에게 지금 현재의 감정과 현재 떠오르는 것을 따라 들어가도록 하자 핵심 감정인 수치심으로 이어졌다. 치유를 통해 형과의 관계에 있어서 자신을 제대로 드러내지 못하는 이유와 저항을 알게 되었다. 그는 부모와의 불화와 막힌 소통이 노이로제의 원인임을 깨닫게 되었다. 타인을 미워하는 마음은 사실은 사랑을 갈구하는 마음임을 직면하게 되었고, 결핍으로 인한 '집착'과 '자기 없음'으로 인해 끊임없이 과거를 반복하고 있었다. 그리고 현실에서 살아가지 못하고 있는 자신의 실체를 그대로 바라볼 수 있었다. 집에 돌아가서도 호흡과 심리운동(EFT)을 꾸준히 하도록 했다. 몸으로 직접 체험하는 신체 운동은 그의 정신건강에 큰 도움을 주었다. 그는 문제를 인식하고 받아들이기 시작하면서 내면을 통찰하고 현실을 살아가기 위해 용기를 내었다. 유약했던 신체도 조금씩 좋아지고 있었다.

이후로 부모 상담과 형과의 상담을 통해 그 가족의 일원을 치유적 목적의 자원으로 활용할 수 있었다. 가족이 흔쾌히 동의한 것은 물론이었다.

소통을 통해 관계를 확대하고 그를 기반으로 건강한 생활을 확대해 나아갈 수 있도록 하는 것은 스스로의 의지다. 어떠한 명료한 처방도 존재하지 않는다. 자기가 가장 존귀한 존재라는 것을 자각하는 것이 가장 중요하다. 우리는 스스로 할 수 있도록 촉구함으로써 현재 할 수 있는 것부터 실천하도록 하고(심리재활), 실생활에서 그대로 적용이 되어 건강한 삶을 확대시키도록 노력하는 것이 우리에게 주어진 가장 중요한 일임을 항상 자각해야 한다. 상담을 통해 건호 씨는 건강한 자아를 회복해 나갔고, 27세의 청년답게 자신의 진로에 대해 고민하고 선택했으며 편입과 대학원 준비를 시작했다. 가끔 밝은 얼굴로 빵을 사오는 그를 볼 때면 상담에 대한 뿌듯함과 보람을 느끼게 된다. 건호 군!! 화이팅!!

19. 살기 위해 자신의 몸을 졸립고 무기력하게 만든 아이

초등학교 6학년 여학생이 엄마와 센터를 찾았다.

참 독특한 캐릭터의 아이다. 이 아이는 '언제나 졸립고 피곤해서' 아무것도 하지 않으려 했다. 이 문제의 원인은 말할 것도 없이 늘 아이의 문제는 부부 사이의 갈등으로 이어졌다.

평소에 아빠는 아이가 졸리고 피곤해하니까 좀 쉬게 놔두라고 한다. 반대로 엄마는 이렇게 아이를 바보로 만들 거냐며 항상 대립했다. 두 사람의 의견이 좀체 좁혀지지 않아 항상 집안이 소란스러웠다. 당연히 아이는 자기편을 들어주는 아빠 옆에 있으려고 하고 엄마와는 보이지 않는 담장을 차곡차곡 쌓고 있었다.

"우리 아빠는 나를 무척이나 사랑하시는데요, 그런데 우리 엄마는 나를 눈엣가시처럼 여겨요. 그래서 죽고 싶어요."

아이는 울먹이는 목소리로 한마디를 건네고는 책상에 무기력하게 한참을 누워 있다가 천천히 일어나서는 이렇게 물었다.

"선생님, 저같은 아이도 치료되나요? 저도 고쳐주실 수 있나요?"

아이의 간절한 눈빛을 마주하면서 트라우마(PTSD)를 탐색하기로 했다. 아이의 내면에는 어떤 문제가 도사리고 있는지 직접적으로 물어보았다.

"늘 졸리고 피곤하고 무기력해하는 너를 바라보면서 너는 어떤 마음이 느껴지니?"

"그 마음을 느껴보니까요, 불쌍하고 안쓰러워요."

"불쌍하고 안스럽게 느껴지는구나! 늘 졸리고 피곤해서 무기력해하는 그 마음이 그 말을 듣고 어떻게 반응하는 것 같아?"

"처음엔 기분 나쁘고 짜증이 났었는데요, 그 말을 듣고 난 후에는 그런 감정이 없어지면서 몸이 한결 가벼워졌어요."

"늘 졸리고 피곤해서 무기력해하는 그 마음(part, 부분자아)이 너 안에서 어떤 좋은 역할은 하는지 이야기해 줄 수 있어?"

나는 IFS(Internal Family System : 내면가족체계치유기법)의 방식을 이용하여 아이에게 물어보았다. 아이는 한참을 망설이고 있다가 조심스럽게 대답했다.

"사실은요, 졸립고 피곤해하는 증상이 상처를 받지 않게 막아주는 역할을 하는 거 같아요."

초등학교 6학년 아이의 대답치고는 놀랍도록 명확한 표현이었다. 몸이 기억하는 정보와 뇌파를 활용하여 졸립고 피곤하여 무기력해지는 것에 대한 트라우마(PTSD) 정보를 탐색해 보았다. **"6세 5월에 유치원 친구들"**로 인해서 트라우마가 시작되었음을 알 수 있었다. 아이는 6세 5월에 경험한 큰 상처에서 벗어나지 못한 아픈 기억 속에서 지금까지 유치원 구석에 쭈그리고 앉아 있는 모습 그대로 살아온 것이었다.

아이는 그때의 트라우마를 다시금 경험하지 않기 위해서 겉으로 드러나는 증상을 방패로 삼아 그렇게 지내왔던 것이다. 나름대로 선택한 방어와 저항의 방법이었다.

트라우마의 증상들은 여러 가지가 있다. 이 아이는 6세 5월경에 유치원에서 친구들의 따돌림으로 발생한 트라우마(PTSD)를 경험하게 되었다. 아이들의 따돌림을 피해 구석에 처박혀 앉아 있으면서 무기력함(졸립고 피곤한 느낌), 무감각함, 감정의 불능상태로 자신을 만들어놓고 더 이상 상처를 느끼지 않으려고 조용히 몸부림치고 있었던 것이다. 그리고 그 증상이 지금까지 몸의 신경계에 그대로 남아 '늘 졸리고 피곤해서 무기력해하는 몸과 마음의 상태'로 지내게 된 것이다.

[트라우마 관련 다양한 증상들]

우울증, 짜증, 흥미상실, 무감각, 집중력 저하, 불면증, 감정조절 실패, 과잉행동, 절망감, 수치심, 무가치감, 기억력 상실, 악몽, 프래쉬 백, 공황장애, 극도의 불신, 노심초사, 근심걱정, 불안장애, 만성통증, 두통, 중독, 섭식장애, 수면장애, 천식, 해리, 자해행위, 자존감 상실, 정체성 상실, 섬유근통, 피부질환, 심한 생리전 증후군, 무심함('산송장' 느낌), 편두통, 희미한 감정반응, 과장되거나 감소한 성적 행동, 위험한 상황에 끌림

'안다는 것은 무척이나 중요하다.
그것도 정확하고 명확하게 자신의 PTSD를 아는 것이 중요한 것이다.'

부모님에게 아이의 내면의 심리적 특성과 트라우마의 원인에 대해 명확하게 알려주었을 때 비로소 딸의 행동을 이해하게 되었다. 그 이유를 정확하게 인식하게 되었으니 앞으로 아이에게 공부하기를 압박하거나 과도한 스트레스는 주지 않겠다고 약속했다. 시간이 지나면서 아이는 그런 엄마에게 닫아버렸던 마음의 문을 서서히 열기 시작했다. 당연히 마음의 안정감을 찾아가면서 그 나이다운 생기를 찾아가기 시작했다.

일주일에 200명 정도의 사람들이 심리센터를 찾는다. 그중에 70%가 아동들이다. 이런 어린 친구들의 트라우마(PTSD)에 대해 이해를 하려면 반드시 두 가지를 먼저 알아야 한다. 알아야 내 아이를 이해할 수 있고, 알아야 내 아이를 지키고 행복하게 양육할 수 있다. 그 두 가지가 빅 트라우마, 스몰 트라우마이다. 빅 트라우마는 사건 트라우마라고 하고 스몰 트라우마는 발달 트라우마라고 한다.

빅 트라우마는 불의의 사고, 가족 상실, 성폭행, 전쟁, 천재지변 등 일상을 넘어서는 커다란 사건으로 개인의 삶에 극적인 영향을 미치는 경험을 말한다. **스몰 트라우마**는 개인의 삶 속에서 자존감을 상실시키는 경험처럼 일상생활에서 자주 일어나는 외상을 의미한다. 즉 부모의 폭언, 수치심의 경험, 상처받는 말, 어린 시절 놀림을 받거나 실수의 기억들이 이에 해당한다.

빅트라우마는 사건 트라우마라고도 한다. 그래서 일생 일대기에서
- 없어야 할 일들이 생겨서 일어나는 트라우마이다.
- 전두엽에 영향을 주게 되어, 전두엽의 기능을 제한시키고 폭력성이 생기게 한다.

스몰트라우마는 발달 트라우마라고도 한다. 우리가 흔히 말하는 트라우마는 대게가 스몰 트라우마이다.
- 있어야 할 것들이 없어서 생기는 트라우마이다. 즉 안정 애착, 부모의 안정감과 지지, 칭찬, 사랑 등의 결핍을 말한다.
- 변연계에 영향을 주게 되어, 학습에 어려움을 주고 감정조절에 상당한 어려움을 가지게 된다.

상처는 그냥 덮어두면 덧나고 고름이 생겨 더 깊은 상처로 남게 된다. 겉으로 보이지 않는다고 치유를 하지 않으면 손댈 수 없는 내상이 되어 평생을 고통 속에서 살 게 할지도 모른다. 그리고 특히 아이들의 경우는 어떤 이상한 증상을 보이면 무조건 야단을 치거나 혼내지 말아야 한다. 먼저 왜 이런 행동을 할까에 대한 면밀한 관찰과 함께 먼저 그 증상의 이면에 어떤 이유가 도사리고 있는지 이해하려고 노력해야 한다고 거듭 강조하고 싶다.

'증상이 나타난 데에는 충분한 이유가 있다.'

'증상을 존중하고 증상이 이해받고 싶은 형태로 이해해 주면 비로소 보이지 않았던 아이가 보이기 시작한다.'

20. 강철체력과 유리 멘탈

작고 힘없이 미세하게 떨리는 목소리의 여성으로부터 상담을 하고 싶다는 전화가 왔다.

지금 당장 상담을 원하는 요청에 보통은 당일 예약은 불가하다고 안내를 드렸다. 그러나 왠지 당장 상담을 해야 할 것 같은 느낌이 번쩍 들어서 늦은 저녁에 상담을 진행할 수 있도록 하였다. 이런 경우의 내담자는 대체적으로 참을성이 없는 충동성 신경증 환자이거나, 죽을 것 같은 불안감으로 휩싸인 다급한 성격의 소유자들이다. 참을성 없는 충동성을 보이는 내담자들에 지쳐있던 나는 잠깐의 망설임이 있었지만 전화기 너머로 들리는 그녀의 내적 고통이 그대로 느껴져 외면할 수가 없었다. 그녀는 아주 앳된 얼굴에 서양 여자들처럼 얼굴 전체에 옅은 주근깨가 있었는데도 불구하고 귀여웠다. 160cm가 안 되는 아담한 키에 마른 체형으로 가벼운 트레이닝복 차림의 캐쥬얼한 모습이었다.

"잘은 모르겠지만 무언가 잘못되고 있는 것 같아요."

차분하고 무덤덤한 말투로 자신에 대한 이야기를 시작했다. 겉으로 봐서는 큰 문제가 없어 보였다. 하지만 상담이 진행되면서 병적인 완벽주의 특성을 보이는 중증 우울 증상을 보이고 있음을 알 수 있었다.

인희 씨는 24세로 25세의 남편과 함께 25개월 된 딸아이를 둔 엄마이다.

그녀와 남편은 모두 다이빙 선수로 국가대표 시절 만났다. 그녀의 나이 스무 살 때였다. 22세에 아기를 가지게 되어 선수생활을 포기하고 결혼을 하게 되었다. 지금은 주말부부로 아기와 인희 씨는 친정 식구들(엄마, 아버지, 오빠)과 생활하고 있고, 남편은 여전히 국가대표로 활약하며 지방에서 훈련에 집중하고 있다.

"편하면 불안해요. 불안해야 사는 것 같아요. 힘들어야 편해요. 남편은 필요가 없어요. 내가 힘든 거 얘기해봤자 아무 것도 도움도 되지 않고 해결되는 것도 없어요. 주말마다 오는데 안 오는 게 더 편할 것 같아요."

그녀는 서울에서 태어났으며 독실한 크리스찬인 부모님과 3살 위인 오빠가 있다.

"엄마는 말이나 행동으로 표현하시는 걸 제대로 못하는 것 같아요. 어렸을 때도 엄마가 안아준 기억이 없어요. 엄마보다는 아빠하고 좀 더 친했던 것 같아요."

그녀는 다섯 살 때부터 수영을 시작했고, 아홉 살부터는 다이빙을 시작했다. 다이빙을 시작할 무렵부터 혼자 2시간 거리의 체육관을 전철을 타고 다녔다. 이런 사실만 보더라도 인희 씨는 어릴 때부터 말이 없고 묵묵히 자기에게 주어진 역할에 충실했고 모든 상황을 잘 참아내는 아이였다.

"초등학교 6학년 때 다이빙이 너무 하기 싫다고 했더니 엄마가 반년 동안 택시로 바래다줬어요. 그때가 너무 좋았어요. 엄마와 단둘이 체육관에 가는 게 너무 좋았던 거 같아요. 그래서 너무 행복하다는 느낌이 들었는데, 아직까지도 그 느낌을 그대로 간직하고 있어요."

이후 중학생이 되면서 기숙사가 있는 서울의 학교에 입학하여 계속해서 다이빙 선수로 훈련을 받았다. 중학교 3학년이 되었을 때는 집에서 통학을 하게 되었는데 아침이면 아빠가 학교까지 데려다주었다. 당연히 아빠와 친하게 지내는 시간이 많았다. 고등학교 때는 다시

기숙사로 들어가서 선수 생활을 이어 나갔다. 이 시간 동안 잠깐의 슬럼프와 일탈이 있기는 했지만 곧바로 마음을 다잡고 자신의 페이스를 찾으며 선수로서 왕성하게 활동할 수 있었다.

"고3때 정신을 차렸어요. 실업팀에 들어가면 큰돈을 벌 수 있다는 생각에 정말 열심히 운동을 했죠. 전국체전에서 3관왕을 하기도 했어요."

그 이후 실업팀으로 입단하면서 화려한 선수 생활을 이어가며 국가대표선수로도 발탁되었다.

"다시 스무 살로 돌아간다면 난, 아마 지금의 남편과는 안 만날 거예요. 계속 운동할 거예요. 애기 낳고 3개월 동안 17kg을 감량했어요. 신체상태도 컨디션도 굉장히 좋았고, 몇 개월만 열심히 몸을 만들면 현역으로 충분히 복귀할 수 있다고 생각했어요. 이런 결심을 코치님께 이야기했더니 아기나 잘 키우라는 거예요. 너무 상처가 컸죠. 경력단절이라는 말이 그렇게 무서운 건 줄 정말 몰랐어요. 전 그 말을 들으면서 웃을 수밖에 없었어요. 그리고 그렇게 웃을 수밖에 없었던 내가 너무 증오스러웠어요."

그녀는 선수 생활을 하고 있는 남편에게 누가 될까 봐 비아냥대는 코치에게 아무 말도 못했다. 대신 마음에 큰 상처를 안은 채 선수 생활을 접을 수밖에 없었다. 그러나 이 사건으로 인해 마음 한구석에 자리한 남편에 대한 사랑과 원망의 양가감정이 팽배해지고 있었다. 그 고민으로 인한 불면의 나날은 아무도 이해하지 못했고, 터놓고 편안하게 말할 곳도 없었다.

그녀의 주요 증상은 만성 우울로 인한 조울증이었다. 불안과 수면 장애는 물론 어린 시절부터 지속된 긴장 속에서의 훈련으로 인해 교감신경계의 과항진 증상이 함께 동반되어 있었다. 운동선수들은 결과로 모든 것이 평가된다. 그래서 완벽하지는 않더라도 완벽에 가까운 결과를 도출해내야만 한다. 항상 외부의 시선을 의식하여 행동해야 하는 부담감도 결코 무시하지 못한다. 결과를 위한 과정이 고스란히 외부에 노출이 된다. 일거수일투족이 모든 관심의 대상이고, 그것은 기록이나 결과로 평가가 된다. 그런 성향은 또한 선수로서의 성공을 위한 필수적인 요건 중 하나로 간주되어 그 빈도가 시간이 지날수록 강화되어진다. 이는 스트레스와 같은 부정적 심리상태를 유발하는데 결정적 영향을 끼친다. 그녀 역시 이러한 현실적 여건에 적응하기 위해 스스로 완벽주의에 가까운 심리적 특성을 보이며 예민하게 자신의 행동을 통제하려 했다. 그러다보니 자연스럽게 자신을 과도하게 평가하거나 혹은 실수에 날카롭게 반응하는 등의 성격특성이 형성되어 있었던 것이다.

시간이 지날수록 신경증적인 자기비판, 강박감 등의 부정적인 심리 요인으로 들끓어 올랐다.

비자발적으로 발생한 은퇴와 출산으로 인한 정신적 갈등이 생활의 혼란을 가중시켰다. 비자발적이든 자발적이든 은퇴를 경험한 선수들은 운동에 대한 미련과 더 이상 운동을 하지 못한다는 좌절감으로 심각한 정신적 혼란을 겪는다. 그녀도 예외 없이 그 혼란 속에서 고통을 받고 있었다. 느닷없는 사업실패로 경제적으로 어려웠지만 아버지는 수영에 재능을 보이는 딸을 위해 지속적으로 지원하며 딸의 성공을 간절히 바랬다. 그러나 이런 사실들이 어린 딸에게는 큰 부담과 압박으로 다가왔다. 부모님에 대한 원망과 미움이 조금씩 마음 한구석에 자리를 잡아가고 있었다. 그 시기에는 어려운 형편에 지원해 준 부모님에 대한 미안함과 자신의 고통이 외면당했다는 미움이 서로 교차하고 있었다. 미안함과 원망의 양가감정으로 인해 만성적인 분노와 우울이 지속되면서 위경련이나 편두통, 근육통 등의 만성 심인성 통증이 심화 되어 그녀를 괴롭혔다.

남편과 부모님에 대한 양가감정으로 미워할 수도 사랑할 수도 없는 혼란 속에서 상담에서의 치유적 관계가 맺어지면서 변화가 시작되었다. 무언가 조금은 이해받고 지지받는 느낌인지는 몰라도 상담에 오는 것을 유일한 즐거움으로 삼는 듯 보였으며 얼굴에 밝은 붉은빛 색채가 은은하게 스며들기 시작했다.

"선생님과 이야기 하면 재밌어요."

얼마나 이해받고 싶었을까. 얼마나 돌봄을 받고 싶었을까. 이해받고 돌봄 받지 못했다는 생각에 상처받고 마음을 닫으며 아무에게도 의존하지 않으리라 다짐해온 그녀의 마음이 고스란히 느껴져 마음이 짠했다. 그녀는 오랫동안 자신의 삶이 타인으로부터 무시를 당했다는 굴욕감을 느끼며 부모님에 대해 감정적 철회상태가 상당하게 진행되어 있었다. 그렇게 자존감이 결여된 상태로 자신을 극도로 혹독하게 대했음은 물론 딸에 대한 애정표현이나 스킨십 또한 제한적이었다. 친정 부모님과 함께 살며 그들에 대한 미움이 올라올 때면 보란

듯이 자신을 학대했다. 그런 행동을 통해 자신을 정당화하려 했고, 당연히 신체는 날이 갈수록 극도로 쇠약해져갔다.

다행히 본인의 의사와는 다소 방향이 달랐지만 남편이라는 든든한 보호자가 있어서 비교적 순조롭게 부부 상담을 병행할 수 있었다. 그녀의 남편 또한 감정의 둔감화가 심해서 정서적으로 아내를 도와주기에는 부족한 상태였다. 하지만 젊은 부부는 서로를 사랑하고 있었고 그런 사실을 최소한 서로 인식하고 있었다. 그런 상황은 심리적으로 서로에게 안정감을 찾는 데 많은 도움이 되었다. 미성숙하고 준비되지 못한 부부이지만 살을 맞대고 산 세월은 결코 인생에 있어서의 무모한 낭비는 아니었다.

역시 최고의 심리치유는 사랑이었다. 사랑은 되돌릴 수 없는 과거의 부정적 기억에 맞설 만큼 강력한 치유의 힘을 가지고 있다. 나는 그녀에게 우선은 친정 부모님으로 인한 심리적 악영향에서 벗어날 수 있도록 분가하여 심리 상담을 받기를 권했다. 그러나 의존과 애정 결핍, 불안정 애착이 복합적으로 얽혀있는 그다지 건강하지 못한 관계는 여러 명분을 내세우며 독립을 거부하고 있었다. 그녀는 그런 자신의 마음의 핵심을 차츰 깨달아가고 있었다. 의존심과 거부감을 동시에 보이는 어린아이 같은 자신의 마음을 보게 되면서 차츰 자신의 내면에 대해 정확하게 인식하게 되었다. 그런 자신을 그대로 인정하고 긍정적으로 받아들이면서 그 어두운 내면의 문제를 조금씩 정화시킬 수 있는 기회를 마련할 수 있었다. 그녀는 자신의 문제를 받아들이고 인정하면 거기서 해결책이 나온다는 것을 알아차렸다. 자기가 자기를 도와 스스로를 사랑하는 상태가 될 수 있도록, 그래서 자신이 가장 존귀한 존재라는 것을 자각하는 것이 가장 중요한 일이라는 것을 그녀는 정확하게 인식하고 겸허히 받아들였다.

트라우마 통합심리치유 PNT(신체신경치유)를 통해 모든 것을 부정적으로 느끼는 트라우마의 원인과 시기를 탐색해 보았는데 **'6세 9월 엄마로부터'** 시작되었으며 그 당시 엄마는 심각한 우울증과 불안증세를 가지고 있었다는 것을 알게 되었다. 인희 씨는 7세 이전의 기억은 전혀 하지 못하고 있었는데 트라우마 치유를 통해 잃어버린 6세의 기억과 해맑은 5세 이전의 기억까지 되찾을 수 있었다. 그런 후 엄마로 인해 부정적인 삶을 살게 된 자신과 건강하지 못한 엄마와의 관계를 서서히 분리해 나가기 시작하면서 잃어버린 눈빛과 자신을 되찾을 수 있었다.

그녀는 그렇게 상처투성이의 내면아이로부터 벗어나 햇살 환한 자신의 세계로 성큼 발을 내딛어 나갔다.

"기억 저편에 사라진 깊은 상처를 찾는 것이 잃어버린 나를 찾는 것이다."

21. 되물림 되는 아동학대 PTSD
- 부모의 트라우마는 자녀에게 이어지게 된다

한 괴물이 어린아이를 먹어치우고 있다.

어린아이의 머리와 오른팔은 이미 잘려나가고 없다. 왼쪽 팔이 그의 입에 들어가고 있다. 어린아이를 마치 즙을 짜듯이 움켜쥐고 있는 자세, 다리를 굽힌 모습이 뭔가 급하게 먹고 있으면서도 화가 난 듯한 극도의 흥분상태라고 짐작이 된다. 괴물의 눈에는 극도의 광기가 서려있다. C프란시스코 고야 (Francisco de Goya, 1746-1828)의 <자식을 잡아먹는 사투르누스> 이야기이다.

부부가 된 가이나와 우라노스는 12명의 생명을 잉태시켰다. 우라노스는 성질이 못되어 자식들이 반항한다는 이유로 모두 무한지옥인 타르타로스(Tartaros)에 감금했다. 이에 분통이 터진 가이아가 타르타로스에 감금된 자식들에게 우라노스를 제거하라고 시켰다. 막내아들인 사투르누스는 평소처럼 우라노스가 가이아에게 덤벼들자 우라노스의 페니스를 잘라 버렸다. 그러자 우라노스는 이렇게 저주를 퍼부었다. "머지않아 너도 네 자식에게 쫓겨나리라. 네 아들은 너를 왕좌에서 쫓아낼 것이다."

이때부터 사투르누스는 우라노스의 저주로 인해 늘 불안해하며 자신을 방어하기 위해 항상 큰 낫을 들고 다니게 되었다. 그래도 불안함을 어찌하지 못하고 하늘의 지배권을 빼앗길까 두려워 다섯 명의 어린 자식들을 차례차례 먹어서 죽여 버린다. 제우스는 복수를 위해 아버지 사투르누스를 무한지옥에 가두어 버린다.

신화 속 이야기를 재현한 이 이야기는 '인간성의 타락, 신 구세대 간의 갈등, 인간의 탐욕에 관한 것' 등을 상징하기도 하다.

이런 광기 어린 부모는 신화에만 있지 않다. 신문이나 방송을 통해 부지기수로 그런 사실들을 실시간으로 접하고 있다. 자식이 말을 듣지 않는다고 의자에 묶어 굶겨 죽이거나 소변을 가리지 못한다고 락스를 뿌리는가 하면 한겨울에도 찬물을 끼얹고 학대하며 죽인다. 물론 그들은 죽을 것이라고는 생각하지 못했다고 한다. 그러나 그것은 미필적 고의이다. 심지어 아들의 시신을 심하게 훼손해 냉장 보관한 채로 방치하면서 그 동생을 일상에서 태연하게 키우며 살아가고 있는 것이 우리의 현실이 되어버렸다. 무감각의 철면피도 이럴 수는 없는 일이다. 이런 잔인한 행동을 서슴치 않음은 물론 반성할 줄 모르는 부모들의 범죄 심리분석 결과를 살펴보면 공통적으로 자신도 어린 시절 부모로부터 '심한 학대나 방임'속에 살아왔다고 진술한다. 이처럼 폭력과 방임은 사회적 유전인자가 된다는 것이 거의 정설로 통용된다고 해도 지나친 표현이 아니다.

5년 전 심한 ADHD 증상과 폭력으로 상담실에 왔던 10세 남자아이 민수(가명)가 있었다. 처음 그 아이를 보았을 때의 기억이 생생하다.

아이는 흡사 심하게 상처받은 짐승과도 같았다. 부모로부터 방임 속에 사랑과 관심이란 것을 도무지 모르고 자란 아동이었다. 아이의 영혼은 사막처럼 메마르고 그 바닥에는 분노로 가득 메워져 있었다. 심리치유를 진행하면서 나는 많은 생각에 잠길 수밖에 없었다. 조금만 그 분노의 상황을 멈추고 조금만 느리게 생각하면서 속도를 조절할 수 있었다면 최악의 상황은 비켜갈 수 있었을 것이다. 상담을 통해 아이의 변화되는 모습을 보며 자식을 키우는 나 자신도 분노가 치밀어 올라오는 것을 어쩔 수가 없었다.

하지만 아이의 부모를 미워할 수도 없었다. 아버지 또한 아이보다 더 심한 학대와 방임 속에서 자라며 일상이다시피 한 폭력과 범죄를 일삼으며 교도소를 드나드는 분이었고, 엄마 역시 마찬가지였다. 과연 누구의 잘못인가?

폭력은 대물림 된다는 사실은 이미 여러 연구에서 입증된 바 있다. 학교폭력 가해 학생 중에는 맞고 자란 아이들이 많다는 것이 그 확실한 반증이다. 폭력에 노출된 채 자라는 동안 쌓인 상처가 분노가 되어 그것을 해소하기 위한 방법으로 더 큰 폭력으로 보상을 받고자 한다. 아이한테는 그것이 자신의 존재를 드러내는 자기증명의 자연스런 행동이다. 이러한 심리는 자기방어의 기제로 작용하는 것은 물론이다. 나아가서 자기보다 약한 대상에게 행해지는 폭력으로 쾌감과 함께 보상의 감정까지 획득하는 것이다. 심지어 사랑해야 할 가족에게까지 폭력으로 이어지는데, 쉽고 간단한 것은 물론 그것이 범죄라고 생각하지 않는 친밀성이 작용하기 때문이다. 그것은 일찍이 부모가 자신을 때리고도 감정이 없는 것을 보고 자랐기 때문이기도 하고 자기 자신이 아무런 방어능력이 없었기 때문에 그럴 수밖에 없었을 것이고, 또한 지금 자신이 행하는 행동도 당연히 그럴 것이라고 생각한다. 결국 폭력을 행사하고도 자신이 저지른 죄에 대해서는 지극히 자연스러운 일이기 때문에 죄책감도 별로 없다는 결론에 이르게 된다.

ADHD 아동의 뇌파를 촬영해보면 좌우뇌의 불균형과 상당히 불안정한 뇌파가 보인다. 민수는 주의력이 떨어지고 집중력이 부족하거나 주의력 결핍 및 과잉행동 장애(ADHD) 증상과 주의력결핍(ADD) 증상이 발견되었다.

이 두 가지 증상이 우리에게 설명하는 것은 전두엽(이마 부위)에 뇌혈류량 및 포도당 대사 활동이 감소된 것이 특징이라는 것이다. 전두엽 부위의 도파민 신경전달물질 재흡수의 기능 이상으로 전두엽의 크기가 전반적으로 축소된 것을 확인할 수 있다. 전두엽 부분은 일상생활에 있어 빠른 리듬(베타파,감마파)의 뇌파가 출현해야 하는데, 느린 뇌파인 세타파나 델타파가 증가하게 되면 구조적 기능이 저하되어 어려운 문제를 풀거나 집중하는데 상당한 어려움을 보이게 되어 산만함과 충동적인 모습을 보이게 된다.

그래서 이 아이에게는 뉴로피드백, 브레인 온(Brain on) 뇌 훈련과 뇌 기반 심리상담을 통해서 교감신경의 과항진을 낮춰주었다. 그리고 호흡과 이완훈련을 통해서 부교감신경을 균형 있게 맞추어주는 신경학적인 심리치유를 병행하였다. 그리고 부모님과의 상담을 통한 부모교육과 아이와의 개인상담을 통해서 아이에 대한 기본적인 이해를 인식시켜 드림은 물론 부모들의 어린 시절에 대해서도 대화를 나누며 그 상처에 대해 회복할 수 있는 시간을 가졌다.

우리는 분명 문명의 눈부신 발전에 힘입어 어제보다 확실히 더 나은 세상에서 살아가고 있다. 찬란한 문명의 최첨단에서 최상의 삶을 영위하며 살고 있다는 것에 사족을 달 사람은 없을 것이다. 그리고 지금보다 더 빨리 속도감 있게 앞으로 나아갈 것이다. 그럼에도 불구하고 이처럼 짐승보다 못한 야만의 행위가 백주대낮에 엄연히 일어나는 이 비극적인 현장에서 벗어나지 못하고 있는 것도 사실이다. 이러한 상황을 도대체 어떻게 설명해야 할까? 아무리 인공지능이 발전하여 인류의 감성과 지능을 선도한다고 해도 과연 이러한 무책임한 부모들이 우리의 주변에서 흔하게 발생하는 것을 미리 예방할 수 있을 거라고 과연 누가 장담하겠는가. 단언컨대 극단적인 비인간성, 폭력, 증오와 혐오, 답이 없는 정신병, 정의를 내릴 수 없는 신경증은 점점 더 증가될 것이다. 첨단은 예민함과 그 맥락이 닿아 있다. 정교하지 않으면 시대를 선도할 수 없기 때문에 그렇다. 그 예민함을 파고드는 정신적 기술의 정교함과, 혹은 우리가 가진 인간적인 허술함에 우리는 귀를 기울여야 한다.

우리는 대물림 되는 폭력의 저주를 반드시 끊어야 한다. 그러기 위해선 부모, 학교, 사회가 협동하여 선악에 대한 기본적인 지침을 제대로 가르쳐야 한다. 많은 돈이 드는 문제도 아니다. 의지의 문제이기 때문이다. 선진국과 달리 우리나라는 아동학대에 대한 시스템이나 대응체계가 상대적으로 부족하고 아동학대에 대한 형벌도, 재발방지에 대한 구체적인 제도의 개발도 약한 수준이다. 슬픈 현실이지만 포기할 수는 없다. 끊임없이 쏟아지는 아동학대에 관한 기사의 홍수 속에서 이 문제를 해결하려는 노력은 다행히도 점차 높아지고 있다. 좀 늦은 감도 없지 않다. 그러나 그러한 노력을 한시도 멈출 수가 없다. 출생률을 논의할 게 아니라 이미 존재하는 소중한 아이들의 입장을 먼저 생각할 필요가 있다.

우리의 관점도 달라져야 한다. 물론 모두의 문제는 아니다. 그러나 일부의 문제라고 등한시해서는 더욱 안 된다. 아동의 인권 역시 정당하고 당연한 권리로서 자리를 잡고 있다. 그러나 보이지 않는 곳에서 지금도 횡행하는 그 악순환의 연결고리를 끊고 싶다면 먼저 부모로서 자신과 아이의 마음가짐에 집중해야 함은 물론 아동 그 자체의 천부적 인권을 생각해야 한다. 자식은 나의 소유물이 아님을 명확하게 인식하고 완벽한 독립체로서 존중해주어야 한다. 나의 상처를 아이가 물려받을 일은 없다. 혹 상처를 받았다면 나로서 족할 일이다. 내가 그랬으니까 너도 그런 거야, 이따위 개도 물어가지 않을 무의식의 행위가 일상적이라고 생각한다면, 그 사람은 영혼을 포기한 미물에 지나지 않는다.

아이들은 존중받아야 하고, 따스하고 소중하게 커나갈 권리가 있으며, 완전한 인격체로 발전할 내재적 가치를 지니고 있다. 그것이 또한 나라를 지키는 일이다. 애국하는 일이다.

우리는 그 가치를 지켜야 할 영혼의 파수꾼이다.

"부모의 트라우마는 자녀에게 되물림된다. 그러므로 부모가 트라우마를 치유하면 자녀는 부모의 트라우마로부터 안전하게 해방될 수 있다."

22. 거절하기 연습

22살의 소녀 가장인 비아(가명)는 아주 야무지고 성실하게 세상을 살아나가는 사람이다.

금요일까지 간호조무사로 일하다가 주말이면 아르바이트를 한다. 그러니 늘 피곤에 지쳐있다. 그녀는 감정 기복이 심한 경향이 있어 다른 사람들의 눈치를 보다가 급기야는 자신과 타인에게 화가 치미는 피해의식으로 변질이 되어 대인관계나 직장생활이 힘든 지경이다. 얼마 전부터는 건망증까지 심해져 일상생활에서 문제가 생길까 봐 걱정이라고 했다.

그녀는 160cm 초반의 키에 살집이 있어 덩치가 커보였다. 커트 머리 단발에 화장기 없는 얼굴로 약간 기가 죽은 모습이었다. 조심스러운 말투로 자신의 이야기를 하는데 왠지 자신감이 없어 보였다. 그녀는 다섯 살 많은 언니와 엄마와 함께 살고 있었다. 아버지는 초등학교

2학년 쯤 알콜 중독으로 인한 간 경화로 돌아가셨다고 한다. 어린 시절부터 늘 술을 드시거나 누워 있는 모습만 봐서 아버지에 대한 특별한 기억이 별로 없다고 했다. 엄마는 늘 먹고 살기에 급급해 자신과 언니를 돌봐주지 못했다. 말이 잘 통하지 않고 이해력이 부족한 듯했다. 언니는 어렸을 때부터 학교에서 친구가 없었다. 늘 외톨이로 방구석에만 머물렀다. 무슨 일을 해도 스스로 알아서 하지 못하고, 아이들한테 항상 놀림을 받아 언니라는 존재 자체가 너무 창피했다고 한다.

지금까지도 언니와 엄마는 자신이 모든 것을 결정하고 판단해서 지시를 내려야 일상이 진행되는 어려운 형편이었다. 경제관념도 너무 없었다. 생활이 나아질 리가 없었다. 생각이 너무 단순하고 모든 행동이 물가에 내놓은 어린아이 같아서 답답하고 짜증만 난다고 했다. 다행히 두 사람 모두 일을 할 수 있어서 적은 액수지만 약간의 돈은 벌고 있었다.

"중학교 때까지 학교에서 아이들에게 늘 놀림을 당했어요. 씻지도 않고 옷도 없어서 전 너무 더러웠어요. 씻으라고 가르쳐 주는 사람도 없었어요. 집에 보일러가 없었기 때문에 겨울이면 너무 춥고, 수도가 자주 얼어 물이 안 나올 때가 많았어요. 그래서 빨래도 할 수 없었고 씻을 수도 없었죠. 고등학교에 들어가면서부터는 가급적이면 씻으려고 노력했고, 교복도 손으로 직접 빨아 입었어요. 그렇게 노력하니까 친구도 생겼고요."

고등학교를 졸업하고 여러 가지 직업을 전전하며 돈을 벌기 시작했다. 사회에서 만난 선배 언니들로부터 여러 가지 조언을 듣거나 도움을 받았다. 엄마한테 배우지 못한 것들을 스스로 알아나가며 비로소 사람다운 사회생활을 시작할 수 있었다.

어린 시절의 환경적 요인과 정서적 지지기반의 부족으로 비아는 자연스럽게 주위의 친구들이나 지인들에게 집착할 수밖에 없었다. 그들에게서 외면을 받거나 버림받을 것에 대한 무의식적 두려움으로 인해 타인의 눈치를 보느라 자신을 제대로 드러내지 못했다. 말 한마디도 먼저 나서서 하는 법이 없었다.

"시간이 지나면서 사람들 앞에서 너무 오버하고 있는 나 자신을 자주 느껴요. 지나칠 만큼 오지랖도 심하구요. 사람들한테 너무 신경을 쓰다 보니 부주의해서 실수할 때가 많아요. 그게 빌미가 되어 집에 와서 생각해 보면 나 때문에 사람들이 불쾌해 했을까봐 잠이 안 오는 거예요. 누군가 제게 조금이라도 기분 나쁜 소리를 하면 신경이 극도로 예민해지는 게 참 싫었어요. 더더욱 문제는 실수할까 봐 눈치를 너무 본다는 거예요."

그녀는 타인과의 관계 트라우마(PTSD)와 유기불안으로 인한 과민한 신경증, 그리고 생존의 불안으로 인한 우울증을 겪으며 자랐다. 자신을 표현할 수 있는 이미지에 대해 물으면 수치스럽다는 단어 외에는 달리 표현할 말을 갖고 있지 않았다. 존재 자체에 대한 의미를 모르는 투명인간과 같았다.

아동기에 겪은 부정적 경험은 평생을 통해 불의 소인(消印)으로 남아 인생을 지배하는 요인으로 작용할 수도 있다. 또한 우울증과 관련된 정신건강 문제에서 가장 중요하게 고려되는 예측요인 중에 하나이기도 하다.

특히 비아는 아동기에 심각한 방임을 경험한 아이였다. 일상적인 가정 내에서의 불화, 보호받지 못한다는 불안감, 아버지의 음주를 방치한 죄책감, 무력감 등이 내면화되어 있었다. 성인이 되어서도 그러한 우울이나 신경증 등의 증상을 여전히 지니고 있었다. 비아의 증상은 우울로 인한 불안, 분노 등의 부정적 정서는 물론 타인과의 비교, 자기 비난 등으로 인한 경직된 사고체계가 가장 문제가 되는 부분이었다. 거기에다 심한 열등감과 죄책감에서 비롯된 지나친 타인에 대한 의식, 대인관계의 어려움, 자기주장을 제대로 피력하지 못 하는 소극적 태도, 회피와 단절의 관계 패턴 등 문제가 한두 가지가 아니었다.

청소년기에 다른 아이들은 누구나 자신의 미래에 대해 진지하게 고민하게 마련이다.

'나는 누구인가?', '무엇을 두고 나라고 하는 것인가?', '나는 무엇을 할 것인가', '미래의 나는 어떤 존재로 자리매김을 할 것인가?'

이런 미래적인 비전에 대한 자아정체성과 방향에 대한 해답을 찾지 못하면 자기 존재에 대한 방향성을 잃고 혼란스러운 상태에 놓일 수밖에 없다. 비아는 상담을 통해 관계에 대한 중요성을 훌륭하게 이해했다. 그리고 자신의 경험을 바탕으로 자신의 내면에 대한 자각과 이해를 흔쾌하게 받아들였다. 비아는 그때까지 그 많은 상처와 실패에도 불구하고 건강한 자아를 잘 유지하고 있었다. 자신을 수용함으로써 충족되지 않은 기대를 다스리고, 감정 쓰레기를 만들어내는 지각체계를 변화시키는 노력을 소홀히 하지 않았다. 그렇게 아동기 수준에 머물러 있던 인지 수준을 차츰 넓혀가면서 지금까지 드러나는 상황에 대한 적극적인 수용의 태도로까지 수준을 성장시켜 우울증을 극복해 나갔다. 있는 그대로의 자신을 인정하는 것은 지극히 어려운 일이다. 우울하고 비참할수록 사람들은 그런 사실들을 감추기에 급급하다. 위장의 가면을 쓰고 타인의 놀이에 심취하며 자신을 기만한다. 그러나 그렇게 할수록 자신의 존재에서 멀어지게 된다. 비아는 솔직하게 자신을 인정하고 받아들이고 변화의 길을 과감하게 선택했다.

"얼마 전 친구한테서 전화가 왔어요. 친한 친구인데도 불구하고 너무 신경을 써 주지 않는다고 불평을 하며 저를 심하게 비난하는 거예요. 예전 같으면 그 친구 눈치를 보며 쩔쩔매고 미안하다고 했을 텐데, 제가 요즘 얼마나 바쁜지에 대해서 이야기해 줬어요. 그리고 우리 사이가 너무 경계가 없는 것 같다고 이야기해 주고 서로를 존중해줄 수 있을 때까지 당분간 만나지 말자고 했어요. 그러면서 제가 친구한테 이야기해줬어요. 너와 더 좋은 친구로 남고 싶어서 그런 거라구요."

이보다 더한 발전은 없다. 관계에 대한 타당한 설정을 비아는 획득한 것이었다. 그리고 있는 그대로의 감정과 지금 접하고 있는 현실을 정확히 인식할 수 있었던 것이다.

"예전 같으면 친구가 이해해 주지 못할까 봐 굉장히 불안했을 텐데, 그땐 정말 괜찮았어요. 그리고 내가 정말 잘했다는 생각이 들었어요."

경이로운 결과라 하지 않을 수 없다. 비아는 트라우마 치유와 상담을 통해 자신을 알고 받아들이게 되었다. 긍정적 인식체계를 제대로 받아들여 자신을 변화시켜나갔다. 그런 변화는 자존감을 높일 수 있는 계기가 되어 어떤 상황에서도 흔들림 없이 직관할 수 있도록 사고의 틀이 유연해졌다. 당연히 자신과 타인을 관찰할 수 있는 정신적 여유를 갖게 되었음은 물론이다. 타인에게 당당하게 자신을 개방하고 의사 표현을 할 수 있다는 것은 정서적으로 건강해지고 있다는 확실한 증거이다. 완전한 인간은 없다. 다만 완전을 향해 나아가는 진취적 인간이 있을 뿐이다.

비아는 그것을 온전하게 증명하며 건강한 자아획득을 이루고 있다.

23. 왜 때려!!
- 성장하지 못한 상처받은 내면 아이와의 만남

저소득층 가계의 정부 지원금을 받아 상담을 오게 된 정아(가명) 씨의 첫인상은 너무 강렬했다.

노란색으로 밝게 탈색한 머리카락을 바싹 끌어올려서 질끈 묶고,

짙은 눈화장으로 강한 인상을 풍기며 센터로 들어선 정아 씨였다. 네일아트를 화려하게 한 손톱이 눈길을 끌었다.

그러나 센터에서 일하다 보면 흔히 보는 일이기도 하다. 개성이 없는 사람은 없다. 정도의 차이일 뿐이다. 개성이 강할수록 일탈이 혼합되어 누군가 보기에는 비정상이거나 상식의 궤도를 벗어날 수도 있지만, 그 모든 것이 존중되어야 한다. 다만 사회적인 현상에서 벗어나 조화롭지 못하다면 건강하지 못한 내면세계를 의심해 볼 수 있다. 그녀는 1년 전 이혼을 하고 친정 부모님과 큰오빠, 그리고 남동생, 4살 된 딸과 함께 살고 있었다.

"전, 아무것도 못 해요. 몸이 너무 아파서 움직이기도 힘들어요."

정아 씨는 35세의 나이에 맞지 않게 몸과 마음이 피폐해진 채로 살아갈 의지를 잃고, 국가 지원금과 부모 형제에게 의지하여 살아가고 있었다.

어린 시절 그녀의 아버지는 늘 술에 절어 살았다. 평생에 걸쳐 빈둥거리는 삶을 사는 것도 모자라 엄마와 자식들에게 심한 폭행을 일삼았다. 엄마는 아버지에게 맞아가면서도 집안 살림에 돈벌이까지 하는 바보 같은 삶을 살았다고 한다. 당연히 자녀들을 돌볼 겨를이 없었고, 아버지의 눈 밖에 나지 않으려 오히려 눈치만 보며 살았다.

"사람을 어떻게 그렇게 팰 수 있는지 모르겠어요. 너무 심하게 맞았어요. 중학교 때부터는 거의 밖에서 산거 같아요. 집에 안 들어갔어요."

갈 곳 없는 어린 소녀를 맞아주는 곳이라곤 질이 좋지 않은 패거리들뿐이었다. 그 어느 곳이거나 어떠한 사람도 그녀를 존중하고 보듬어주지 않았다. 그렇게 그녀의 소중한 청소년 시절은 중학교 자퇴자로 마무리되고 말았다. 길고 긴 어둠의 터널을 아무런 의미도 없이 흘려 보냈다. 17세쯤부터 엄마가 작은 식당을 운영하게 되면서 거기서 일을 하게 되었다.

"아버지가 간 경화로 아프기 시작하면서 폭력은 많이 줄긴 했는데 엄마가 너무 일을 많이 해서 안 아픈 데가 없었어요. 머리가 아프다고 자주 쓰러지시는데 일을 하지 않을 수 없으니 병원에 입원을 한다는 것은 꿈도 꾸지 못할 일이었지요."

어머니는 그저 가정을 지키기 위해 무던히도 애를 쓰셨지만 아이들이 자립할 수 있도록 키워낼 능력까지는 없으셨던 것 같았다. 그저 하루하루를 살아갈 뿐이었다. 당연히 정아 씨뿐만 아니라 형제들 또한 발달과정에서 부모의 학대와 방치로 인한 피해망상과 우울증을 겪고 있었다. 부모의 부적절한 양육과 우울증은 자녀들에게 심각한 영향을 끼치게 마련이다. 엄마는 그런 자신을 의식해서인지 정서적으로 아이들과 거리감을 두려고 했다. 집안은 불안정하고 신경질적으로 표현되는 부정적 상호작용이 만연해 있었다. 워낙에 거친 삶을 살았기 때문에 제대로 된 감정표현 훈련이 이루어질 수가 없었다.

정아 씨는 이러한 정서적 미성숙으로 인해 성인이 된 이후에 여러 차례 연애를 하긴 했지만 적절한 배우자를 만나지 못했다. 다들 '나쁜 놈들'뿐이었다고 했다. 그 말에 포함된 의미를 나는 충분히 이해하고도 남았다. 그렇게 식당 일을 도우며 살아가다가 27살쯤에 지인의 소개로 전남편을 만났다. 1년 정도의 연애 후 결혼을 하게 되었는데, 임신한 아이의 성별이 딸이라는 것을 알게 된 후부터 남편과 시댁에서의 노골적인 구박이 이어졌다. 생활비를 주지 않았을 뿐만 아니라 심지어 출산 이후에는 남편은 자기 아이가 아니라고 부정하며 딸을 보려고 하지도 않았다.

결혼생활은 더 이상 이어지지 않았다. 남편은 같이 살기 싫다며 본가로 들어감과 동시에 이혼소송을 밟았고 양육비를 주지 않으려고 모든 재산을 부모의 명의로 돌려놓는 짓도 서슴치 않았다. 어린 시절부터 부모의 학대와 방임으로 학습된 무기력과 자립할 수 있는 적절한 교육을 받지 못한 정아 씨는 전 남편과 시댁의 횡포에 적절하게 대응하지 못했다. 아이와 함께 쫓겨나다시피 결혼생활의 종지부를 찍었다. 정서적, 신체적 양육을 제대로 받지 못해 분별력이나 인내력을 키우지 못한 피해는 컸다. 사회부적응과 우울, 불안은 날로 더 심해졌다. 가중되는 스트레스로 인해 신체 곳곳에서 붕괴가 진행되고 있었다. 아이를 어떻게 키워야 할지도 몰라 엄마로서의 역할도 적절하게 수행하지 못하고 있었다. 아동기의 학대로 인한 잠재된 분노가 커서 충동적 공격성이 높아 아이에게도 영향을 끼침은 물론 피해망상으로 인한 대인기피증으로 인해 사회활동을 전혀 하지 못할 형편이었다.

"집에 가는 길에 놀이터에 노인들이 모여 앉아 깔깔대며 웃고 있었는데, 마치 저를 비웃는 것만 같아 정말이지 당장 집에 달려가서 식칼을 가져와 모두 죽여 버리고 싶었어요. 선생님과 상담을 하고부터는 이런 생각들이 말도 안 되는 줄 알면서도 마음으로는 안돼요. 사람들이 다 나를 비웃고 조롱하는 거 같았어요. 이런 생각이 들면 며칠이고 집에서 나오기가 싫어요."

지그문트 프로이드(Sigmund Freud)와 칼 융(Carl Jung)은 '내면 아이'를 묘사한 바 있다.

최근 미국의 전도사이자 베스트셀러 작가인 존 브래드쇼(John Bradshaw) 역시 1990년 저서 《상처받은 내면 아이 치유(Homecoming: Reclaiming And Championing Your Inner Child)》를 통해 내면 아이 개념을 설명했다. 정아 씨는 어린 시절부터 겪은 불안정 애착과 발달 트라우마로 인해 정서연령은 초등학생 정도에 머물러 있었다. 심리적 통찰이 너무 어려워 코칭 상담을 시작하기로 했다. 시간이 지나면서 성장하지 못한 상처받은 내면 아이와의 만남으로 이어질 수 있도록 유도했다. 지속적인 상담을 통해 자신과의 건강한 애착 경험을 할 수 있도록 돌보면서 마음이 성장해나갈 수 있도록 도왔다. 신체감각(Somatic Experiencing) 알아차리기부터 시작으로 내면의 감정을 인식하면서부터 내면가족체계치유(internal family systems therapy, IFS)를 통해 다양한 부분자아를 만날 수 있도록 했다.

그녀 안에 존재하는 다양한 상처받은 부분자아는 연령대별로 부정적인 기억과 감정을 간직하고 있었다. 심층적이고 다면적인 접근이 필요했다. 이러한 치유의 핵심은 어린 시절의 상처받은 부분 자아와의 만남을 통해 그 현실을 냉철하게 이해시키고 그런 훈련을 통해 참 자아(Self)를 성장시켜 나가기 위함이다. 이러한 상처를 이해하고 극복하지 않으면 그녀가 살아가는 내내 지속이 될 것이다. 이러한 부분 자아(Part)가 형성되어 버리면 다양한 다른 자아들과의 갈등 요소가 되어 여러 가지 병적 요인들을 만들어낸다. 확실한 인식을 통해 그것을 극복하는 정면돌파가 필요해 보였던 것이다.

정아 씨는 필자와의 상담을 통해 발달과정에서의 지속적인 학대를 경험한 미성숙한 자아에 대한 의미를 재구성하면서 자신의 존재의 의미를 인식해 나갔다. 그리고 스스로 적극적이고 긍정적인 변화를 통해 자신의 삶을 재평가하도록 이끌어주었다. 정체성의 통합과 성장을 이끌어낼 수 있는 원동력을 마련함으로써 사회활동은 물론 엄마로서의 역할을 원활하게 수행할 수 있는 현실적인 성장을 독려하며, 완전하지는 않지만 점진적인 결실을 내다보며 상담은 계속 진행 중이다. 상담과 더불어 한가지 간절한 바램이 있다면 애처롭게 망가진 그녀의 신체가 건강을 되찾아 엄마로서 가장으로서 세상에 더욱 당당하게 우뚝 서길 소망한다.

24. 당신이 대한민국입니다
- 연평해전 해병의 트라우마(PTSD)

몇 해 전에 개봉된 영화 중에 많은 사람에게 사랑을 받았던 <연평해전>이라는 영화가 있었다. 실화를 바탕으로 한 픽션이기에 더더욱 많은 사람이 현실적으로 느끼고 공감하지 않았나 생각한다. 영화이긴 하지만 대부분 실화라는 생각에서 많은 관객은 국가와 가족을 위해서 자신의 소중한 목숨을 잃거나 부상당한 젊은 군인들에 대해서 경건함과 감사한 마음을 느끼는 것 같았다.(2010년 11월 23일 오후2시 34분부터 한반도의 서해 5도중 하나인 대한민국 영토 연평도에 북한군이 선전포고도 없이 포격하는 것으로 시작된 전투, 또는 정전협정 이래 최초로 발생한 민간 거주구역에 대한 공격).

며칠 전 센터에 연평 포격사건으로 부상을 입고 제대를 한 청년이 방문을 하였다

그는 몹시 우울해 보였다. 자존감 역시 극도로 저하되어 있었다. 그리고 한 손에는 약봉지를 들고 있었다. 나중에 알았지만 과량의 수면제였다. 너무나 지치고 두렵고 화가 나서 스스로 목숨을 끊으려고 집으로 가는 길이었다고 했다. 도중에 심리상담센터를 보고 마지막 희망이라고 생각하면서 몇 시간을 망설이다가 들어왔다고 했다.

그는 북한의 무차별 폭격으로 인해 부하였던 병사는 그 자리에서 사망을 했고 자신은 다리에 파편조각이 박혀서 큰 수술을 받았다고 했다. 한쪽 귀는 들리지 않으며 지금까지 외상 후 스트레스장애(PTSD)

로 고생을 하고 있다고 했다. 당연히 보훈지청에서 국가유공자로 선정이 되어야 함에도 불구하고 선정조차 되지 않았다고 한다.

제대 후에는 후유증으로 인해 어떤 일에도 집중하지 못했다고 한다. 매사에 마음이 안정되지 않아 초조함으로 인한 심리적 불안정함을 견디지 못했다. 당연히 정상적인 사회생활을 할 수가 없었다. 그러한 정서불안을 이용한 나쁜 사람들에게 사기까지 당해 그로 인한 무기력함으로 거의 패닉 상태에 빠져 있었다. 그리고 포탄이 떨어질 때의 기억이 너무나 선명해서(PTSD, 외상 후 스트레스 장애) 큰 목소리나 알수 없는 소리가 들리면 그때의 기억이 주마등처럼 떠올라서 견딜 수가 없었다. 온몸이 떨리는 것은 물론 얼어붙는 것 같은 느낌이라고 했다.

외상 후 스트레스 장애[post traumatic stress disorder]란?
외상 후 스트레스 장애란 전쟁, 자연재해, 사고, 고문 등의 심각한 사건을 경험한 후에 그 사건에 대한 공포감과 두려움, 시간이 지난 후에도 계속적으로 그 기억에서 벗어나지 못하고 정상적인 사회생활에 어려움을 겪게 되는 질환을 의미한다.

청년은 증상에 고스란히 노출되어 있었다. 극도로 저하된 자존감, 일상적인 사회생활을 할 수 없다는 좌절로 인한 자신감의 결여로 심리적으로 너무나 많은 고통을 받고 있었다. 검사결과 극심한 우울증을 동반한 트라우마(PTSD) 상태였다. 극심한 생활고로 상담비용조차 감당할 수 없는 상황인 청년의 처지를 딱하게 여긴 심리치료사들이 마음을 모아 도움의 손길을 주면서 6개월 가량의 장기상담과 외상에 대한 트라우마 상담을 시작할 수 있었다.

본인의 의지가 워낙에 강한 탓도 있었지만 상담이 진행되면서 청년은 나날이 자신의 본래의 모습을 되찾아갔다. 군인이라는 자존심과 특유의 정신력이 연결이 되면서 치유는 눈에 띄는 결과를 보여주었다. 나는 그의 안타까운 사연을 주변에 알리기 위해 신문에 칼럼을 기재했다. 많은 사람들이 관심을 가지고 따뜻한 손길을 내밀었다. 서울의 명문 대학에서는 그 청년의 공로를 인정해 특채합격을 통해 공부를 할 수 있는 기회를 마련해 주었다. 전액 장학금은 물론 연계된 공기업에서는 취업을 알선해 주기도 했다. 가장 기쁜 소식은 보훈처에서 국가유공자로 인정이 되었다는 소식이 전해왔다.

상담이 종료되던 마지막 세션에 그는 내게 이런 말을 건넸다.

"죽음의 직전에서 상담센터를 지나가는데 여기에서 밝은 빛이 보였어요. 그리고 첫 상담에서 저의 얼어붙어 있던 심장을 녹이게 했던 상담사님의 말이 있었어요."

"당신이 대한민국입니다.

당신이 존재하였기에 대한민국이 존재합니다.

당신이 지키려고 목숨을 건 대한민국이 당신에게 감사를 전합니다."

그 말이 청년에게는 커다란 위로가 되었던 것은 물론이고 가슴에 담아 두었던 공포감과 부하를 지켜주지 못한 죄책감을 씻어주는 한 줄기 희망의 빛이 되었다고 한다. 작금의 우리 현실도 쉽지 않다. 국제적 이해관계에 포위된 경제적 문제, 낮은 출산율, 최고의 자살률, 청년층의 미취업과 실업 문제, 어느 것 하나 쉬운 일이 없다. 그럼에도 우리는 희망을 포기할 수가 없다. 그리고 힘겨워하는 대한민국 청년들에게 이 한마디를 해 주고 싶다.

"당신이 대한민국입니다."

25. 이상한 나라의 엘리스
- 특정단어에 대한 심리적인 반응

이 본문에서 다루려는 키워드는 '이상한 나라의 엘리스'이다.

뜬금없는 동화의 이야기가 아니다. 냉혹한 현실의 이야기이다. 여기서 언급하고자 하는 '이상한 나라의 엘리스'란 많은 부부와 연인들이 특정단어에서 느끼는 감정과 생각의 차이로 엄청난 갈등과 아픔을 겪는 것을 이야기하려는 상징적 표현이다.

40대 중반의 부부가 이혼 직전에 센터를 내원했다. 부인은 간호사로 남편은 대기업 간부로 근무하고 있는 사람들이었다. 아내는 어릴 적 경제적 무능함을 보이는 아버지와 늘 불안함을 호소하는 어머니 밑에서 자랐다고 한다. 남편은 그저 평범한 부모님 밑에서 자란 외아들이었다.

문제는 이러했다. 아내는 남편이 '사는 게 너무 힘들다'는 말을 하면 너무나도 무능력하고 나약해 보여서 같이 살고 싶지 않다는 것이었다. 반대로 남편은 이런 아내가 야속하기만 하고 도무지 이해할 수 없다는 상황이었다. 이처럼 부부간에 흔히 드러나는 일반적인 상황임에도 불구하고 각자 느끼는 감정의 해석과 이해는 극과 극을 향하고 있었다.

예를 들어 '힘들다'는 남편의 말은 단지 몸과 마음이 힘들어서 혼자 있고 싶다거나 배우자에게 기대어 쉬고 싶다는 의도가 있다. 반면에 그 말을 들은 아내의 감정은 남편에 대한 불안정함 무능력함 나약함으로 느껴지면서 '내 인생을 저 남자에게 맡길 수 있을까?' 하는 불안과 두려움을 가지게 된다는 것이다.

남자와 여자는 이러한 특정단어를 너무나 다르게 해석하고 있었다. 많은 부부들이 일상 속에서 쉽고 가볍게 이야기하는 특정 단어에 대한 느낌을 다르게 해석하면서 상대가 생각지도 못할 정도의 많은 상처와 실망을 느끼며 마음의 문을 닫고 돌아서게 된다. 이 부부 또한 대화로 인한 오해가 깊어져 상대를 신뢰하지 못한 채 관계가 단절됨으로 지금의 극단적인 상황에 이르게 된 것이다.

독자 여러분은 "이런 경우 어떻게 하면 좋을까요?"

이해할 수 없다면 트라우마(PTSD)를 의심해 보아야 한다.

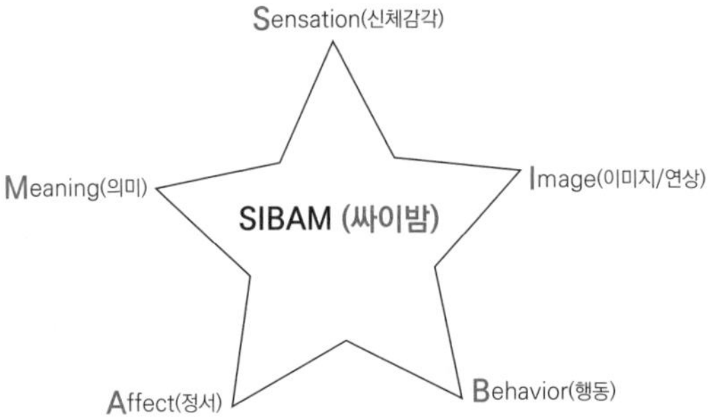

▶독자 여러분도 SIBAM을 활용하면 상대방의 깊은 내면을 느낄 수 있답니다.

남편이 말하는 '힘들다'는 말을 들으면 아내가 어떤 반응을 보이는지 신체감각 트라우마기반치유(Somatic Experiencing) 기법인 싸이밤(SIBAM)을 통해 탐색해 보았다.

Sensation 신체감각 이때 당신 몸은 어떻게 반응하는가?
"숨을 제대로 쉴 수가 없고 가슴이 답답해서 미칠 것 같아요."
Image 이미지/연상 어떤 이미지가 떠오르는가?
"어린 시절 격앙된 엄마의 무서운 표정이 떠올라요. 늘 힘들어하는 무능한 아버지에게 엄마가 폭력을 행사하고 물을 뿌리는 모습이 보여요."
Behavior 행동 이런 말(힘들다)을 들으면 어떤 행동을 하시나요?
"제가 남편에게 심한 욕설을 하고, 마구 비난하며 공격하는 행동을 하는 것 같아요"

Affect 정서 그때의 감정은 어떤가요?

"남편의 그런 나약한 말을 들으면 화가 나서 견딜 수가 없어요, 그리고 불안한 마음이 엄습해 오는 것 같아요."

Meaning 의미 그 말(힘들다)은 당신에게 어떤 의미가 있나요?

"남편은 나를 보호해주는 울타리 같은 존재여야 하는데, 그 말을 하는 순간 울타리가 순식간에 무너지는 느낌을 받아요."

SIBAM과 몸이 기억하는 정보를 통해서 아내의 트라우마(PTSD)를 탐색해 보았다.

어린 시절 아내는 아버지의 무능함으로 인한 엄마의 히스테리 증상에 대한 신체화를 동반한 트라우마를 가지고 있었다. 평상시 몸이 약해서 일을 하지 못하는 아버지로 인해 엄마는 짜증과 분노를 표출하는 경우가 잦았다고 한다. 그것이 일상 생활 속에 반복되면서 아버지의 힘들어하는 모습은 곧 엄마의 히스테리를 일으키는 주요인이라는 신념이 자리 잡게 되었다. 그리고 엄마의 히스테리 증상이 일어날 때마다 어린 시절 아내의 가슴은 답답하고 온몸이 떨리는 심인성 증상*을 보이게 되었다.

***심인성:** 환경·심리적 요인(심인)에 의해서 생기는 정신장애 및 신체장애를 널리 가리켜서 말하는 것. 심인반응, 신경증, 심인성 정신질환, 심신증(정신신체 질환), 심인성으로 생각되는 정신적 및 신체적 기능장애 등이 모두 포함된다.「출처 간호학대사전 1996.3.1」

트라우마(PTSD) 치유를 통해서 어린 시절 아내(내면 아이)의 신경계가 회복 되어 자신의 상처와 남편이 분리되면서 남편의 의도가 충분히 이해가 되고 마음으로 느껴지게 되었다. 서로의 상태에 대해 인정하게 되면서 부부갈등의 실타래가 풀리기 시작한 것이다. 지나친 의존은 타인에게 상처를 남기게 된다. 완벽한 부부는 없다. 그래서 서로의 부족한 부분을 조금씩 채워가는 관계가 바로 부부다.

그리고 상담이 종결될 즘에는 남편이 힘들다고 말하면 먼저 몸과 감정을 살피는 정도까지 발전하면서 부부갈등은 종료되었다.

우리 인간의 뇌는 경험을 있는 그대로 저장하지 않고 경험을 바탕으로 중요한 단서를 압축해서 저장하게 된다. 많은 시간이 흘러 특정한 사건을 떠올리게 될 때 실제 기억을 그대로 복원하지 않고 자신도 모르게 조작하여 왜곡된 자신만의 기억을 떠올리게 된다.

인간의 뇌는 자극에 모호하게 반응하고 외부의 자극보다는 내부자극에 더 영향을 받게 된다. 가치관에 일치하는 정보는 받아들이고 그렇지 않은 정보는 무시하게 되는 경향이 때때로 보이곤 한다. 그러한 이유로 부부와 연인들은 서로의 경험에 의존해서 보이는 대로 보고, 믿고 싶은 대로 믿음으로써 깊은 오해의 강을 건너게 되는 것이다.

'이상한 나라의 엘리스'에서 엘리스는 자신의 경험으로는 전혀 이해할 수 없는 세계와 친구들과 만나며 온갖 우여곡절을 겪는 모험을 체험한다. 그리고 숨겨진 진실을 찾아내어 진정한 친구를 만날 수 있었다. 여러분 역시 특정단어에 숨겨진 진실을 찾아내어 사랑하는 사람과 진정한 소통을 할 수 있길 바란다.

"뇌는 과거 경험을 바탕으로 미래를 예견한다. 곧 경험이 뇌를 빚는 것이다."

26. 한쪽 다리를 절단했는데 통증이 멈추지 않는 상상통(환지통)

30대 중반의 남성이 도무지 통증이 멈추지 않아 견딜 수 없다며 센터를 방문했다. 그는 결혼을 한 달 남겨두고 교통사고를 당해 한쪽 다리를 절단하였다. 청천벽력과 같은 불행한 상황을 도저히 받아들일 수 없었던 그는 견딜 수 없는 패닉상태에 빠져 있었다. 그가 호소하는 고통은 교통사고로 절단되어 존재하지 않는 다리에서 통증이 계속 느껴진다는 것이었다. 그래서 병원에 가서 치료도 받고 갖가지 약도 복용해 보았지만 극심한 통증에는 아무런 효과가 없었다. 심리적인 부분이 많이 작용하고 있다는 의사의 권유로 센터를 방문하게 되었다.

이 남성은 환지통을 호소하는 환자였다. 이 증상은 상상통이라고도 하며, 사지(四肢)가 절단된 후에도 마치 그것이 존재해 있는 것처럼 감각되는 현상을 말한다.

[환각지/ 환지통/ 상상통 幻覺肢]
몸의 일부가 사고 등에 의해 상실되어도 뇌에서는 상실된 신체에 대한 기능이 부분적으로 남게된다. 그로 인해 상실된 신체 부위에 견디기 힘든 통증을 호소하게 되는데 이를 상상통, 환지통이라고 한다.

보통 성전환 수술을 한 환자에게서 없어진 음경에 대한 통증을 호소하는 경우가 많이 있다. 그리고 그들이 느끼는 통증의 형태는 다양하게 나타난다. 따끔거리면서 바늘로 찌르는 듯한 통증, 타는 듯한 통증, 마치 경련이 일어나는 듯한 증상, 전기 충격과 같은 찌릿한 감각 등의 통증을 느낀다.

내담자가 호소하는 통증은 따끔거리면서 바늘로 찌르는 듯한 지속적인 통증이라고 했다. 통증이 시작되면 '격렬하게 감정의 소용돌이 속으로 빨려 들어가는 느낌이 든다'고 설명했다.

보통의 경우 환지통의 통증을 느끼는 원인을 살펴보면 네 가지로 분류할 수 있다.

첫 번째는 일시적인 신경 손상에 의한 통증이다. 신체 일부를 제거하게 되면 말초 신경이 손상되었다가 다시 회복되는 과정을 거치게 된다. 그때 신경의 끝부분에서 과도한 회복을 위한 자극이 보내지면서 통증을 유발하게 된다.

두 번째는 중추신경감각에 의한 통증이다. 통증을 야기할 만한 원인이 존재하지 않음에도 불구하고 특정 원인으로 기인이 되어 통증을 유발할 수 있는 현상이다. 여기서 말하는 특정 원인은 자신의 몸을 보호하기 위한 목적으로 통증이 유발되는 것이다.

세 번째는 뇌의 리매핑, 재구성에 의한 통증이다. 신체의 일부가 제거된 후에는 뇌는 해당 부분의 감각을 신체의 다른 영역으로 전환시키는데 이를 뇌의 리매핑, 혹은 재구성이라고 한다. 이 리매핑의 결과로 신경이 자극을 받으면 없어진 신체 부위에 통증을 느낄 수 있다.

네 번째는 심리적인 요인에 의한 통증이다. 극도의 스트레스 등의 특정한 심리적 조건들에 의해서 환지통이 유발될 수 있다.

그의 통증 원인은 바로 심리적인 요인이 주요인으로 탐색되었다.

트라우마(PTSD) 치유를 통해 내담자의 통증에 대한 원인과 시기를 탐색해 보았다. "2019년 9월 가해 차량 운전자로 인해서" 사고 당시의 통증 상태를 그대로 유지하고 있음을 확인할 수 있었다. 그래서 그때의 감정을 추적해 보니 사고를 일으킨 운전자에 대한 '분노의 감정'이 원인으로 작용했고, 그 분노를 잊지 않기 위해 자신의 잘린 다리의 통증으로 기억하면서 정확하게 인식하고 있었다.

감정자유화기법 EFT(Emotional Freedom Technique)는 신체적인 증상 및 통증을 완화시키는 효과가 뛰어나다. 그래서 EFT 감정자유화기법과 트라우마 치유법을 통해서 분노의 감정을 용서의 감정으로 스스로 컨트롤 할 수 있게 도와주었다. 조금씩 통증의 강도가 사라지게 되었다. 통증의 정도가 10에서 8로, 5로, 3으로 ...

"용서는 남을 위해서 하는 것이 아니라, 자신을 위해서 하는 것이다."

트라우마 치유가 종료된 후에 그가 스스로 느낀 감정을 이렇게 설명했다.

"다리의 통증이 제 몸과 마음을 보호하고 있었음을 알게 되었어요. 만약 통증이 없었더라면 억울하고 분한 마음이 나를 지배해서 분노발작으로 정상적인 멘탈 상태를 유지하지 못하고 제대로 견디지 못했을 거예요."

"우리 몸에서 일어나는 증상은 반드시 선한 의도가 있다."

27. 아토피가 죽을 것 같은 저를 살렸네요

15세의 중학교 1학년 남학생인 민수는(가명) 우울증과 불안으로 1년째 정신과 약을 복용 중이다. 심한 아토피로 인해서 불면증까지 호소했다. 학교생활의 어려움 또래 관계의 어려움, 부모님과의 불화는 당연한 결과였다. 기분이 나빠지면 선생님의 지시에 따르지 않고 지켜야 할 질서와 약속을 무시했으며 심지어는 책상에 엎드려 꼼짝도 하지 않았다.

민수의 어머니 역시 만성 우울증과 불안으로 정신과 약을 복용하고 있었다. 아버지는 분노조절에 대한 어려움이 있었고 누나는 착한 아이 콤플렉스를 보였다. 상담을 시작하면서 민수가 느끼는 가장 큰 문제는 가족을 비롯하여 친구들과 소통이 도무지 안 된다는 것이었다. 그로 인해서 발생하는 불안, 긴장, 스트레스가 차오르면 자신도 모르게 사람들과의 대화를 단절하고 상대하지 않는다고 했다. 머리로는 대화를 하려고 생각하는데 몸이 움직이지 않고 그대로 굳어버리는 느낌이 든다는 것이었다. 「이것이 전형적인 트라우마의 증상이다」 민수는 사람들에게 상처받을 것 같아서 대화를 하지 않았을 뿐이었는데 주위에서는 자신의 이런 모습을 이해할 수 없다며 '반항아'라고 낙인을 찍고 무작정 야단을 친다는 것이었다. 그런 상황이 되면 아무 감정도 느껴지지 않고 오로지 혼나는 것에만 집중하게 된다는 것이다. 그대로 있으면 답답하고 짜증이 나서 죽을 것 같다는 생각에 몸이 서서히 굳어지면서 꼼짝도 할 수 없다고 했다. 그럴 때마다 온몸에서 열이 나면서 급격하게 아토피가 올라온다는 것이다.

아토피가 올라오면 어떻게 되느냐? 는 상담사의 질문에 민수는 이렇게 대답했다.

"죽을 것 같은 생각과 몸이 굳는 증상은 아토피가 올라오면 멈춰지는 것 같아요."

나는 민수에게 물었다. "만약에 그 상황에서 아토피가 올라오지 않았다면 어떻게 되었을까?"

"아마도 나는 견디지 못했을 거예요. 몸에 마비가 오거나 뒤로 넘어져서 못 일어났을 거예요"

"지금은 아토피를 바라보게 될 때 어떤 생각이 들어?"

"아토피가 없었다면 큰일 날뻔 했네요"

민수는 그제야 '아토피 증상에 집중하느라' 죽을 것 같다는 생각에서 자신을 벗어나게 해주었다는 사실을 알아차렸다. 신기한 발견이라도 한 듯 아이는 이렇게 말했다. "한 번도 이런 생각을 해본 적이 없는데, 진짜 그런 것 같아요. 아토피 고마워~"

"우리 몸에서 일어나는 증상은 우리를 보호하기 위해 나타나는 선한 의도가 있음을 알아차릴 때 치유가 급속도로 일어난다."

이제는 아토피를 생각하면 어떤 느낌이 드느냐는 상담사의 질문에 얼굴 표정이 환하게 밝아지는 모습을 보였다. 그리고 거짓말처럼 얼굴에 올라온 빨간 아토피들이 가라앉았다. 일주일이 지난 후에 센터를 방문한 민수는 그 동안 자신에게 일어난 일에 대해 신기하다는 듯 설명하면서 흥분된 표정을 지어보였다.

"제가 우울과 분노, 스트레스 상황이 되면 여지없이 아토피가 올라왔는데, 이제는 괜찮아요."

이유는 명확했다. 우리 몸에서 일어나는 모든 증상은 우리를 힘들게 하거나 못 견디게 하기 위해서가 아니라 자신을 보호하기 위해 뇌에서 명령하는 것이다.

민수를 괴롭히는 스트레스와 불안, 우울에 대해 몸이 기억하는 정보와 트라우마 기법(PNT 신체신경치유)을 통해 탐색해 보았다. **"8세 12월에 엄마로부터"** 시작되었음을 몸이 기억하고 있었다. 그때 말을 듣지 않는다고 아빠한테 매를 심하게 맞은 적이 있었다. 아빠는 아들의 행동교정을 위해서 때리는 것이라고 하였지만 그것은 핑계에 불과했다. 자신의 감정을 컨트롤 하지 못하고 화를 폭발시키고 있었던 것이다. 이런 행동이 아이의 불안을 야기시킨 것이다. 불안과 공포 속에 민수는 엄마를 애타게 부르며 도움을 요청하였으나 엄마는 아무런 반응을 보이지 않고 지켜보고만 있었다.

그 사건 이후로 민수는 자신에 대한 무가치함을 느끼며 우울해지기 시작했다. 엄마에 대한 배신감이 극에 달해 엄마가 싫어하는 행동을 하기 시작하였다는 것이다. 언제 어디에 있든지 안전하지 않다는 생각에 긴장이 고조되어 깊은 잠을 자지 못했다. 강도가 침입할 것 같고, 집에 불이 날 것 같은 불길한 생각들이 머리에서 지워지지가 않았다. 이렇듯 외부의 온갖 위험요소들이 침투적 사고로 민수를 괴롭혔다.

'트라우마는 사랑하는 가족마저도 위험한 요소로 인식하게 만든다.'

"그리고 엄마와 저 사이에는 진자운동처럼 추가 있는 것 같아요. 추가 멀리 가면 갈수록 반대쪽으로부터 멀어지는 것처럼 엄마에게 상처를 많이 받을수록 사람들이 싫어하는 행동을 더 많이 하는 것 같아요."

민수는 트라우마 심리상담을 지속하며 자신의 내면에 대한 알아차림을 하게 되면서 엄마에 대한 사랑과 관심을 갈구하는 자신을 발견하고는 어린아이처럼 목 놓아 울었다. 그러한 알아차림이 지속적으로 확인이 되고 나쁜 감정이 방출되면서 변형된 신경계가 회복되고 안전감을 되찾아 가는 모습을 보였다.

인간은 스트레스를 받으면 코티졸이라는 호르몬이 나오게 된다. 코티졸이라는 호르몬은 사람을 우울하거나 불안하게 만들기도 하고 면역체계를 뒤흔들어 급기야는 뇌의 손상으로까지 이어지게 만든다. 그리고 우리를 가장 악성적인 스트레스 상황으로 끌고 가는 두 가지 문제는 애정결핍과 안전감의 결여이다. 이 두 가지 감정의 결여로 인해 인간관계에 문제가 생기게 된다. 아이나 어른이나 인간관계에서 사랑과 지지를 호소하고 그 관계에서 안전함을 구축하면서 사회에서 성장해 가는 것이 일반적이고 보편적인 현상이다. 만일 사랑과 안전함을 관계 속에서 채우지 못하게 되면 두려움과 혼란을 경험하게 되어 정신적인 문제로 이어지게 된다. 아이는 이 세상에 태어나 엄마를 처음으로 만난다. 그리고 엄마는 아이에게 세상의 전부가 된다. 엄마가 행복하면 세상이 행복하고, 엄마가 우울하면 세상이 우울해지게 되는 것이다.

"아이는 엄마를 통해 세상을 본다. 그래서 아이에게는 엄마가 세상이다.

28. 잃어버린 간밤의 기억을 찾아주세요.

50대 중반 여성의 다급한 전화를 받았다.

"선생님, 최면상담으로 잃어버린 기억을 찾을 수 있을까요? 간밤에 술을 많이 마시고 운전대를 잡았어요. 술집에서 나온 것은 기억하는데 어떻게 집에 왔는지 전혀 기억이 나지 않아요. 그리고 주차되어 있는 차를 살펴보니 운전석 부분이 심하게 파손되어 있었어요. 사람을 친 건 아닌지? 너무 불안해요. 그리고 어디에서 사고가 났으며 무엇을 친 건지 전혀 기억이 나지 않으니 미칠 것 같아요. 그리고 술을 깨고 정신을 차려보니, 경찰서에서 전화가 왔는데 교통사고를 냈으니 출두하라는 거예요."

그녀의 질문은 최면을 통해 만취된 상태에서 있었던 일들을 기억할 수 있지 않을까 하는 요청이었다. 그러나 그 간절한 바람에도 불구하고 알코올로 인해 블랙아웃(Black out)된 기억은 어떠한 최면으로도 알아낼 수가 없다. 왜냐하면 기억이 저장되는 곳은 해마(海馬)라는 곳인데, 알코올로 인한 블랙아웃(Black out)은 뇌의 해마에 저장 자체가 되어있지 않기 때문이다.

*해마(海馬)는 학습과 기억에 중요한 역할을 한다고 알려져 있다.

"선생님 너무 답답해서 미칠 지경인데, 해결방안이 없을까요?" 여기에 대한 해답이 바로 《몸은 기억한다》이다. 우리 몸에는 어마어마한 기억장치가 내장되어 있기 때문에 뇌의 해마에는 기억이 남아 있지 않아도 우리 몸에는 모든 정보들이 남아 있는 것이다.

그래서 몸이 기억하는 정보를 통해서 그녀의 답답함을 해결해 줄 수 있었다. 몇 시에, 어느 장소에서 어떤 일이 일어났는지, 그다음 2차로 어디에서 무슨 일이 일어났는지를 정확하게 찾아낼 수가 있었다. 이처럼 우리 몸은 한치의 오차도 없이 정확한 정보를 가지고 있다.

새벽 2시경 집근처 사거리에서 우회전하여 첫 번째 골목으로 들어와서 마트앞에 세워진 대형 가드레인을 박았고 그 옆에 있는 세탁소 입간판을 밀고 한참을 가다가 세웠는데 지나가는 행인이 보고 경찰에 신고하였다. 그리고 현장에서 한참을 서성거리다가 3시 30분경에 자신의 아파트 주차장에 주차를 한것에 대한 정보를 몸이 전부 기억하고 있었다. 이 정보는 트라우마 통합심리치유 기법(PNT 신체신경치유)을 통해 찾았는데 장장 4시간 정도가 소요 되었다.

그녀는 몸이 기억하는 정보를 통해 잃어버린 기억을 되찾아 불안한 마음에서 해방될 수 있었다. 다음날 경찰서에 가서 몸이 기억하는 정보를 토대로 진술하고 원만하게 사건이 해결되었다고 연락이 왔다.

우리 신체가 가지는 능력은 어마어마하다. 그래서 요즘은 신체(body)를 통한 트라우마 및 심리상담이 핫하게 활용되어지고 있다. 증상과 연결된 신체 부위에 집중해서 SIBAM으로 탐색해 보면 깊은 내면을 볼 수 있다. 예를 들어 알코올 중독과 관련된 증상을 신체 부위에서 찾아보면 다음과 같이 활용할 수 있다.

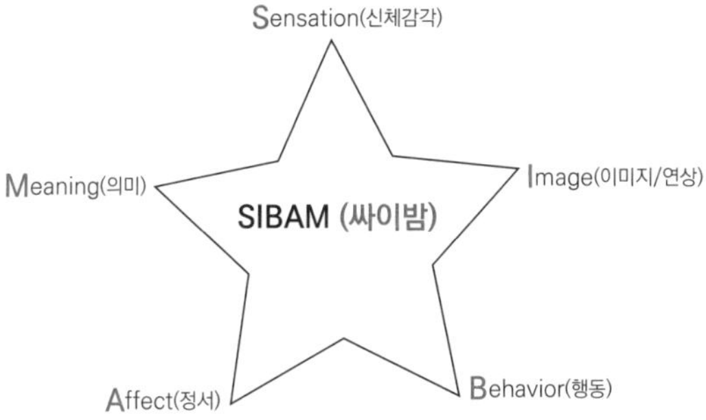

1. 술을 생각하면 내 몸에서 어떤 반응이 느껴지는가?(S 신체감각)
2. 술을 생각하면 누가 떠오르는가?(I 이미지/연상)
3. 술을 생각하면 어떤 행동을 하는가?(B 행동)
4. 술과 연상되는 그 사람을 생각하면 어떤 감정이 드는가?(A 정서)
5. 당신에게 술이란 어떤 의미가 있는가?(M 의미)

SIBAM으로 탐색한 내용을 토대로 신체 부위에 집중해서 호흡법, 이완법, 진자운동, 마음챙김 등을 통해서 신체를 치유함으로 증상을 완화·치유시킬 수 있다.

반복되는 음주는 알코올성 블랙아웃(Black out)을 유발하게 되어 알코올성 치매와 뇌 손상을 초래할 수도 있으니 조심해야만 한다. 뇌 손상이 반복되어 알코올성 치매로 발전하면 뇌의 구조에도 변화가 생기고 기억을 담당하는 뇌 구조물이 변화하며, 몸의 균형과 조화로운 운동을 유지 시키는 소뇌에도 위축이 나타나게 되어 몸의 떨림, 보행시 비틀거림 등의 증상이 발생할 수 있다.

"중독의 가장 깊은 뿌리에는 기억조차 하기 싫은 트라우마가 자리잡고 있다."

29. 48년 전 남편의 외도로 분노하는 83세 할머니

83세 할머니가 극심한 신체 증상과 무기력감으로 센터를 내원했다.

몇 년 전부터 남편만 보면 머리가 아프고 가슴이 찢어지는 듯한 통증과 미운 마음과 분노가 폭발해 견딜 수가 없다고 호소했다. 그런 날이면 방에 틀어박혀 하루종일 우울하게 지낸다고 하였다. 할머니는 2살 연하인 81세 남편과 함께 살고 있으며 자녀는 3남 2녀를 두었는데 모두 출가하였다.

남편은 외부 사람들을 만날 때는 점잖은 신사처럼 말하고 행동했다. 그러나 집에 들어오면 아내에게 온갖 폭언과 폭력을 행사해 왔다고 한다.

"왜 식사하면서 그놈이랑 말을 섞었어. 그놈이 좋으면 그놈이랑 살림을 차리지." 이렇듯 아내에게 온갖 비아냥과 인격 비하적인 말들을 아무렇지도 않게 쏟아내면서 살아온 것이다. 나는 할머니에게 살아오면서 남편에게 뭔가 크게 실수하신 적이 있는지 물었고 아주 뜻밖의 이야기를 들을 수 있었다. 할머니는 오히려 평생을 남편만 바라보고 살아오셨고 할아버지야말로 아무렇지 않게 습관적으로 외도를 했다는 것이다. 할머니의 심리평가 결과는 만성 우울증과 신체화를 동반한 트라우마(PTSD) 진단이 나왔다. 반면에 뇌 기능 검사에서는 너무나 건강하게 젊은 상태를 유지하고 있었다.

할머니는 그렇게 건강한 상태의 뇌 기능을 가지고 있었기에 트라우마의 연속에서도 정신 줄을 놓지 않고 견뎌낼 수 있었던 것이다. 그러한 인내심으로 자식들을 잘 지키고 키울 수가 있었다. 할머니의 우울과 분노증상이 심해지면서 할아버지가 인상을 쓰거나 조금만 언성을 높여도 분노발작을 일으키듯 화가 폭발하면서 가슴 통증과 호흡곤란을 일으켰다. 병원에서의 종합검사결과는 아무런 문제가 없다는 소견을 받았다. 그러나 심리적인 고통으로 밤마다 외로움과 우울감이 몰려와서 울면서 잠을 자는 경우가 많았다고 한다.

몸이 기억하는 정보와 트라우마 기법(PNT 신체신경치유)을 통해서 증상의 원인과 시기를 탐색해 보았다. **"35세 4월에 남편의 외도를 목격"**한 것이 트라우마의 원인으로 밝혀졌다. 평상시 언니 동생처럼 친하게 지내던 여자와 남편이 안방 침대에서 성관계를 하고 있는 모습을 목격하게 된 것이다. 할머니는 너무나 무섭고 놀라서 아무런 말도 못하고 얼어버린 「freezing 얼어붙음」채 집을 뛰쳐나왔다고 했다. 남편은 습관적으로 외도하는 사람이라 대수롭지 않게 여기는 듯 했으나 자신의 침대에서 관계하는 광경을 목격하게 되었으니 그 충격(PTSD)과 배신은 말로 표현할 수 없었다.

그리고 다시 집으로 들어가서는 아무 일도 없다는 듯이 48여 년이라는 세월을 살았다고 한다. 지금에 와서 그 일로 인해서 자신의 몸이 반응을 보인다는 것이 할머니는 이해가 안 된다고 하였다. 트라우마 치유를 통해서 할머니의 몸은 그때를 정확하게 기억하고 있었다. 지금 보이는 모든 증상이 '35세 4월에 남편의 외도를 목격'한 그날에 시작되었음을 알 수 있었다.

사실 할머니는 그날 두 사람을 찢어 죽이고 싶은 마음이 몇 번이나 들었다고 한다. 그런 생각이 날 때마다 할머니의 머릿속에는 자식들을 놓치면 안 된다는 생각밖에 들지 않았다고 한다. 오로지 자식들 생각만 하면서 그날의 모욕과 수치심과 분노를 참아 오셨던 것이다.

남편의 외도에 배신감을 느끼고 분노하였지만 달리 명쾌한 해결책도 떠오르지 않았으며 포악하고 무서운 남편에게 자신의 분노를 제대로 표출하지 못했다. 그런 자신을 바라보면 비참하고 무시당하는 느낌에 가슴이 찢어지고 망치로 머리를 얻어맞은 느낌으로 살았던 것이다. '머리가 당기는 증상'과 기가 막혀서 '숨을 제대로 쉬지 못하는 신체화 증상'이 그 당시에 있었다는 것을 까맣게 잊고 지내다가 트라우마 치유를 통해 몸이 기억하고 있음을 알게 되었다.

사람이 살아가면서 사람으로서 겪지 말아야 할 경험을 하게 되면 몸과 마음이 얼마나 피폐해지고 48년이 지난 지금까지도 고통스러워하는지 트라우마를 찾게 되면 충분히 이해가 된다.

그런 큰 상처를 가슴에 담고 살아가면서 호랑이같이 무서운 남편에게 말 한번 제대로 못하고 속앓이를 하면서 살아서인지 입술에 암이 생겨 수술을 2번이나 받았다고 한다. 그 당시의 광경을 목격하고도 아무런 소리를 못하고 집을 뛰쳐나가는 자신의 다리가 너무나도 원망스러워서인지 다리 수술도 몇 차례씩이나 받았다고 하였다.

"우리 몸은 스스로가 자신의 몸을 어떻게 바라보거나 인식하느냐에 따라 살리기도 죽이기도 한다."

할머니는 트라우마 치유로 48년 전의 얼어붙은 자신을 회복하고 치유하는 시간을 가졌다. 자신을 안아주는 작업을 통해 자신을 용서할 수 있었고 신체 증상과 상처들이 회복되는 느낌을 경험하였다. 그리고 남편에게도 같이 상담 받기를 권했지만 끝까지 함께하지는 못했다. 상담이 종료될 때쯤 할머니는 남편을 용서하고 싶다고 했다. 다시 사랑하지는 못하겠지만 그 사람을 보면 이제는 화가 나거나 미워하지는 않을 것 같다고 하였다.

한 사람과 결혼해서 60년이라는 세월을 함께 보내는 것도 참으로 대단한 일이지만, 60년이라는 세월 동안 배우자의 고통을 느끼지 못하고 무시하는 일도 대단하다는 생각이 들었다.

그래서 이런 말이 있는지도 모르겠다.

"노인은 많지만 어른은 찾아보기 어렵다."

기회가 된다면 할아버지와의 상담을 통해서 마음속 깊은 곳에 잠재해 있는 짐을 덜어드리고 싶은 생각이 간절해졌다. 아무쪼록 두 분이 건강하게 잘 지내시길 빌어본다.

'여자는 약하지만 어머니는 위대하다.'는 말이 새삼 머리에서 떠나지 않는다.

30. 사랑에 대한 배신

아동학대에 대한 사회적 이슈가 대한민국을 휩쓸고 있다.

우리나라 부모들의 아동에 대한 과보호는 우리가 익히 아는 것 이상이다. 일부에 국한된 문제이기는 하겠지만 그런 극성스런 부모의 횡포에 무참히 깨어지는 교권의 상실은 몹시 씁쓸하기만 하다. 이런 이유와 무관하지 않은 일이 벌어졌다. 극심한 우울로 인해 외부활동을 할 수 없다는 20대 미혼여성의 상담 의뢰가 들어왔다. 그녀의 첫 인상은 한눈에 봐도 큰 충격에서 빠져나오지 못해 극도로 피폐해진 모습이었다.

내담자인 K는 어머니와 함께 내원하였다. 검은 모자를 눌러쓰고 마스크를 쓴 채 얼굴을 푹 숙이고 초점 없는 눈으로 앉아 있었다. 상담실에도 그녀의 어머니가 직접 데리고 들어왔다. 그녀는 한마디도 하지 못한 채 멍하니 앉아만 있었고 어머니를 통해 그녀의 이야기를 들었다. K는 25세로 유치원 선생님이었다. 유난히 책임감이 강하여 자신이 맡은 일에 대한 걱정으로 늘 어렵고 힘든 일을 맡아서 하다 보니 항상 바빴다고 했다. 새 학기가 되어 반편성과 새로 편입된 아이들로 인해 정신없이 바쁜 나날을 보내던 어느 날이었다. 그녀가 맡은 반의 아이가 문제 행동을 일으켜 벌로 잠깐 동안 구석에 세워두었다. 바쁘게 움직이다가 아이에게 이제 들어가 앉아서 밥을 먹으라고 지시했는데 벌을 받는 것에 대해 화가 난 아이는 말을 듣지 않았다. 아이는 밥을 먹지 않고 그대로 서 있는 것으로 반항을 표현했는데, 그날의 사건이 K에게 엄청난 시련을 가져오게 되리라곤 상상도 하지 못했다.

아이는 끝까지 말을 듣지 않았고 점심을 먹지 않은 채 서 있었다. 뒤늦게 발견한 K가 아이를 데려다 앉히고 밥을 먹이려고 했지만 이미 급식시간이 지난 뒤여서 간단한 간식을 먹인 후 귀가를 시켰다. 집으로 돌아간 아이는 엄마에게 점심을 먹지 못했다고 했고 화가 난 아이의 부모가 유치원에 항의를 하며 K를 아동학대로 고소하는 사건이 발생하고 말았다.

K의 말에 의하면 그 아이의 부모님은 맞벌이를 하고 있었다고 한다. 대체적으로 가정환경이 열악한 상태라 아이는 부모로부터 정서적인 양육을 제대로 받지 못한 듯 보였다. 그래서인지 또래 관계가 원만하지 못하고 문제 행동을 자주 일으켰다. 그럼에도 불구하고 K는 그 아이를 특별히 챙겨주고 예뻐했다고 한다. 아이의 부모 또한 부모로서의 학습이 되어있지 않아 평소에 부모상담이 길게 이어져 애를 먹이곤 했다. 그렇기에 아이의 부모가 자신에게 한 행동에 대한 배신감과 상처가 더욱 컸다고 한다. 아이의 부모가 유치원에 들이닥쳐 거친 막말과 욕설을 하며 협박과 함께 고소를 하는 과정에서의 충격은 너무나 컸다. K는 아동 학대범이 되어 법원을 다니며 재판을 받는 과정에서 배신감, 수치심 등의 감정으로 혼란스런 시간을 보냈다. 유치원 교사로서의 꿈을 안고 아이들을 사랑하는 마음으로 돌보던 사회초년생인 K가 겪기에는 너무 큰 충격(PTSD)이었다.

아동학대에 대한 사회적 이슈가 컸던 당시 상황에서 K는 아동학대로 간주 되어 벌금형과 합의금, 교사자격증이 박탈되었다. 아이들을 사랑하는 유치원교사가 꿈이었던 K는 극심한 공황장애와 불안 우울을 겪었음은 물론이고 몇 개월 동안 집안에 틀어박혀 지내며 밖으로 나오지 못했다.

그녀는 은둔생활을 하면서 병원에서 상담도 받고 약도 처방받아 복용하게 되었다. 그러나 점점 약의 강도는 높아졌다. 처음에는 불안장애 약 하나 정도였는데 몇 개월이 지나면서 뚜렷한 호전을 보이지 않자 우울증과 신경안정제, 수면제가 추가되었다. 그렇게 6개월 동안 약을 먹었지만 우울과 불안은 더욱 깊어졌고 대인관계에 대한 두려움 역시 감당하기 어려웠다고 한다. 극심한 불안과 우울, 강박과 무기력 등을 겪던 중 엄마의 권유로 상담을 시작하게 되었다.

K는 160㎝ 정도의 키에 긴 생머리를 노랗게 염색했는데 하얀 얼굴과 잘 어울렸다. 진한 쌍꺼풀에 계란형의 하얀 얼굴, 알프스 소녀 같은 원피스를 자주 입는 등 언뜻 보면 러시아계 외국인으로 착각이 될 정도로 인형같이 예뻤다. 가족관계로는 두 자녀 중 첫째 딸로 태어났으며 밑으로 두 살 터울의 남동생이 있었다.

그녀의 아버지는 56세로 성격이 유순하여 줏대가 없어 보이기도 했지만 고집이 있고 내성적인 성격이라고 한다. 평소에는 자신의 속마음을 잘 표현하지 않으시다가 술을 몇 잔 마시면 평소보다 조금 더 말을 늘어놓는다고 했다. 아버지는 아내나 자식에게 애정표현이나 자신의 감정을 표현하신 적이 별로 없다고 한다. 반면 어머니는 55세로 내성적이지만 단호하고 자식과 남편보다는 친정에서 인정을 받고 싶어 하여 K는 그런 엄마를 이해할 수 없다고 했다.

K가 유년시절일 때 부모님은 같이 일을 하셨고, 친할머니가 7살까지 키워 주셨다고 한다. 할머니는 K를 아낌없이 사랑해주셨지만 성격이 불같아서 깜짝깜짝 놀라게 소리를 지르곤 했다고 한다. 7살 이후 할머니가 연로해지시면서 부모님이 두 남매를 데리고 분가하게 되었다. 부모님은 열심히 일을 한다고는 했지만 돈벌이가 쉽지 않았고 생활이 너무 열악하여 아이들은 병치레가 잦았고 잘 먹지도 못했다. 부모님은 매일매일 심하게 싸웠고 그때를 생각하면 인생에서 참혹한 암흑기였다고 K는 회상했다. 그래도 유년기까지 할머니의 사랑을 듬뿍 받아서인지 초등학교 때까지는 성격이 활달하여 또래들과 어울리면서 골목대장 노릇을 하며 먹을 것도 나누어 먹고 게임도 주도하며 리더로서 활동하였다고 한다.

그러나 중학교에서 반 아이들에게 따돌림을 당하게 되는 사건을 겪으며 배신감과 불안, 두려움을 경험했다고 한다. 이후 학교생활에서 위축되고 경직되어 자기표현을 하지 못하는 성격으로 변모했다고 한다. K는 유년기에 할머니와의 분리경험과 부모님과의 불안정한 가정환경으로 아동기, 청소년기를 거쳐 현재의 삶을 사는 동안 건강한 애착관계를 형성하지 못하고 불안한 삶을 살았다. 또한 페르소나(Persona가면)와의 지나친 동일시로 건강한 자아가 발달되지 못한 삶을 살았다. 그로 인해 자신 안에 있는 강점을 인식하지 못한 채 자신의 결점이나 실패, 두려움과 분노, 우울감 등이 내재화된 경우에 해당되었다.

또한 부모와 원만하고 지속적인 관계를 이루지 못해 기능적인 의사소통을 통한 상호작용이 부족했음도 알 수 있었다. 이처럼 미분화된 가족과의 경험은 작은 스트레스 상황에서도 극심한 불안을 느끼게 된다. 서로 간의 따뜻한 대화가 부족한 K의 가족들은 서로가 속마음을 알아주지 못한다고 생각하면서 일상에서 주고받는 자연스러운 대화가 이루어지지 않아 답답함을 느끼고 있었다.

또한 어머니는 아버지에게 화가 나도 표현하지 않고 차곡차곡 쌓아두며 속으로 참으면서 오히려 서로 간의 갈등을 유발하고 있었다.

그녀는 아동학대 사건이 촉발이 되어 상담실에 왔지만 근본적인 역기능의 가족 문제가 이미 존재하고 있었던 것이다. 나는 트라우마 치유와 함께 그녀와의 수용적이고 안전한 관계 경험을 통해 역기능적인 표현방식을 기능적으로 변화할 수 있도록 유도하였다. K는 상담에서 편안하게 대화하기 시작하며 '속마음을 솔직하게 표현하기, 주거니 받거니 맞장구쳐주기, 편안하게 대화하기, 편 들어주기' 등을 경험했다. 이후 가족들과의 대화훈련을 시작으로 나아가 친구들에게도 그 방법들을 적용하며 다시 사회로 나아갈 꿈을 꿀 수 있게 지속적인 대화훈련을 하였다.

그녀는 새로운 의사소통방식을 사용하게 됨으로써 속마음을 솔직하게 내놓고 표현할 수 있었고 심리적으로 불안했던 마음이 안정화되면서 신경정신과 약을 복용하지 않게 되었다. 또한 밖으로 나가는 횟수가 늘어났고 자연스럽게 사람들을 만나면서 정상적인 일상생활로 복귀하게 되었다. K는 개방적인 의사소통을 통해 수용 받고 지지받는다는 느낌을 경험함으로써 자아존중감이 높아지고 자신에 대한 긍정적인 평가를 내리게 되므로 대인기피증이 감소될 수 있었다. 이후 2번의 취업과 회사 내 관계에서의 어려움으로 인한 실패를 겪기도 했지만 이런 일련의 과정을 통한 사회복귀 훈련과 대인관계 훈련을 지속하면서 3번째 취업에서 성공적으로 사회에 복귀하게 되었다.

'트라우마(사건 트라우마)는 자신을 고통 속으로 갇히게 하는 듯 하지만, 자신도 인식하지 못한 숨겨진 트라우마(발달 트라우마)를 다시 만나게 하는 열쇠이자 통로이다.'

31. 왜 안 죽지?

전화벨이 울렸다.

"거기 심리센터죠, 제가 가도 될지... 저를 안 받아주실 것 같은데... 제가 여러 가지 증상이 있는데요. 사람들한테 심하게 의존하는 경향이 있어서, 선생님이 많이 귀찮아 하실까봐..."

이미 다른 곳에서 상담을 받고 있던 아름(가명) 씨는 상담을 그만 둔 지 일주일 만에 나를 찾아왔다고 했다. 하얀색 커다란 배낭을 메고 흰색 티셔츠에 흰색 바지, 흰색에 큐빅이 박힌 모자를 쓰고 있었다. 독특한 패션이었다. 한껏 위축된 모습으로 센터로 방문한 그녀는 의자에 조심스럽게 앉아 이야기를 시작했다. 자신은 선생님을 정말 귀찮게 하지도 상담시간 외에는 전화를 하지도 않겠다고 약속하며 눈치를 살폈다. 나는 그녀에게 상담의 규칙을 알려주며 상담사와 내담자 간의 의무와 권리 등에 대해 이야기한 후 약속한 사항들을 잘 이행하는 한 상담이 중단되는 일은 없을 거라고 알려주었다.

그녀는 32세의 미혼여성으로 아버지와 새엄마, 두 살 위인 오빠, 이렇게 네 식구가 살고 있었다. 그녀를 낳자마자 집을 나간 생모에 대한 기억은 전혀 없는 상태였다. 어린 시절 그녀의 아버지는 항상 불안정한 생활을 하는 것은 물론 성격과 행동마저 불량했다고 한다. 세 살인 오빠와 신생아였던 아름 씨는 아빠와 친할머니 그리고 결혼을 안 한 고모와 함께 살았는데 고모가 주로 양육을 맡았다고 한다. 아버지는 직업이 일정치 않았고 술을 마시거나 집에 안 들어오는 날이 많았으며 집에 머물고 있을 때는 화를 많이 내어 굉장히 무서웠다고 한다. 가정환경은 열악했지만 그래도 할머니가 많이 예뻐해 준 행복한 기억은 간직하고 있었다.

5살 무렵 이유는 알 수 없었지만 7살인 오빠가 죽었다. 얼마 지나지 않아 할머니도 돌아가신 후 새엄마가 들어왔다. 새엄마는 어린 아름 씨에게 냉정하게 조금의 애정도 주지 않았다고 한다. 놀다가 다쳐서 들어와도 새엄마는 흘끗 쳐다보고 말 정도로 정서적인 보살핌이 전혀 없었다고 한다.

"초등학교 2학년일 때 가족들이 보는 앞에서 스카프로 제 목을 졸랐어요. 근데 저를 한번 슬쩍 보더니 아무도 와주지 않더라구요. 그래도 저학년까지는 괜찮았는데 초등학교 고학년이 되니까 새엄마의 압박이 너무 심해졌어요. 제가 뭘 잘못했는지 모르겠지만 새엄마가 아빠한테 이르면 그다음 날은 절 무자비하게 팼어요. 물건을 집어 던지기도 하고, 쇳덩이를 집어던진 적도 있고, 뺨을 심하게 때려서 귀가 안 들린 적도 있어요. 학교에서 돌아와 벨을 누를 때 아빠가 문을 열어주면 우선 겁부터 났어요. 아빠라는 사람 자체가 무서웠어요. 지금은 무슨 일인지 예전 보다 잘해 줘요. 그럴 땐 정말 너무 역겨워요. 새엄마는 정말이지 일관성이 없어요. 너무 어이없는 게 나 없이는 못 산대요. 미친 거지~. 그렇게 냉정하게 굴더니 이제 와선 저런 이중적인 행동을 하니 믿을 수가 없죠. 전 엄마라고 안 불러요. 아줌마나 여사님이라고 불러요."

그녀는 자해를 심하게 하곤 했는데 불면증이 심해 약을 먹고 자려다 몽롱한 상태에서 자해를 했다. 집에 하루 종일 누워만 있다가 울기만 한 날이 있는가 하면 다음날 일어나서는 자신의 꿈을 향해 열심히 달려가는 희망에 부풀기도 했다.

자신에 대한 솔직한 감정을 묻자 이렇게 대답했다.

"왜 안 죽지?"

섬뜩하고 단호한 대답이었다.

"왜 살아야 하는지 모르겠어요. 죽고 싶은데 또 이겨내야 하고, 하루에도 수십 번씩 마음이 변해요. 살고 싶은 생각이 드는 건 하고 싶은 게 있어서고, 죽고 싶은 건 지금 당장 괴롭고, 그렇게 매사에 자신이 없어요."

상담을 진행하며 그녀는 내게 몇 번의 문자를 보내놓고는 이내 죄송하다며 다시는 안 하겠다고 약속을 하곤 했다. 상담사의 개인 핸드폰을 알려주지 않는 센터의 규칙에 대해서 알고는 있었지만 사무실로 연락해서는 번호를 알려달라고 부탁하기도 했다. 급한 일이 있을 때 사무실에서 전달해주기로 약속을 한 터라 내 핸드폰으로 문자가 오곤 했다.

그녀가 생각하기에 수치스럽고 한심한 행동을 하는 자신에 대한 죄의식으로 아무도 벌을 내리지 않는 스스로에게 분노를 느끼고 손목을 긋거나 약을 먹는 등의 자살 행동을 수시로 반복했다. 충동조절이 어려웠다. 내재된 분노가 심해 감정조절의 실패로 인해 타인을 공격하는 사건이 반복적으로 발생하기도 했다. 하고 싶은 일이나 사고 싶은 물건의 구매충동이 생기면 하지 않고는 견딜 수가 없어 경제적 문제로 인한 충돌을 자주 일으켰다.

어린 시절부터 누적된 새엄마로부터의 학대와 보호가 반복되는 불안정한 생활 패턴은 여러 가지 증세로 드러났다. 자신의 존재가 언제 내팽겨질지도 모른다는 불안감의 지속이 극단적인 편집상태로 굳어있었다. 거기에 더해 어릴 때 제대로 충족되지 못한 보호 받고 싶은 욕구까지 결합되어 조울증과 경계성 성격장애의 특성을 보였다. 그녀와의 상담은 늘 불안정했다. 나를 협박하는 듯한 언어적인 공격도 자주 일어났다. 하지만 최소한의 예의는 지키려고 많은 노력을 기울이면서 상담이 종결될까 봐 늘 두려워하는 것이었다.

상담을 진행하며 약물치료와 심리치유를 병행하면서 우울증과 충동적 행동 등이 조금씩 완화되어 나갔다. 하지만 새엄마에 대한 분노가 올라올 때면 어김없이 자살 시도를 하거나 돌발행동을 하며 새엄마를 상담센터로 불러들였다. 당연히 분노와 분노가 충돌하는 전쟁이 벌어지곤 했다. 그러나 이럴 땐 가족들이 전폭적으로 도와주어야 한다. 나는 새엄마에게 부탁하여 센터에서 상담을 진행하고자 했다. 딸의 상태에 대해 설명을 들은 새엄마는 그 참담함에 어쩔 줄을 몰라 했다. 새엄마는 전적으로 협조하며 치유를 돕기로 약속했다. 아름 씨에게는 정신분석적 상담을 진행하며 내면의 분노와 두려움, 유기불안 등의 거짓 자아와의 소통과 통합을 꾸준하게 촉구하며 그 실체를 파악할 수 있도록 하였다.

상담과정 내내 지속적인 불안정감과 상담사에 대한 의존과 불신이 반복되었지만 역전이를 일으키지 않는 일관성과 버티기로 우울감, 충동적 행동 등을 완화 시키며 심리치유가 꾸준하게 진행되었다. 과정은 쉽지 않았다. 하루는 새엄마에게 전화를 걸어 자신을 사랑한다면 당장 500만원을 가져오라는 충동적인 요구를 하는 일도 발생했다. 돈을 가져오지 않는 새엄마에게 극도의 경멸과 분노를 표출하며 상담은 일시적으로 중단이 되었다. 그러나 치유를 멈출 수는 없었고 아름 씨가 마음을 열고 자신을 이해하기까지 지속적으로 관찰하기로 했다. 결코 멈추지 않으면 해결할 수 있는 방법은 늘 열려있으니 말이다.

경계선 성격장애는 상당히 까다롭고, 드랍* 될 경우가 많다. 이러한 특성에도 불구하고 상담사들은 최선을 다해 상담을 진행한다. 나 또한 아름 씨의 어린 시절 트라우마가 치유되면서 죽으려는 부분 자아가 용서와 사랑으로 회복되어 지길 간곡히 바라는 마음으로 상담을 이어나갔다.

***드랍**(drop): 상담이 갑자기 중단되는 것을 의미한다.

32. 뭐가 문제야?
- 아무것도 문제라고 생각하지 않는 아이

은희는 중학교 2학년 여학생이다.

학교에서의 품행 장애가 너무 심하고 가출을 자주 감행하다 보니 엄마의 손에 이끌려 상담을 오게 되었다. 상담을 오기 전 은희는 또래 가출청소년 5명과 무리 지어 몰려다니며 모텔을 전전하고 있었다. 남자 3명 여자 2명이었다. 리더로 불리는 남학생 한 명은 집이 좀 잘사는 아이를 지목하여 물주로 데리고 다니면서 집에서 훔쳐온 카드를 쓰게 했다. 그러나 오래 가진 못했다. 이 남학생의 집에서 이런 사실을 파악하여 추적하고 신고하여 카드는 무용지물이 되었다. 쓸모가 없어진 물주인 남학생은 버리고 나머지 4명이 아파트 옥상이나 허물어진 건물, 지하 주차장 등으로 전전하다 경찰에 의해 잡혀 왔다.

은희는 160cm 정도의 키에 약간은 통통하지만 잘 균형 잡힌 체형과 흰 얼굴에 빨간 립스틱을 바르고 있었다. 긴 생머리를 묶고 교복을 입은 모습이 또래보다 성숙해 보였다. 상담에 오게 된 것도 당연히 자발적인 이유가 있어서가 아니었다. 학교에서 퇴학당하지 않기 위해서 어쩔 수 없이 오게 된 것이었다. 아이의 엄마는 거의 탈진된 상태로 센터로 왔다. 딸에게 질릴 대로 질려있었다.

"선생님, 그냥 소년원으로 보내 버릴까 봐요. 근데 그게 잘 안 되네요. 정말 저희 아이도 상담을 받으면 나아질 수 있을까요? 지금 상가로 침입해 물건을 훔친 절도죄로 재판이 남아있어요. 근데 전문가한테 심리치유를 받으면 참작이 된대요. 도와주세요. 학교로 돌아가 공부할 수 있게 해 주세요. 제발요!"

나는 어머니에게 상담 목표를 다시 설정하라고 알려주었다. 그래야만 아이를 맡을 수 있다고 했다. 은희의 어머니는 이런 상황을 잘 받아들이지 못하고 있었다. 딸이 내면의 상처로 병적으로 시들어 있음을 알아차리지 못하고 있었던 것이다. 단지 아이의 장래를 위한다는 명목으로 학습에 대한 미련을 버리지 않고 있었다. 오로지 어머니의 머릿속은 지금까지의 일과는 아무런 상관이 없다는 듯 학교로 돌려보내려는 생각뿐이었다.

정말이지 우리나라 어머니들의 교육열은 대단하다. 은희 어머니의 집념 또한 참으로 대단했다. 아이가 이렇게까지 된 데는 분명한 이유가 있음을 알고 거기에 대한 근본적인 대책이 필요함을 어머니는 잘 이해하지 못하고 있었다. 이런 상황은 아이의 어딘가가 아프다는 명확한 증거다. 그렇다면 공부가 아니라 아이를 치유하는 게 우선이다.

당장 아이를 치유하고 정신을 건강하게 회복시키는 것에 집중해야 함을 알려드렸다. 다행히 은희도 학교에서 퇴학을 당하고 싶어 하지는 않았다. 어머니 또한 나의 설명을 듣고는 상황을 어느 정도 각성하는 듯 했다.

"학교는 가야죠. 선생님, 저 여기 잘 다니면 학교에서 문제없겠죠?"

그렇게 은희와의 상담이 시작되었다. 은희는 친구들에게 인기가 많은 아이였다. 상담 중에도 함께 놀자는 전화가 자주 오곤 했다. 약속 시간이 늘 꽉 차 있을 정도였다. 상담을 하는 날에도 센터에는 친구들이 함께 와서 대기실에서 기다리다 놀러 나갔다. 은희의 머릿속은 온통 놀 거리와 돈 생각뿐이었다.

"저는 돈 많은 남자랑 결혼해서 마음껏 쓰면서 멋지게 살 거예요. 우리 집은 잘 사는 편인데 엄마는 진짜 너무 치사하게 돈을 안 줘요. 딸이라고는 나 하나뿐인데, 너무 짜증나요."

어머니의 말에 의하면 은희의 한 달 용돈이 일반 회사원의 봉급보다 높을 거라고 했다. 은희의 가족은 어머니와 아버지 그리고 은희 이렇게 세 식구였다. 아버지는 지방에서 현장 일을 하시는 분이라 주말에만 집에 오셨고, 어머니는 회사 경리부에서 일을 하였다.

유년기의 은희는 표현력이 좋고 성격이 싹싹하며 엄마를 잘 따라 예쁨을 많이 받았다고 했다. 그에 비해 아버지는 타인을 잘 믿지 않는 성격으로 불평불만이 심했다. 고집이 세고 아내를 믿지 않아 불륜을 의심하는 등 부부싸움이 잦았다고 했다. 욱하는 성질로 인해 아내에게 폭력을 휘두르기도 했다. 어머니 또한 만만치 않은 성격으로 남편에게 지지 않으려고 하다보니 남편으로 인한 만성 우울증을 겪고 있었다. 당연히 딸에게도 정서적으로 집중할 수 없었기 때문에 가정은 늘 불안정하고 위태로웠다.

은희의 유년기는 부모가 제공하는 불안정한 양육환경, 건강하지 못한 양육 태도, 그리고 부모 간의 심각한 부부싸움으로 인해 정서적 지지기반이 부족했다. 건강한 애착을 형성하지 못한 가족관계는 영특한 아이에게 더욱 아픈 독소로 작용을 했다.

특히 만성 우울과 남편의 억압적인 태도에 대한 스트레스가 심했던 어머니는 은희만이라도 자신이 원하는 대로 살아주길 원했다. 그런 어머니의 태도는 은희에게 심하게 간섭하고, 통제하려는 특성으로 이어져 아이를 더욱 강압적으로 다루게 되었다. 이런 부모의 부정적 양육 태도가 은희의 문제 행동을 더욱 강화시킨 원인이 된 것이다.

엄마가 회사에 가면 혼자 있어야 했던 아이는 초등학교 5학년부터 또래 친구들과 놀지 않고 동네의 친한 언니와 오빠들을 따라다니며 담배 심부름 등등의 문제행동을 하게 되었다. 이들과 함께 담배를 피우는 등의 품행 문제는 오히려 자연스러웠다. 어머니는 아이의 심각한 문제 행동을 알게 된 후부터는 폭력적인 체벌과 폭언을 통해 아이의 버릇을 고치려 했다. 그러나 강압적인 학업 압박과 더욱 엄격한 양육 태도는 아이의 문제 행동을 더욱 강화시키는 악순환으로 변질되었다.

은희의 이런 증상은 너무 어린 나이에 시작되었고, 문제 행동의 횟수가 많아 예후가 좋지 않았고 긴 치유시간과 인내가 필요해 보였다. 다행히 은희는 상담하러 오는 걸 싫어하지 않았다. 덕분에 상담을 진행하며 서로 간에 신뢰할 수 있는 치유적 관계가 원만하게 형성되었다. 중요한 사실은 아이 또한 자신의 문제 행동을 빠른 시간에 해소하고 싶어했다. 누구보다 잘 살고 싶었던 은희는 자신을 이해하고 치유하고자 하는 의지가 강했다.

"요즘은 친구들과 노는 게 별로 재밌지가 않아요. 애들 노는 거 보면 한심하고. 왜 저렇게 사나 싶기도 해요. 예전에는 나도 하고 싶은 게 있었어요. 근데, 잘 모르겠어요. 그냥 기분이 안 좋고 신나지가 않아요."

문제 행동이 줄어들고, 사고의 전환이 어느 정도 진행이 되면서 은희는 심한 우울 증상을 보였다. 이것은 가면성 우울이 외현화 되는 것이었다. 이후 근본적인 치유를 위해 가족치유를 권할 수밖에 없었고 부모님과의 심도 있는 상담도 병행하게 되었다.

부모의 잦은 부부갈등 상황에서 가해진 부모의 언어적, 신체적 공격성을 보고자란 유아기 아이에게는 부모의 행동이 또래와의 문제해결에 대한 모델 역할을 한다. 은희 또한 높은 공격성과 위협으로 모든 문제해결을 하려고 했다. 판단력이 미숙한 아이에게는 그것이 최선의 방법으로 생각되는 것이다. 가족 상담을 진행하는데 있어 편집증이 높은 아버지와의 상담에서 어려움을 겪었지만 다행히도 딸의 문제 행동을 치유해 주려는 마음이 하나가 되어 가족상담이 순조롭게 진행되었다. 상담을 통해 은희의 부모님은 단절된 관계로 인해 갈등의 골이 서로 깊다는 것을 인정했다. 상담을 진행하며 서로를 이해하고 건강한 의사소통을 할 수 있도록 하였는데 부모들의 과도한 스트레스로 인한 높은 수준의 우울과 불안을 서로 보듬어 줄 수 있도록 독려했다. 그리고 딸의 문제 행동이 장기화되면서 갖게 된 죄책감과 무력감을 세심하게 설명했다. 그로 인해 서로에게 말로 표현하지 않았지만 딸의 문제 행동의 원인으로 자신과 상대를 탓하고 있었다는 것, 아이의 문제해결에 아무것도 할 수 없다는 무기력함과 낮은 자존감을 알아차렸다. 이런 이유로 부정적인 양육 태도를 가지게 되어 아이의 증상을 악화시켰다는 것을 정확하게 깨달을 수 있었다. 그리고 부부는 진심으로 서로의 아픔을 보듬어주었다.

이후 부모교육을 통하여 아이의 행동수정 방법을 지도하여 부모가 함께 딸을 지속적으로 도울 수 있게 하였다. 품행장애 청소년은 충동적이고 자기조절 능력이 현저하게 떨어지기 쉽다. 강력하고 안정적이며 단단한 지지구조를 가정에서 제공했을 때 문제 행동을 통제하는데 효과적이다. 또한 딸의 문제 행동으로 인해 경직된 집안 분위기에 새로운 변화를 주기 위해 가족 구성원 간의 의사소통을 촉진하였다. 가족 간에 공통 주제로 대화하게 하고 서로의 의견에 서로 반응하도록 적극적으로 유도했다. 처음에는 낯설어 하면서도 점차 관심을 기울여가면서 가족의 표정이 몰라보게 밝아지는 모습이 보이기 시작했다.

나는 아이의 품행장애 문제는 호전되는데 많은 시간이 요구되는 만성적인 특성이 있다는 것을 자세히 설명했다. 그리고 이 문제는 언제나 다시 발생할 수 있다는 현실에 대해서 인식하도록 하였다. 나의 설명에 부모님은 그 사실을 인정하지 않으려 하며 실망스러운 모습을 보였다. 그러나 사랑하는 딸을 위해서는 다시금 마음을 다잡았다. 서로를 이해하고 위해주는 마음이 없다면 이런 불행한 일은 다시 반복될 수 있다는 사실을 상기시키며 사랑으로 가정을 지켜나갈 수 있도록 독려했다. 시간이 지나면서 안정적인 위계질서가 형성 되어갔고 가족 간의 연대감을 기능적으로 증진 시키면서 외부와의 건강한 연결까지 강화할 수 있었다.

한 가정에서 가족 구성원 중에 한 사람이라도 정신적인 문제가 생기면 남은 가족 모두의 심리가 폐쇄적으로 변화된다. 암암리에 자신들만의 성을 쌓고 외부와 단절된 채 살아가는 경우가 자주 발생한다는 것이다. 이러한 단절이 치유와 회복을 방해하는 절대적인 요소로 작용하게 된다. 타인과의 접촉은 치유과정의 핵심요소이다. 이러한 의미에서 가족치유는 그 출발점에서 중요한 역할을 하고 있다는 사실을 절대 잊어서는 안 된다.

단절된 가족관계가 건강하게 회복되자 아무것도 문제라고 생각하지 않는 아이는 조금씩 변화하기 시작했으며 잃어버린 자신을 찾아가기 시작했다.

"가족은 당신이 생각하는 것보다 많은 것을 채울 수 있는 유일한 안식처이다."

33. 아무도 모른다
(생후 12개월에 버림받은 유기불안 트라우마)

자그마한 체구에 깡마른 남자아이가 센터로 들어왔다.

무언가 동물적 본능이 강하게 느껴지는 아이였다. 사랑이라는 이름의 11세 남자아이로 돌보미 교사와 함께였다. 아이는 또래에 비해 작은 키에 마른 체구였으나 표정은 다부져보였다. 뜯거나 긁어서 생긴 듯한 굵고 불그스름한 손마디가 인상적이었다.

첫인상에서 타인과의 눈맞춤의 강도는 현저하게 감소되어 있었고, 사람에 대해 대체로 무관심했으며, 눈동자는 공허해 보였다. 주위를 두리번거리며 치유 도구에 흥미로워하며 관찰하는 행태를 보였다. 발음은 부정확하고 웅얼거리며 존댓말은 사용하지 않았다. 간혹 얼굴을 흔들며 눈을 찡긋거리는 듯했으나 틱으로 보이지는 않았다. 지능지수는 경계선 수준으로 주위에 대한 경계가 심하여 대화를 하려고 하지 않았지만 다행히 미술 재료와 게임에 대해 얼마간의 흥미를 보였다. 또한 축구를 좋아하고 활동적이어서 이런 것을 계기로 삼아 스스로 즐거운 경험을 할 수 있게 유도할 틈이 보였다. 돌보미 교사를 맡고 계시는 교회 사모님이 아이가 어릴 때부터 돌보아주었다고 한다. 돌보미 교사는 내게 사랑이가 사람에 대해 거부하는 특성이 있으며, 뭐든지 자기 맘대로 하려고 할 것이라고 조언을 해 주었다. 주된 호소문제는 ADHD가 의심이 되며, 집단 활동이 대체로 안 되고, 고집을 부리거나 작은 일에도 기분이 상하면 통제가 안 되는 것이라고 하였다.

사랑이는 2남 1녀 중의 셋째로 출생 당시 엄마의 나이는 21세였다. 이미 5살, 4살 아이들의 엄마지만 사랑이가 첫돌 무렵 생활고를 견디지 못한 나이 어린 엄마는 가출을 해버렸고 그로 인해 영, 유아기에 당연히 받아야 할 적절한 양육을 받지 못했다. 돌보미 교사의 보고에 의하면 어머니는 가출 당시 12개월인 사랑이와 5살 누나, 4살 형을 방에 두고 문을 잠근 채 집을 나갔다고 한다. 당시에는 아버지마저 폭행 사건으로 교도소에 수감 되어 있었다. 돌볼 사람도 먹을 것도 없이 아이들끼리 있다가 사랑이가 침대에서 떨어져 귀에서 피가 나자 다섯 살인 누나가 창문으로 살려달라고 소리쳐 지나가던 행인이 구해주었다고 한다.

이후 보육원에서 생활을 하다 아버지가 석방된 후 곧바로 친할머니와 연락이 닿아 그곳에서 같이 동거하는 할아버지, 큰아버지, 아버지와 3남매가 함께 비닐하우스에서 현재까지 10년째 살고 있다고 한다.

비닐하우스는 아이들이 기거하기에는 매우 열악한 환경이었다. 아이들은 죽은 쥐를 가지고 놀 정도로 그 흔한 장난감도 없었다. 너무 무료하다 보니 장난으로 엉뚱한 전화를 많이 해서 경찰서에서 출동한 적도 여러 번이었다고 한다. 목사님 사모님이 4년째 돌보미 교사로 있으면서 세 아이들의 교육, 건강, 학교생활 등을 도맡아 책임지고 있었지만 도무지 상황은 나아질 기미가 없었다. 가난한 사모님의 열정 어린 책임감도 현실적인 문제 앞에서는 한계가 있었다.

아이들은 아이들대로 무관심과 폭력, 폭언으로 점철된 양육환경으로 인해 또래의 유행을 따르거나 진로를 위한 교육적 투자 등은 상상도 할 수 없는 열악한 상황에서 제멋대로 자라면서 지쳐가고 있었다. 물론 생필품의 부족으로 그 나이에 걸맞는 영양공급은 상상도 할 수 없는 절대적 빈곤의 연속이었다. 사랑이 남매에게 있어 빈곤이란 단순히 돈 없음에서 그치는 것이 아니라 전쟁과 같은 고통이자 트라우마(PTSD)였다. 그곳은 단순한 방임이나 방치의 현장이 아니라 살벌한 범죄의 현장이었다.

사랑이는 세상에 태어난지 얼마 안되어 버림받은 유기불안과 따듯한 애착 경험 없이 오로지 생존에만 매달려야 했다. 그런 무의식에 잠재된 두려움과 절대적 빈곤함에서 느끼는 좌절이 일상적인 생활에서 일탈적 사고로 자주 나타나고 있었다.

"내가 할 거야"

아이는 상담 중에 나의 손길이나 도움을 모두 거절하며 단독으로 하려는 단호한 특징을 보였다. 이 아이와 라포가 형성 될 수 있을까? 무척 걱정이 앞서는 아이였다.

"나와의 신뢰가 생기기 시작하면 하나씩 실타래가 풀릴 거야"

사랑이에게 나는 아무것도 요구하지도 존재감을 드러내지도 않았다. 그렇게 한 달 정도가 지나면서부터 사랑이는 기대에 찬 얼굴로 상담실에 뛰어 들어오기도 하고, 나의 도움을 받아들이며 손을 뜯어 상처가 나거나 다치면 나에게 보여주고 위로와 치료를 받고 싶어 했다. 조금씩 마음이 열려가고 있다는 반증이었다.

"아무도 몰라!"

"응?"

어느 날 사랑이는 내게 알 수 없는 이야기를 불쑥 꺼냈다.

"내 마음 말이야, 아무도 몰라요"

서툴지만 사랑이가 내게 존댓말을 쓰는 것이었다. 적극적이지는 않았지만 사랑이는 내게 자신의 감정을, 마음을, 느낌을 조금씩이나

마 이야기를 하기 시작했다. 사랑이는 나와의 관계 속에서 지금, 여기에서 1:1로 온전히 자신만 바라봐 주는 경험을 하며 타인과 친밀한 관계를 형성하고 있었다. 사랑이는 가끔 놀이터에 함께 나가 놀아주기를 요구했는데 그곳에 가면 놀이터에서 함께 노는 아이들이나 엄마들은 당연히 내가 사랑이의 엄마라고 생각하는 듯했고, 그런 주변의 시선을 즐겁게 받아들이며 또래 아이들과 놀기도 했다. 그렇게 사랑이는 잠시나마 평범한 아이들의 평화로운 일상을 경험하며 또래 아이들과의 연결고리를 만들어 나갔다. 사랑이가 준 교훈은 이런 것이었다.

"아이들은 존재 자체로 사랑스럽고, 존중받아야 한다."

사랑이는 돌봄 받는 방식을 경험하면서 차츰 많은 변화를 이루어 냈다. 그리고 주어진 환경에 스스로 적응하며 다른 사람들과의 조화를 이루면서 자기를 인식하고 느끼며 사회의 일원으로 조금씩 성장해 나갔다.

34. 아내의 자리에 혁명을 일으키다

S는 58세로 62세의 사업가 남편과 함께 대학교 2학년인 작은 딸, 대학 졸업 후 유학 중인 큰딸을 둔 중년여성이다.

그녀의 남편은 성격이 호탕하고 노는 것을 좋아한다. 특히 골프를 좋아해 해외로 골프 여행을 다니곤 했다. 그녀는 거기에 대한 불만이 크지만 남편의 성격이 불같아서 말을 못 하고 늘 참으며 살아가고 있었다. 그녀는 150cm 초반의 아담한 키에 약간 통통한 체형에 인상이 부드러웠는데 걱정이 가득한 표정으로 문제를 이야기하며 지금의 생활이 너무 고통스럽다고 호소했다.

"결혼을 하고 2년 정도 지났을 때 남편이 골프 여행을 일주일 정도 다녀왔어요. 이후에도 골프 여행 문제로 자주 다퉜어요. 그러나 남편이 워낙 성격이 강한 사람이라 제가 어쩔 수가 없더라구요. 근데 남편의 가방에서 여자와 여행 간 증거들이 나왔어요. 남편 회사에 거래처 여사장이 있었는데 그 여자였어요. 남편은 다른 사람들도 같이 갔다고 했지만, 제가 보기에 말이 안 되는 상황이었어요. 지금도 전 남편을 안 믿어요. 뭐 하고 다니는지 제가 알 수가 없는 거죠."

그녀는 6개월 전 건강검진을 위해 병원에 갔다가 자궁에 암으로 전이될 수 있는 아주 작은 종양이 발견됐다고 했다. 종양을 깨끗이 제거하자는 의사 선생님의 권유로 암 전 단계 수술을 받았다. 문제는 그 이후에 벌어졌다. 집 밖에 나가려면 가슴이 두근거리고 불안해지는 것이었다. 사람들이 있는 곳에 가면 병이 전염될 거 같았다. 수시로 암 덩어리가 점점 더 커지는 것 같은 불안감이 엄습하기도 했다. 며칠 전에는 백화점에 갔는데 숨이 쉬어지지 않고 가슴이 답답해져서 급하게 건물을 빠져나오기도 했다. 그 이후로는 아예 외출을 하지 못한다고 했다.

입맛이 없어 식사시간이 너무 고통스러운가 하면 겨우 몇 숟가락 먹으면 소화가 안 되고 힘들어 밥 먹는 것도 걱정스러웠다. 이런 자신이 너무 한심스럽고 부끄러워 우울하다고 호소했다. 그녀는 작은 사업체를 가지고 있는 남편을 도와 회사의 회계를 담당하고 있었는데 이제는 회사도 나가기 어렵다고 하며 절망스러워했다.

S는 딸만 넷 있는 집의 막내로 태어났다. 위로 오빠가 한 명 있었는데 어린 시절 죽었다. 그녀의 부모님은 아들을 바라는 마음에 임신을 했는데 그녀를 낳았다고 했다. 부모님은 작은 시골 마을에서 홀시어머니를 모시고 농사를 지으며 살았다. 먹이고 입히기는 했지만 정서적인 양육은 없었던 것 같다고 했다. 기억이 가물거리지만 어린 시절 오빠가 죽고 막내로 태어난 S를 친할머니는 그리 달가워하지 않았다고 기억하고 있다. 자라면서 엉덩이 부분에 큰 상처가 있는 것을 발견하고 엄마한테 물어보았다고 한다. 그녀가 태어나고 얼마 지나지 않았을 때 아기를 아랫목에 뉘인 채 오랫동안 일을 나갔다가 들어왔는데 아기가 너무 울어 옷을 벗겨보니 엉덩이에 큰 화상이 생긴 것이었다. 그 때문에 어릴 적에 고생을 많이 했다고 한다.

"커서도 그 상처를 볼 때면 너무 속상했어요. 가족들이 얼마나 내게 무심했었나 싶어요. 그래서인지 저는 늘 자신감이 없었고, 사람들 눈치를 많이 보며 소심했던 거 같아요."

그녀는 중년기에 출현하는 발달적 불안, 곧 노화와 죽음에 대한 불안과 더욱이 중년기의 가족관계 변화로 인한 '빈둥지 증후군' 증세를 보이고 있었다. 더불어 가벼운 종양이기는 했지만 암이라는 사건으로 인해 트라우마(PTSD) 증상이 발현된 것으로 보였다. S는 아들이 귀한 집에서 막내딸로 태어났기 때문에 태어난 순간부터 환영받지 못했다고 생각하고 있었다. 또한 자매가 많다 보니 항상 어머니의 관심에 목말라 있었다. 어머니는 밭일을 하며 아이들을 돌보느라 항상 바쁘셨고 표현을 잘 하지 않는 퉁명스러운 성격이었다. 손자가 죽고 태어난 손녀가 못마땅했던 할머니는 유달리 그녀를 많이 혼냈다. 유년기의 성장 과정에서 경험한 소외감과 존재에 대한 부적절한 감정은 무의식 속에 발달 트라우마(PTSD)로 자리 잡았던 것으로 보였다.

결혼 후에도 그녀는 책임지고 떠맡아야 하는 과제는 많은 반면에 그녀에 대한 가족들의 정서적 지지는 부족했다. 남편 뒷바라지, 자녀의 학업, 시댁에 이르기까지 스스로 감당해야 하는 일의 무게만큼 불안은 더욱 가중되었다.

"인간은 가족관계에서 경험한 굴욕이나 무시, 배신감, 억울함, 냉담, 지속적 비난 등으로 발달 트라우마가 형성된다. 더불어 중년여성의 불안의 특성은 다중적인 측면적 요인을 갖고 있다. 발달적 불안과 가족관계에서의 불안, 사회적 불안이 동시에 상호작용하면서 중년여

성인 S를 더욱 우울하게 만든 것이다."

오랫동안 맺혀 풀리지 않은 감정의 덩어리가 곧 '한'이 되고 그 한이 생명의 위협으로까지 느끼게 된다. S는 생후 얼마 지나지 않아 겪은 사건 트라우마로 인해 신경인지(neuroception)에 문제가 생긴 것으로 보였다. 딸이라는 이유로 받은 발달 트라우마와 합해져 심리적 취약성을 가지고도 있었다. 결혼 후 남편의 외도와 정서적 무시, 암 촉발 사건으로 인해 우울과 불안 공항장애 증상을 보이게 되면서 더 이상은 견딜 수 없는 심리적 압박을 받고 있었다.

나는 그녀가 상담을 통해 안전하다는 기분을 경험하게 하면서 불안을 극복하도록 도왔다. 그리고 건강한 관계 속에서 심리적 유연성을 길러 긍정적인 자기변형을 통해 온전성을 회복하게 하는 데 목표를 두었다. 자율신경계의 건강한 회복을 위해 집에서 할 수 있는 호흡법과 심리운동도 추천했다.

자기표현을 하지 못하여 마음속에 한이 맺힌 S는 상담에서도 자주 표현하기를 주저했다. 자기감정에 압도되어 자신의 본래 모습을 발견하지 못하고 지독한 고립감을 경험하면서도 단절된 상태를 오히려 편안함으로 느끼고 있었다.

나는 그녀가 세상과 연결되기를 원했고 상담 중에 감정을 최대한 표현할 수 있도록 격려하면서 나와의 관계가 안전하다는 심리적 평안함을 얻도록 했다. 자신에 대한 이해와 사랑을 회복하는데 있어서 나는 그녀를 재촉하지 않았다. 스스로 이야기를 꺼낼 수 있도록 오랜 침묵으로 충분히 기다려주었다. 따뜻한 분위기는 물론 모든 행동이 자유롭게 허용되는 분위기를 조성함으로서 드러내는 것에 대한 경직된 마음을 풀어주었다. 간혹 상담에 대한 양가감정으로 인해 상담에 오기 싫어하는 마음을 표현할 때는 그녀가 느끼는 불안함이 당연하다고 다독여주었다. 상담자에게 의지하려는 내면의 욕구를 자책하는 S에게 '그럴 수도 있지'라는 표현으로 그녀의 온전한 편임을 자각하게 했다.

안전한 상황에서도 신체적 안전함을 느끼지 못하는 것은 교감신경계가 과활성화되어 있다는 것을 의미한다. 늘 긴장하고 방어하며 살다가 공황증상을 일으킨 S에게 이제는 그녀의 신체가 안전하다는 경험을 할 수 있도록 돕는 작업은 아주 중요했다. 그러기 위해서는 먼저 몸이 느끼는 감각을 인식하여(Somatic Experiencing 신체감각치유) 표현할 수 있도록 했다. 그녀는 늘 '답답함'과 '공허함'을 이야기하였다. 상담을 진행하며 둔감화된 감정을 인식하면서 스스로 깨닫도록 하는 내면의 힘을 발생시키는 것은 매우 중요한 치유방법이다. 그녀는 그렇게 자신의 막연한 심리적 근원을 서서히 알아가게 되었다. 일생을 살면서 늘 그랬듯이 덮어놓은 감정을 무작정 참는 것이 능사가 아니라 자기표현의 중요함을 강조하며 능동적으로 밖으로 끄집어낼 수 있도록 독려하였다.

이후 지금 여기(here and now)에서 느끼는 감정을 일상에서의 여러 상황과 연결 지을 수 있도록 자연스럽게 환기시켜 표현하도록 유도했다. 자기를 스스로 찾아갈 수 있도록 안내하면서 객관적으로 사고

하는 힘을 키우고 서서히 실천해 나가는 그녀를 볼 수 있었다. 간혹 과거의 상태로 돌아가고 싶어 하는 내면의 저항에 맞서 자기를 드러내는 것은 용기가 필요함을 항상 강조했다. 스스로 문제해결을 위해 적극적으로 활동하는 S에게 칭찬과 지지를 아낌없이 보냈다. 사회생활에 임함에 있어서도 모든 사람을 믿음과 사랑으로 편견 없이 대하게 함으로 그녀의 소극적이고 부적응적인 관계 패턴을 재정립할 수 있도록 도왔다.

그녀는 지금까지 남편에게 매여 아내의 역할에만 충실했던 가면을 벗어내길 원했다. 그런 그녀의 모습에 남편의 반발과 갈등이 있기도 했지만 적극적으로 나서서 자신의 의사를 타진하며 훌륭하게 해결했다. 남편과 자녀들과의 관계에서도 지혜롭게 자신을 찾아 나갔다.

상담이 종료될 무렵 상담종결에 대한 두려움과 저항이 있었으나 이 또한 자신을 찾아가는 여정 속에 당연한 것으로 받아들여할 문제임을 납득시켰다.

종결을 마치고 추수 상담으로 이어졌는데 그 일마저도 그리 오래 끌지 않고 깨끗하게 종결할 수 있었다.

'인생의 항해에서 만나는 두려움과 불안은 자신을 찾아가는 여정 속에 있는 작은 열쇠이다.'

35. 가족끼리는 사랑행위(性) 하는 거 아냐

우리 내면에는 여러 명의 '또 다른 나'가 있다.

지금까지 열심히 살아온 자기, 솔직한 자기, 숨기는 자기, 엄격한 자기, 잔소리 하는 자기 등 각자의 또 다른 내가 자기의 목소리를 내면서 내면 깊은 곳에서 가족처럼 공존하며 살아간다.

이번 상담은 부부간의 성(sex) 문제로 갈등을 드러내지 못하고 데면데면 살아가는 40대 부부의 사연이다. 아내는 45세로 다복한 가정의 막내로 자랐으며 지적인 풍모에 자신의 일에 최선을 다하는 교육전문가로 무슨 일을 하든지 완벽해야 한다는 강박적인 성향을 지니고 있었다. 남편은 40세로 경제적으로 어려운 가정의 장남으로 자라서 그런지 주변 사람들로부터 인정받고 싶은 욕구와 무엇이든지 즉시 처리해야 하는 조급함과 불안한 성향이 강한 분이었다. 남편 본인은 자신의 조급함과 불안한 성향을 '일 처리를 미루지 않고 즉각적으로 잘한다'고 생각하고 있었다. 이렇듯 사람들은 자신의 부정적인 부분을 긍정적으로 재해석하려는 왜곡된 생각을 가지고 있다.

이 부부는 결혼 3년 동안은 신혼의 달콤함과 열정으로 뜨겁게 사랑을 나누는 사이였다. 그러나 시간이 지나면서 남편은 완벽에 집착하는 아내를 만족시키지 못한다고 생각하며 자신에 대해 자책감과 자신감을 잃어가고 있었다. 이 무렵 부부관계 중에 아내의 아무 의미

없는 한 목소리가 문제로 대두되었다.

"당신만 사정하니까 좋아?"

이 한마디의 쓴소리가 인정받고 싶은 욕구로 변해 상처로 남은 것이었다. 상처의 골이 깊어지면 깊어질수록 남편의 상처받은 또 다른 부분(part)은 자신의 능력으로는 아내를 만족 시킬수 없다고 자신도 의식하지 못한 채 이렇게 생각하고 말았다.

'아예 부부관계를 시도하지 말아야지.'

이런 남편의 행동에 아내는 자신의 외모와 몸매가 미워져서 남편이 자신을 피한다고 생각하게 되었다. 그래서 더욱 자신의 몸매와 외모에 집착적으로 신경을 쓰게 되었다. 시간이 지나면서 외모와 몸매 문제가 아니라는 것을 알게 된 아내는 남편이 더 이상 자신을 사랑하지 않는다고 여겨 상처의 소용돌이 안으로 스스로를 감금하게 되었다.

이 부부는 너무 민감한 부분이라 생각하며 서로의 마음을 솔직하게 털어놓는 것을 꺼려했다. 그렇게 서로의 성을 닫아버리고 2년째 지내고 있었다. 그러면서 아내의 예민함과 까칠함은 극에 달했다. 남편은 남편대로 심리적인 위축상태가 지속 되면서 만성적인 긴장 상태로 지냈다.

한참을 망설인 아내가 용기를 내어 부부관계를 시도해보고자 했는데 남편의 한마디가 아내를 경악하게 했다.

"가족끼리 뭐 하는 짓이야. 가족끼리는 하는 거 아냐!"

이 말을 들은 후부터 아내의 신경증과 예민함이 더욱 악화되었다. 당연히 갈등의 골은 더욱 깊어져 갔다. 부부 사이에 담을 쌓아가는 것은 물론 정서적 소통이 전혀 없는 애매한 가족 사이로 몇 년을 지내게 되었다. 그러면서 서로가 서로에게 전혀 이해할 수 없다며 고개를 설레설레 흔들어대고 있었다.

아내에게 주어진 '완벽함에 집착하는 부분 자아'와 남편에게 각인된 '인정받고 싶은 조급함과 불안한 부분 자아'에 대해 트라우마(PTSD) 심리치유를 진행하였다. 아내의 집착적 완벽은 어린 시절 아버지로부터 시작되었고, 남편의 인정욕구와 불안은 동일하게 어린 시절 그의 아버지로부터 시작되었음을 알게 되었다.

"트라우마의 근본적인 원인을 찾게 되었을 때 아내와 남편이 그럴 수밖에 없었고 그들이 충분히 이해가 되었다"

그 트라우마의 원인이 되는 사건과 그때의 신체 증상 및 감정을 찾아내어 두 사람에게 구체적으로 설명을 해주었다. 트라우마 치유를 통해서 몸속에 남아 있는 얼어붙은 신경계를 회복(신경계치유)한 후에야 아내와 남편의 증상이 건강하게 안정화가 되었다. 그리고 서로의 상처와 트라우마를 알아차린 후 그 아픔을 같이 공유하게 되면서 서로 간에 이해와 미안함을 나눌 수 있었다.

"어린 시절의 미해결된 상처는 지금 내 앞에 있는 소중한 사람에게 억울한 고통을 주게 된다."

우리 인체는 자율신경계의 교감신경과 부교감신경이 균형을 이루면서 살아간다. 그러나 상처나 사건에 의해서 교감신경이 지나치게 올라가게 되면 과다 각성 상태가 되어 공황상태, 압도된 상태, 과도한

긴박감을 느끼게 된다. 이 상태를 교감신경의 과 항진 상태라고 하며 트라우마는 그런 상태의 건강하지 못한 범위에 머물러 있는 것이다.

반대로 부교감신경이 지나치게 활성화되면 과소 각성 상태가 되어 무감각, 만성적 소진, 우울함, 과다수면 등의 무기력함과 무능함을 느끼게 된다. 이 상태 또한 트라우마 상태에서 나타나는 대표적인 증상들이다.

그래서 트라우마 치유를 성공적으로 마치면 인내의 창(window of tolerance, 사람이 가장 효과적으로 기능할 수 있는 각성의 범위) 범위에 안정적으로 들어가게 되어 변형되어 있던 신경계가 회복되는 것이다.

인내의 창(Window of Tolerance, WOT; 적정 각성구역)

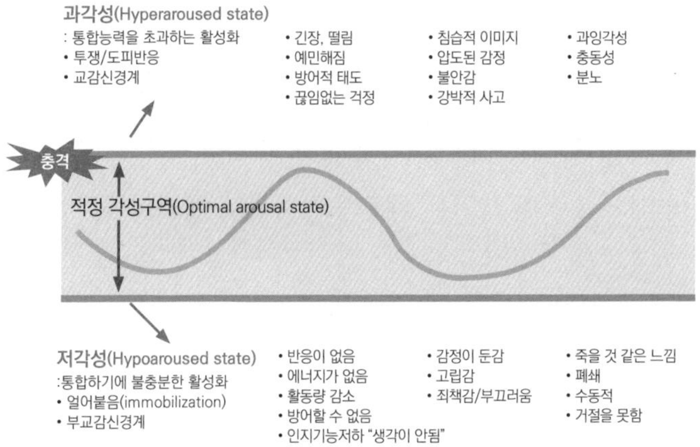

출처: LeDoux, 2002; Ogden et al., 2006; Porges, 2003; Van der Kolk, 1996

인내의 창(window of tolerance)

트라우마 치유 및 부부 상담이 종결될 무렵에는 서로가 서로를 진심으로 사랑하는 마음을 되찾게 되었고 성에 관한 대화도 건강하고 솔직하게 표현하게 되어 신혼의 달콤함을 회복하였다.

이 땅의 남편과 아내들에게 묻고 싶다.

남편들은 부부관계를 한 후에 아내들이 갖는 외로움에 대하여 얼마나 알고 있는가? 아내들은 부부관계를 하면서 남편들이 겪는 힘겨움에 관해 얼마나 이해하고 있는가? 혼자 흥분하고 혼자 느끼고 혼자 끝내버린 남편 옆에서 말도 못하고 고통스러워하는 아내의 외로움을 외면하는 남편들에게, 그리고 남성성에 대한 자존감 하락으로 느끼지 못하고 만족하지 못한 채 말도 하지 못하고 끝없이 추락하는 남편의 마지막 자존심마저 짓밟아 버리는 아내들에게 말해주고 싶다.

"부부관계란 혼자 하는 것이 아니라 둘이 하는 것이며, 혼자 느끼는 것이 아니라 함께 느끼는 것이며, 단순한 본능에 의한 행위를 넘어 끊임없이 배우고 익혀 나가는 아름다운 사랑의 행위이다."

36. 별처럼 찬란하게
- 꿈이 많은 경계선 지적장애 아동

별이는 초등학교 5학년 여자아이이다.

별이는 보는 이로 하여금 저절로 웃음을 자아내는 특별한 능력을 가지고 있다. 별처럼 빛나는 까만 눈동자로 빤히 보거나 주위를 두리번거리곤 하다가 바닥을 보고 어깨를 축 늘어뜨리며 한숨을 쉬는 모습이 또래에 맞지 않게 참 귀여웠다. 체형도 또래보다 작은 키에 약간 통통한 편이다. 하얀 얼굴에 어깨까지 내려오는 퍼머 머리에 아주 큰 리본 핀을 하고 원피스를 입고 왔다. 7살 정도의 아이들이 좋아할 만한 스타일이었다.

별이는 경계선급 지능으로 인해 학교에서 도움반에 다니고 있었다. 그러나 자존심이 강해서 같은 반 아이들과 갈등이 잦았으며 규칙을 잘 지키지 않아 학교생활에 적응하는데 어려움을 겪고 있다고 했다. 그로 인한 좌절감과 스트레스, 피해 의식으로 타인에 대한 불신과 경계가 높았고, 약간의 틱 증상을 보이고 있었다. 틱 증상이 보이기 시작하면 일반 아동들과는 다른 행동으로 인해 반 아이들에게 놀림을 당하기 일쑤였다. 별이는 아이들의 부정적인 시선 때문에 더욱 긴장감이 높아지고 늘 좌절하면서 불쾌한 감정을 느끼고 있었다. 당연히 학교에 가기 싫어하면서 우울증상까지 보이고 있었다. 일반적으로 틱 장애 아동은 불안의 정도가 높고 감정조절 능력이 떨어지는가 하면 예민하고 여린 성격을 가진 경우가 많다. 별이 역시 앞에서 열거한 특성을 그대로 가지고 있었다.

별이의 가족은 38세의 엄마와 41세의 아빠, 그리고 중학교 2학년인 언니가 있다. 엄마는 온순한 편이나 지병인 간질로 인해 가끔씩 약의 부작용으로 성격의 변화가 심해 아이들을 혼란스럽게 했다. 또한 정서적으로 미성숙하여 아이들에게 너그럽지 못했다. 아빠는 작은 사업을 하며 엄마의 부족한 부분을 채워주려고 노력은 하지만 가게 일로 늘 바쁘다 보니 힘에 부칠 때가 많았다. 근래에는 엄마가 알바를 시작하면서 별이의 틱 증상이 심해지고 더욱 불안정함을 보였다.

심리치유에서 정서불안인 별이에게 가장 중요한 건 자신이 속해 있는 공간과 자신과 함께하는 상대가 안전하다는 느낌을 갖는 것이었다. 그렇기 때문에 충분한 안전감을 가질 수 있는 장소에서의 놀이와 미술치유를 병행하였다. 별이는 가족 안에서 사랑받으며 자신의 의사를 충분히 수용 받으며 가치 있는 구성원이 되기를 원했다. 이런 아이의 욕구가 충분히 만족될 수 있도록 분위기를 조성하고 상담에 전념하자 조금씩 자신감을 회복하게 되었다. 자유롭게 의사를 표현하도록 관계를 형성하고 자연스럽게 자신을 표현할 수 있도록 자신감을 심어주자 소통의 능력이 눈에 띄게 향상되었다. 또한 미술표현을 통해 자신의 내면에 있던 감정을 느끼고 발산할 수 있도록 하여 스트레스나 감정적 갈등을 해소시켰다. 인정과 존중을 원하는 별이에게 심신의 안정을 주는 것을 목표로 하여 치유를 진행하며 별이의 작품에 대해 즉각적으로 반응해 주는 것이 중요했다. 그 결과 의사소통이 향상된 것은 물론 표현 형식의 다양성을 추구하며 자신만의 작품을 구성하고 창조하는 예술성을 발휘하기도 하였다.

별이는 편안하고 자연스러운 분위기에서 긴장감과 불안감을 감소시키고 완성된 작품을 통해 성취감을 겪는 일련의 과정을 통해 자연스럽게 틱 증상이 완화되었다. 엄마의 취업 이후 혼란스럽고 불안정했던 행동은 다소 안정화가 되었다. 그러나 별이는 자신 있는 활동만 고집하며 자신감을 확인하고 싶어 했다. 그러다가 재료의 선택이 조금 다양해지면서 자신의 영역을 조심스럽게 넓혀가다가도 자신이 없는 부분에 대해서는 바로 어린아이 같이 징징거리며 하지 않으려고 하였다. 나는 특별하게 강요하는 법 없이 그런 별이의 행동을 그대로 수용해 주었다.

별이는 엄마의 취업 이후 안정감과 불안정함을 반복적으로 오가며 다양한 미술 활동에서 나와 함께하는 놀이를 선호하며 퇴행 행동을 보이기도 했다. 자동차, 주차장 놀이, 역할놀이를 하며 상호교류를 통해 관심을 받기를 원했다. 자신의 감정을 표현하고 나면 즉각 반응을 받고 싶어 했다. 종이접기를 하며 흥미와 만족감을 느끼는 것 같았다. 또한 나의 관심에 예민하게 반응하면서 스스로 정서적 욕구불만을 채워나갔다.

미술치유와 놀이치유가 진행되면서 그동안 완화되었던 틱 증상이 다시 올라온 일이 있었다. 어깨와 얼굴을 찌그러뜨리고 한쪽 어깨를 부자연스럽게 올리는 행동을 반복하는 것이었다. 상호교류 놀이와 미술 활동에서도 집중시간이 눈에 띄게 줄어들었고 산만함이 심해졌다. 간간이 시무룩하고 무기력한 모습을 보여 이유를 물으면 대답하지 않고 한숨을 쉬곤 했다.

엄마와의 전화 상담을 통해 별이의 정서적 변화에 대한 원인을 파악해 보니 취업으로 인한 엄마의 스트레스가 심해 정서적 폭력이 가해진 것이 원인이었다. 아버지와의 상담을 통해서는 역기능적인 가정환경의 변화를 꾀하였다. 부모님의 적극적인 협조로 치유는 다시 활기를 띠었다.

이후 별이는 타인의 요구에 정확하게 반응하고 상대를 배려해 주기까지 했다. 잠시 지쳐있던 잠재력이 부쩍 성장한 것이었다. 놀이 활동을 통해 나와의 유대관계를 확인한 후부터는 더욱 안정적으로 자신의 작품에 몰입했다. 미술 활동을 할 때는 재료 선택하기, 구상하기, 혼자서 만들어 나가기, 할 수 있는 것과 할 수 없는 것을 구분하여 결정할 수 있도록 함으로써 자신의 작품에 대한 만족감이 높았다.

어느 날은 언니가 입원하여 심심하다고 하며 언니에 대한 애정 어린 마음을 이야기 하기도 했다. 이런 이야기를 들으며 나의 감정에 대해서도 이야기하면 별이는 외면하며 듣고 싶어 하지 않았다. 타인과의 직접적인 정서적 접촉에는 불편한 모습을 보였다. 아직 언니에 대한 상처가 남아있는 듯했다.

그러나 글라스데코 작품을 완성할 때는 놀라운 실력을 보여주었다. 이 작업은 힘 조절, 인내력이 필요한 작업인데도 불구하고 별이는 그 작업을 훌륭하게 마감을 했다. 어려운 부분에 대해서도 물러서지 않고 도전적으로 시도하여 그것을 완성한 후에 느끼는 성취감이 높아보였다. 보드게임을 할 때는 적극적으로 스스로 세팅을 하고 차분하게 상대를 기다릴 줄 알고 배려하는 모습을 보이기도 하였다.

간혹 애기처럼 말투를 할 때는 언니의 말투로 의젓하게 행동할 수 있다고 지적을 하면 바로 행동을 교정하였다. 딸을 아기 대하듯 하는 어머니께 별이를 또래 아동의 나이에 맞게 대우해 줄 것을 부탁했다. 모래놀이를 할 때 별이는 자신만의 김치공장을 만들어 마트로 운반을 하는 과정까지 보여주었다. 공장을 만드는 방법에 변화를 주고 판매를 하고 새로운 김치를 개발을 하면서 정서적 효능감을 느끼고 있었다. 현실에서의 욕구불만을 모래 놀이에서 반복하며 해소할 수는 있었지만 현실에서의 욕구불만과 자존감 저하, 또래 관계에서의 좌절로 인한 위축감은 아직까지는 지속이 되고 있었다.

나는 별이의 심리적 위축감, 자존감 향상을 위한 활동을 더욱 구체적으로 진행시켜 나갔다. 수수깡으로 집 만들기를 할 때는 먼저 스케치를 하여 전체적인 구상을 하게 했다. 집 틀을 먼저 만든 후 지붕을 만들어 붙여 완성하는 작업을 무리 없이 해 나가며 별이는 높은 만족감을 느끼고 있었다. 또한 자신이 도움을 받아야 할 것에 대해서 당당하게 부탁을 하면서 집을 완성해 나갔다.

별이는 미술실에 들어오면 적극적으로 재료를 탐색하며 작품을 구상했다. 자유 작업을 하는 것에 흥미를 느끼며 재미있어했다. 또 다른 학생들의 작품을 유심히 관찰하면서 동기를 부여받아 작품활동에 더욱 열정을 보였다. 이런 과정을 거치면서 하고 싶은 것이 생기면 나에게 동의를 구하거나 부탁하기, 주변 상황을 인식하여 적절하게 반응하기, 배려하기 등의 상호 의사소통과 정서 교류가 향상되었다. 그러나 여전히 자신에게 불편한 상황이 발생하면 쉽게 경직되고 회피하며 예전의 모습으로 돌아가기도 했다. 여전히 확고한 자신감이 형성된 것이 아니었다.

그러나 별이는 자신이 작업을 하는 동안 지켜보고 칭찬해주는 선생님의 시선을 느끼며 뿌듯해하며 효능감을 높여 갔다. 계획을 세워 작품을 만드는 경험을 하며 결과를 미리 예측하고 수정할 수 있는 능력까지 갖추었다. 자동차를 꾸밀 때는 자신만의 상징하는 깃발을 만들어 붙인 후 만족스러워했다.

별이는 매주 작품을 집으로 가져가 엄마에게 자랑을 한다. 자신의 인정욕구를 미술 작업을 통해 차곡차곡 채워나갔다. 그렇게 별이는 별처럼 찬란하게 자신 안에 있는 보석을 찾아가고 있었다.

37. 아내의 햇빛 알레르기, 트라우마 치유 후에 완치되다.

추운 겨울이 지난 지 얼마 되지 않아 봄인가 했더니 벌써 여름이다.

날씨가 더워지면 많은 사람들이 햇빛 때문에 힘들어하는 모습을 자주 볼 수 있다. 아내는 여름이 다가오면 햇빛 알레르기 때문에 너무나도 힘겨워한다. 그래서 외출할 때에는 선크림을 이중 삼중으로 해야만 나갈 수 있었다. 아주 오래전부터 시작된 햇빛 알레르기라 해서 장모님께 어릴 적 이야기를 물어보았다. 햇빛에 노출이 되면 화상을 입은 사람처럼 온몸에 붕대를 감아줘야 며칠 지나서 가라앉곤 했다고 한다. 그래서 나는 그 이야기를 듣고 마음이 아프기도 하면서 궁금증이 생겼다. 분명히 이유가 있을 것 같았다. 장모님께서도 아내의 증상에 대해 말씀하시면서 도저히 이해가 되지 않는다고 연신 말씀하셨다.

그래서 아내가 좋아하는 인천 을왕리 바닷가로 가서 새벽이슬을 맞으며, 아내의 햇빛 알레르기에 대한 트라우마(PTSD)를 탐색하기로 마음을 먹었다. 몇 시간 동안 이어진 트라우마의 원인을 찾는 과정에서 뜻밖의 사건과 햇빛과의 연결고리가 나타났다. 몸이 기억하는 정보와 뇌파를 활용한 트라우마 기법을 통해 얻은 정보를 토대로 햇빛 알레르기가 일어난 원인을 찾아보았다.

'일곱 살 때 8월, 아내가 살던 집에 전세로 살던 어린아이'로 인해서 시작되었음을 알게 되었다.

아내는 그 이야기를 하면서 아주 오랜 시간을 통곡하듯 울음을 그치지 못했다. 아내가 어릴 적에 살던 집에 젊은 엄마가 세 살 여자아이를 데리고 전세로 들어왔다. 아이 엄마는 혼자서 아이를 키우면서 너무나 힘겹게 살았다고 한다. 남편은 교통사고로 돌아가시고 젊은 엄마는 시장에서 과일을 팔면서 어린아이를 양육하고 있었는데, 어린아이가 너무 예뻐서 아내가 늘 돌봐주며 함께 놀아주었다고 한다.

아내가 일곱 살 되던 해 8월 어느 날이었다. 아침 일찍 세 들어 살던 젊은 엄마가 과일을 팔러 나갔다가 돌아와서는 아이에게 팔다 남은 포도를 씻어서 먹이고는 다시 부엌으로 나와 설거지를 하고 방으로 들어갔는데 아이가 움직이는 않는다는 것이었다. 마침 아내는 그때 식구들과 점심을 먹고 있었다.

"우리 애기 좀 살려주세요! 살려주세요!!"

느닷없이 들려오는 울부짖는 소리에 부모님과 아내, 남동생이 뛰쳐나갔고, 눈앞에 펼쳐진 풍경은 그 젊은 엄마의 품에서 축 늘어져 있는 아기의 모습이었다. 그날따라 여름날의 햇빛이 찬란하게 빛나고 있었고 그 햇살 아래 아이의 모습이 더욱 선명하게 눈에 들어왔다고 한다. 아이를 아버지(장인)의 도움을 받아 병원으로 부리나케 데려갔지만 이미 사망한 후였다고 한다. 그 당시 너무 어렸던 아내는 시장으로 장사 나가는 젊은 엄마가 아이를 돌봐 줄 것을 부탁했는데, 그날

따라 너무 힘들고 귀찮은 마음이 들어 거절을 했다는 것이다. 불현듯 같이 놀아주지 못했던 미안한 마음, 죄책감, 죽음에 대한 두려운 마음 등으로 견딜 수가 없었다고 한다. 아이의 죽음 이후 정신을 놓아버린 젊은 엄마를 보기가 괴로워 한참을 울다가 무심코 밖으로 나왔는데 그날따라 유난히 햇볕이 뜨겁게 내리쬐고 있었다고 한다. 그리고 이내 아내의 몸에서는 좁쌀 같은 두드러기가 올라오고 있었다고 한다. 그리고 그날 이후부터 햇빛만 보면 가슴이 먹먹해지고 동시에 알레르기가 온몸으로 번졌다고 했다. 상태가 더 심해지면 진물이 온몸으로 퍼져서 하얀색 천으로 몸을 감싸지 않으면 안 되었다고 한다. 결국 그날의 죽은 아이에 대한 충격, 미안함과 죄책감을 잊지 않기 위해서 아내의 몸이 햇빛 알레르기 증상을 통해서 그것을 선명하게 기억하고 있었다.

오랜 시간을 통해서 미안함과 죄책감에 대한 트라우마(PTSD) 작업을 진행했다. 기억이라는 것은 쉽게 지워지지 않는 선명한 각인과 같은 거라서 많은 시간이 소요되었다. 그리고 '신경계의 변형'을 시도하여 그것을 경험한 이후부터는 아내에게 햇빛 알레르기 증상이 어느덧 사라지게 되었다. 이제는 다행히 자외선이 강한 여름날의 바닷가에서도 햇빛 알레르기가 더 이상 올라오지 않는다. 그리하여 우리는 지금도 여름날 외출하는 것에 대해서 어떤 제약도 받지 않고 살 수 있게 되었다.

아내는 햇빛 알레르기 증상이 완화가 된 이후에는 배를 타고 바다로 나가고 싶다고 말했다. 어릴 적부터 한번도 시도해 보지 못했던 꿈

같은 일이었으니까 말이다. 우리는 삼천포에서 '사랑도'로 가는 배를 타보기로 했다. 배를 타는 것이 다른 사람들에게는 아무것도 아닌 일일지 몰라도 아내에게는 기적과 같은 일이었다. 그 꿈같은 것들을 하나씩 하나씩 트라우마 치유와 더불어 성장을 하면서 이루어냈다. 그런 일련의 과정을 아내와 만들어 갈 수 있는 것에 감사함을 느끼면서 내일 죽을 것처럼 오늘 사랑하면서 오늘 하루도 늘 마지막인 것처럼 살아간다.

삼천포에서 사랑도 가는 배를 타고 있는 한인숙박사

38. 내 잘못이 아니야

은주(가명)는 명랑하고 활기차게 학교생활을 하며 누구보다 열심히 학과공부를 하면서 자신의 꿈을 키워나가고 있는 대학교 3학년 여학생이다.

지방대학에 다니는 은주는 1,2학년에는 기숙사에서 생활했다. 3학년이 된 후에는 조용히 혼자만의 공간에서 전공공부를 하고 싶은 마음에 학교 앞 원룸으로 자리를 옮겼다. 겨울방학이 되었지만 졸업반이 된다는 압박감에 계절 학기까지 들으며 열심히 공부하고 있었다.

은주의 가족은 서울에서 살고 있었으며 가정적인 아버지와 어머니, 세 살 위인 오빠, 두 살 터울의 남동생과 함께 단란하면서 평온한 생활을 누리고 있었다. 아주 넉넉한 부자는 아니었지만 어린 시절부터 가정적이면서 세심한 부모님의 배려로 남부럽지 않게 생활하였으며 오빠와 남동생과도 우애가 좋았다. 3학년이 되어서 원룸에서 생활하고 싶다는 자신의 요구를 묵묵히 들어주시고 응원해주시는 부모님의 사랑에 보답하고 싶은 마음에 더욱 열심히 공부하며 겨울방학을 지내고 있던 어느 날이었다. 책에 열중하느라 아무런 인식을 하지 못하고 있다가 갑자기 창문이 덜커덕거리는 소리와 함께 커튼이 열리는 창문 쪽을 보게 되었다. 은주는 그만 얼음처럼 꽁꽁 얼어버렸다.

4층이었던 그녀의 방 창문으로 웬 남자가 들어오고 있었다. 그는 칼을 들고 있었고 순식간에 그녀를 덮쳤으며 이후 성추행이 이어졌다. 그러나 다행스럽게 성폭행으로 이어지는 순간 기지를 발휘하여 그 자리를 벗어날 수 있었다.

아래층 주인아주머니의 도움으로 경찰이 오고 강도의 성추행으로부터는 간신히 벗어날 수는 있었다. 하지만 그날의 후유증(PTSD)은 그녀를 아무 것도 할 수 없는 암흑의 세계로 가둬놓았다. 그녀의 부모님 또한 충격에서 벗어나지 못하고 있었다. 그날 이후 부모님이 데리러 가서 집으로 돌아와 생활하고 있었지만 집 밖으로는 전혀 나가지 못하고 있는 것은 물론 혼자 집에 있을 수도, 혼자 잠을 잘 수도 없는 상황이었다. 엄마나 아버지가 함께 있어야만 조금은 두려움에서 벗어나 식사를 하거나 일상생활을 하는 등 어린아이와 같은 모습으로 지냈다. 그러나 항상 두려움과 불안에 떨며, 불행하게도 가끔씩 자신을 탓하며 늘 우울에 빠져 있다고 한다.

그녀를 처음 만나던 날, 부모님과 함께 내원하였다. 165cm 정도의 키에 밝게 염색한 긴 생머리의 건강한 미인이었다. 그녀는 심리적 후유증이 심각하여 성추행 당시와 그 남자의 얼굴을 잊을 수 없어 고통스러워하고 있었다. 가장 심각한 것은 4층인 자신의 방 창문이 열리며 괴이한 모습의 칼을 든 남자를 본 충격에 빠진 두려움에서 그때까지도 벗어나지 못하고 있었다. 특히 자신만의 공간에서 성추행과 같은 외상 사건(PTSD)을 겪었다는 것, 그리고 공포, 우울, 불안, 모욕감, 수치심, 복수심 등을 느끼며 불면이나 두통, 소화 장애와 같은 신체적 문제를 복합적으로 겪고 있었다. 추행범이 구치소에 수감이 되고 분노의 대상이 사라진 시점에서도 자신이 겪어야만 했던 공포와 분노와 울분의 대상이 내면으로 향하게 되면서 자신을 비하하고 경멸해하며 고통스러워했다. 그렇게 상처가 깊었다.

시간이 지나며 자기 파괴적인 행동 및 생각으로 자살을 하고 싶다는 생각까지 하게 되었다. 그리고 이런 마음을 갖게 된 자신을 믿을 수 없게 되면서 스스로 자신을 해칠 수 있다는 불안에 더욱 공포심을 갖게 되었다. 바보같이 당해버렸다는 자신에 대한 원망으로 자존감이 낮아지면서 자신의 삶에 대한 통제력을 상실한 것은 물론 세상은 안전하지 않다는 불안전감을 경험하며 자신과 세상에 대한 인지도식(정보를 체제화하고 해석하는 개념)이나 신념형성에 부정적인 상당한 영향을 미치고 있었다.

성폭력 피해의 경우 심리적 측면에서 자기 가치감 또는 자존감의 손상이라는 전인적인 피해를 입기 때문에 다른 외상 경험보다 더 심각한 상처를 피해자에게 준다. 자신이 성폭력의 대상으로 다뤄지는 경험 속에서 나는 누구인가에 대한 혼란스러움을 경험하며 자신을 손상된 사람으로 지각하여 부정적인 자기도식을 가지게 되는 것이다. 자신을 안전하고 괜찮은 사람이라고 믿지 못하여 그 결과 자존감과 자아효능감이 급격하게 떨어지며, 나는 아무 것도 할 수 없다는 무력감을 가지게 된다. 이러한 무력감은 삶에 대한 통제력 상실로 이어진다.

다행히 그녀는 친취적이며 생활력이 강한 성품으로 수치스러워하면서도 트라우마 전문가를 만났다는 안도감으로 삶에 대한 희망을 갖고 치유에 성실하고 적극적으로 임했다. 나는 우선 성폭력 개념을 재해석하여 성폭력의 책임을 재평가하고 책임의 방향을 자신이 아닌 자신을 침해한 사람에게 돌릴 수 있도록 하였다. 이후 상담과 미술치유를 통해 그때의 상황을 그림으로 표현하도록 했다. 막연했던 그 방의 구조와 범인의 모습이 구체화 되면서 차츰차츰 그날의 두려움에서 벗어나게 되었다. 계획된 범죄에 무방비로 노출되었을 뿐이며 허술한 방의 구조 때문에 일어난 사건임을 상기시키며 결코 본인이 잘못이 아니라는 점을 간곡하게 이해시키고자 했다.

지지받음과 상호작용 전략으로 공감의 만남을 통해 미래에 대한 희망을 갖고 범행현장의 생존자로 당당하게 살아갈 수 있도록 삶을 재구성해 보았다. 은주는 회복 탄력성(resilience)이 높은 학생이었다. 스스로의 힘으로 어둠의 터널을 빠져나갈 수 있는 충분한 능력의 소유자였다. 성폭력의 책임을 자신을 침해한 사람에게 돌릴 수 있도록 분노를 표출하도록 하였는데 이 분노는 소모적이지 않았다. 분노를 내면으로 억눌러 감춰서 자신과 삶을 공격하게 하는 것이 아니라 분노의 근원을 직면하도록 독려하였고 성폭력을 자신의 이슈로서 적극적으로 끌어안고 자신의 의식 안으로 통합시키도록 이끌었다.

은주는 어려운 사건을 접했지만 트라우마 치유과정을 통해서 자기와 타인에 대한 통찰력과 경험으로부터 많은 것을 배웠다. 능력과 용기, 모험심, 고통에 대한 강한 인내력과 같은 자신의 힘을 키웠다. 그리고 그런 어려움을 잘 헤쳐나간 자신에 대해 자랑스러워했고 결국에는 웃는 얼굴로 학교로 돌아가게 되었다.

39. 견딜 수 있다고 착각하는 반복되는 우울증

50대 중반 여성인 성미(가명) 님은 심한 우울증으로 내원하였다.

문제는 한 달 가량 심리치유를 통해서 견딜만해지면 상담을 일방적으로 종료해버리는 것이었다. 그렇게 3~4개월이 지나면 예전 모습 그대로 무기력해져서 짜증과 우울로 죽을 것 같이 힘들다며 반복적으로 센터를 찾는다. 이 또한 이분의 정신적 문제인 것을 상담이 종료될 쯤에 알 수 있었다. 그녀는 가부장적이고 체면과 위신을 중요시 여기는 부모 밑에서 막내로 태어났다. 그런 반면 그녀의 기질과 성향은 열정적이고 호기심이 많고 감각적인 예민함을 가진 자유로운 영혼이었다.

기질은 사람이 태어나면서 가지고 나는 생물학적인 특징이다. 그래서 부모의 기질과 아이의 기질은 전혀 다를 수 있다. 성격은 부모를 닮을 수 있지만 기질은 전혀 다르다는 것이다. 그러나 많은 부모들은 자신의 씨를 가지고 태어난 자식이니 기질도 자기 같을 것이라고 착각 아닌 착각을 하는 경우가 대부분이다. 그래서 그런 부모는 자신과 전혀 다른 기질을 보이는 아이에 대해 판단할 눈이 없기 때문에 아이가 자신과 다른 모습을 보이면 그것을 나쁘게 해석해서 못하게 하거나 야단을 치는 경우가 많다. 그렇게 되면 아이가 가지고 있는 좋은 기질의 역량이 발현되지 못하고 부정적으로 발현하게 된다. 사람은 아이나 어른이나 자기가 타고난 기질대로 살고 싶어 하는 무의식의 욕구를 가지고 있다. 그러나 타고난 기질대로 살지 못하면 육체적, 정신적 질병에 고스란히 노출이 된다. 이러한 기질의 그녀가 그런 부모를 만났으니 열정과 호기심은 남들에게 인정받는 것에 집착하는 사람으로 만들어버렸고 예민함의 초감각적인 부분은 히스테리라는 잘못된 기질로 변질되어 버렸다. 또한 성미 님의 어머니와 오빠도 심한 우울증에 걸려서 아주 오랜 세월 고생만 하다가 비참하게 돌아가셨다고 한다. 이런 가정에서 자유로운 영혼을 가진 그녀가 태어났으니 이런 말이 입에서 떠나지 않았다.

"우리 집은 너무 재미가 없어. 너무 무겁고 심각해!"

그런 집을 벗어나고 싶어 하는 그녀에게 분위기를 재미있고 가볍게 만드는 현재의 남편을 만났을 때 한눈에 사랑에 빠졌다고 한다. 그래서 앞뒤 보지 않고 결혼을 했다. 그러나 시간이 지나면서 재미있는 사람인 줄로만 알았던 남편이 매사에 건성건성일 뿐만 아니라 '진실성이 없는 사람'이라는 것을 알게 되었다고 한다. 성미 님은 호랑이를 피해 달아났는데 곰을 만난 격이 되었다며 결혼생활을 후회하고 있었다. 남편과 다툼이 심해지면서 각방을 쓰게 되었는데 그 세월이 벌써 15년이 되어 간다고 했다. 열정적이고 호기심이 많으며 예리하면서도 감각적인 자유로운 영혼이 여러 번의 좌절과 무력감을 경험하면서 시나브로 자신도 알아차리지 못하는 사이에 만성적인 우울증으로 빠져들었다.

그런 성미 님에게는 극단적인 신념이 있었다. 신체 증상과 감정을 일으키는 원인들을 탐색하여 치유적인 부분이 개입될 쯤이면 여지없이 상담치유를 일방적으로 종료하는 것이었다. 혼자서 극복할 수 있다는 부정적인 확신에 사로잡혀 치유와 회피를 반복하는 것이다.

상담사는 이런 행동을 반복하는 성미 님에게 이렇게 물어보았다.

"당신은 할 수 있다는 생각으로 스스로 상담을 종료하고 또다시 우울증으로 내원하게 되는 일이 반복되는데요, 내원하기 직전에 어떤 증상이 있었는지 알고 계시나요?"

상담사가 묻는 질문에 성미 님은 짜증과 귀찮음, 무감각, 걱정과 동시에 몸은 천근만근 무겁고 무기력해졌고 그럴 때면 더욱더 극복하려고 애를 썼다고 말했다. 그런 신체 증상이 나타날 때면 여지없이 '자기 스스로 극복할 수 있다'는 생각을 고집스럽게 붙잡고 애쓰면서 치유할 수 있는 기회를 놓치고는 다시 깊은 우울증으로 빠져 버렸던 것이다. 나는 그녀에게 그런 신체 증상이 우울증의 대표적인 증상임을 알려주었다. 그리고 우울증에 빠지게 되면 자기 스스로 극복할 수 있다는 부정적인 신념이 더욱 고집스럽게 작용하여 깊은 우울의 나락으로 떨어진다는 것을 이해할 수 있도록 설명해 주었다. 더 나아가 우울증의 대표적인 신체 증상이 올라오기 직전에 극심한 불안과 걱정이 올라온다는 것을 알아차리게 하였더니 이런 이야기를 들려주었다.

외국에 나가 있던 아들이 잠시 들어와서 저녁을 먹고 술을 함께 마셨다고 한다. 그리고 아침에 일어나 소파에 누워 있는 아들의 주머니에서 총 모양의 라이터를 보고 순간적으로 어마어마하게 놀랐다는 것이다. 요즘 청년들이 외국에 나가면 마약이나 히로뽕에 중독된 경우를 많이 보는데 성미 님은 아들이 마약에 중독된 것이 아닌가 하는 충격에 사로잡혀서 그 자리에서 주저앉았다고 했다. 아들의 주머니에서 나온 것은 그저 라이터일 뿐인데 "총"이라는 형태가 불안을 촉발시켜 그녀의 사고에 혼란과 왜곡된 신념을 불러일으키게 된 것이다. 그래서 걱정과 불안이 엄습해 오면 아들을 바라보는 눈빛이 곱지 않아 대화가 매끄럽게 진행되지 않았다고 했다. 아들 역시 곱지 않은 말투와 행동으로 반응하면서 아들과의 관계패턴에서 스트레스를 받을 수밖에 없었다고 한다. 상담을 통해 그럴 때 우울증의 대표적인 증상들이 스몰스몰 올라온다는 것을 알아차리게 하였고, 직전에는 걱정과 불안, 대인관계의 스트레스가 증상을 촉발시킨다는 것을 직면하게 하였다.

"총 모양의 라이터를 보고 마약 하는 것 아닌가 하는 의심은 일반적이지도 이해할 수가 없는데 본인은 어떻게 생각하십니까?"

상담사의 질문에 한참을 망설이다가 이렇게 말했다.

"우리 엄마도 심한 우울증을 앓았고, 우리 오빠도 같은 증상으로 자살을 했어요. 저도 심한 우울증으로 오랜 세월 동안 고생하고 있는데, 우리 아들도 집안의 내력을 받아 정신적인 문제가 있는 것은 아닐까 생각했지요."

걱정과 불안이 몰려오면 모든 상황들을 일반적이지 않게 받아들이고 충격을 받으면 남편이나 아들과의 관계가 악화가 된다는 것도 그녀는 알고 있었다. 그렇게 관계가 극단적인 상황까지 연출이 되면 자신이 공격을 받는다는 생각이 들면서 온몸이 얼어버린다고 하였다.

걱정과 불안 - 부정적인 관계 패턴으로 스트레스 - 공격받는다는 생각으로 얼어버림은 우울증의 대표적인 증상이다.

이번 탐색과정을 통해 그녀가 우울증의 사슬에서 벗어나지 못하는 두 가지 트라우마(PTSD)가 있음을 알게 되었다. 첫 번째는 자신의 집안에서 내려오는 '가계에서 내려오는 우울증에 대한 두려움'이 있었다. 두 번째는 대인관계에서 갈등과 스트레스 상황이 생기면 인간관계에 대한 트라우마가 촉발되어 순식간에 몸과 마음을 얼어버리게 하였다. 그리고 가장 큰 문제는 그런 상황이 되면 눈에 보이는 남편이나 아들과 싸움을 하거나 대상을 원망하게 되는데, 그들 때문이 아님을 알게 되었다. 어린 시절부터 가계에서 내려오는 정신적인 우울증에 대한 두려움을 가진 '상처받은 내면 아이'와 절벽 위에서 마주하고 자신 안에서 싸우고 있음을 알게 되었다. 탐색과정을 통해 알아낸 두 가지 트라우마를 몸이 기억하는 정보와 트라우마 기법을 통해 원인과 시기를 알아내어 몸에 얼어있는 신경계를 회복시키고 상처받은 내면 아이와 통합시키는 과정으로 치유와 성장을 하게 되었다.

이해할 수 없는 두 가지 트라우마가 해결된 이후에는 과하게 충격을 받거나 상황을 과대해석하는 일이 없어졌다. 사람들과의 관계에서 오는 스트레스 상황에서는 건강하게 대처하는 마음 챙김을 통해서 자신만의 건강한 기질을 회복하는 계기를 만들었다. 열정적이고 호기심이 많으며 감각적인 예민함을 가진 자유로운 영혼이 회복되면서 부부관계와 아들과의 관계, 주변 사람들과의 관계가 원만해졌다. 그녀는 각종 모임 자리에서 재미있고 따뜻한 사람으로 선한 영향력을 발산하며 행복한 나날을 보내고 있다.

"사람은 타고난 기질대로 살면 병은 사라진다. 그가 보이는 정신적, 신체적 증상은 자신을 살리기 위해 왔고 그 증상이 자신의 역할을 다했다고 판단 되면 다른 긍정적인 역할로 변화되어 함께하게 된다."

40. 사람이 왜 이렇게 달라졌어요. 무슨 일이 있었어요?

33세 된 대길이(가명)는 분노조절과 불안을 해소하기 위해 내원했다.

그는 부모님과 함께 거주하고 있었고 남동생은 독립해서 살고 있었다. 분노조절에 대한 어려움이 극에 달해서 가정에서는 매사에 어머니에게 분노를 터뜨렸다. 심하게 충동적인 행동을 하는 것도 모자라 한 달에 한두 번은 남들과 시비가 붙어 경찰서에 출두하는 일이 잦다고 하였다. 뇌기능검사에서는 뇌 발달이 전체적으로 떨어져 있었고, 교감신경의 과 항진이 자주 일어나는 것으로 나타났다. 그래서 흥분을 하게 되면 자기조절능력이 극도로 떨어져 심한 갈등을 일으키고 있었다. 뉴로피드백 뇌 훈련을 통해 과 활성화된 부분과 비 활성된 부분에 안정화를 주어 좌우뇌의 균형을 맞추는 과정을 거쳤다. 심리상담과 트라우마 치유를 통해 분노에 대한 원인과 시기를 탐색하였는데 2주도 채 되지 않아 대길이의 어머니는 치유 효과가 없다고 상담을 종료해 버렸다.

그리고 5년이라는 세월이 흘러 대길이와 어머니가 다시 센터로 찾아오게 되었다. 앉자마자 어머니는 목을 놓아 울면서 말씀하셨다.

“선생님, 그때는 제가 너무 힘들었어요. 하루하루를 견디는 자체가 숨을 쉴 수가 없을 지경이었어요. 그래서 가장 쉬운 방법이 정신과 약을 먹이는 거였어요. 그런데 시간이 지날수록 아들의 모습은 온데간데없고 약에 취해 살아가는 불쌍한 모습만 보이더라구요.”

대길이는 5년 동안 정신과 약을 먹으면서 증상이 나아지지 않았고 분노조절 장애 조현병 진단을 받았다. 그렇게 받은 장애 등급으로 다양한 혜택을 받을 수 있었고 국가의 지원으로 장애인 고용회사에 취업하여 일도 할 수 있었다. 5년 만에 다시 뇌기능검사를 측정해보니 전체적인 뇌 기능이 전보다 훨씬 떨어져 있었다. 인지능력 역시 눈에 띌 정도로 떨어져 있음이 확인되었다. 가장 놀라운 부분은 분노의 감정과 까칠하고 폭력적인 부분은 사라지고 어딘가에 눌려 있는 듯이 고분고분하고 눈치를 심하게 보는 대길이의 모습이 관찰되었다.

상담을 통해 확인해 보니 분노와 충동적인 행동을 보일 때마다 부모님은 정신과에 강제로 입원시켰다. 입원 기간 문제를 일으켜 독방에 갇히기도 하고 약을 투약하여 며칠씩 잠을 자기도 했다고 설명했다. 5년 만에 다시 찾아온 대길이의 문제는 분노의 감정을 건강하게 드러내지 못하고 과도한 약복용으로 뇌의 이상소견과 인지능력 부족, 대인관계 기술 부족, 상습적인 채팅 중독으로 금전적인 문제를 일으키고 있었다. 5년 전의 분노와 충동 행동은 약으로 완화시키는 정도로만 유지해 오면서 그 증상이 채팅 중독과 문제 행동으로 드러나고 있었다.

인지능력 향상을 위해서는 손상된 뇌 기능을 향상시키는 것이 중요하다. 뉴로피드백으로 전두엽을 활성화 시키고 브레인 온이라는 뇌파 치유 의료기기를 통해서 우리 뇌의 심부인 뇌간을 자극하여 뇌 기능을 향상시켰다. 그리고 대인관계에서는 '회피와 불안'의 패턴을 보이고 있어 '내가 사람들에게 신경 쓰는 것과 사람들이 실제로 신경 쓰는 것'이 상당히 다르다는 것을 인지하지 못하고 있었다.

대길이는 어눌한 자신의 말투를 사람들이 알게 될까 봐 두려워서 거리감을 두고 그 자리를 회피하는 상황을 스스로 만들었다. 그래서 사람들과의 관계에서 오는 욕구를 채우기 위해서 양지에서 하지 못하는 인간관계를 음지에서 음란 채팅을 통해서 해소하고 있었다. 시간이 지나면서 그것은 습관이 되었고 중독에 이르게 된 것이다. 사람은 인간관계에서 사랑받고 존중받기를 원하며 그 관계 속에서 안전감을 얻기를 원한다. 그것이 채워지지 않으면 어떠한 방법을 통해서라도 대리만족을 찾게 되어 있다.

그에게 사람들이 실제로 신경 쓰는 것에 대해서 알려 주고 그것을 쉽게 외우기 위해 노래로 만들어서 상담 때마다 같이 불렀다.

어색한♬♪♩ 분위기와 불편한 분위기를 ♬♪♩ 사람들은 싫어해요♬♪♩ 완전 싫어해♬♪♩

실제로 자신이 생각하는 부분에 대해서는 사람들은 관심이 없고 어색하고 불편한 분위기를 사람들이 힘들어한다는 것을 집중적으로 인식시키는 훈련이 시작됐다. 사람들에게 가볍게 인사하는 훈련과 작은 관심 가지는 훈련, 칭찬과 지지하는 훈련 역시 병행했다. 「심리 재활훈련」 그리고 회사나 교회에서 상대방이 달라진 것이 보이면 관심을 가지고 이야기해 주기 등이다. 예를 들면 이런 말들이다. 헤어스타일이 바뀌었네요, 오늘 얼굴이 좀 힘들어 보여요, 무슨 일 있으세요?, 오늘 김치찌개 맛이 너무 좋아요, 엄마 요리실력은 최고예요, 오늘 사무실이 너무 깨끗해요, 그래서 사무실 분위기가 너무 좋아요. 감사해요 등의 사소한 일상속으로 함께 들어가서 심리재활 훈련을 했다. 그렇게 적극적으로 나서기 시작하자 주변 사람들과의 관계가 조금씩 개선이 되었다. 그리고 몸이 기억하는 정보와 트라우마PTSD 기법을 통해서 관계의 어려움을 호소하게 된 원인과 시기를 정확하게 탐색하였다.

"초등학교 2학년 7월에 자신의 심장병" 때문에 큰 수술을 받은 적이 있었다. 때문에 몇년을 병원에서 혼자 생활하게 되면서 답답함과 외로움, 분노의 감정들을 느끼며 살았다고 했다. 너무 외로워서 어머니의 사랑을 갈망하며 몸부림칠 때가 한두 번이 아니었다. 어머니는 자신의 말을 경청하지 않았고 한 번도 안아주거나 토닥거려 준 적이 없었다고 한다. 그것이 분노의 원인이었다. 트라우마 기법을 통해서 어머니를 향한 원망과 분노의 감정이 이해와 용서의 감정으로 바뀔 수 있었다. 어쩔 수 없는 상황이었지만 심장병으로 오랜 기간 병원 생활을 하면서 느낀 왜곡된 생각의 틀에서 살았다는 것을 인식하게 되었다. 원인의 실체를 알고 그에 의연하게 대처함으로 많은 변화들이 일어났다. 교회 청년들이 주최하는 찬양대회나 수련회, 기도회의 모임에 참석하여 청년들과 점차 어울리기 시작했다. 매일 탁구를 치면서 건강을 회복하는 것은 물론 타인과의 직접적인 관계를 통해 안전감을 경험하게 되었다. 자연스럽게 음지에서 대리만족의 도구였던 음란채팅을 끊고 따뜻한 양지에서 일상적인 인간관계로 발전시킬 수 있게 되었다.

상담과 트라우마 치유를 통해 그에게 꿈과 소망이 생겼다.

"선생님! 사랑하는 여자를 만나고 싶어요. 열심히 일을해서 집도 사고 결혼을 해서 화목한 가정을 이루고 싶어요. 그리고 예쁜 딸도 낳고 싶어요."

그 꿈은 현실에서 아주 조금이지만 조심스럽게 뿌리를 내리고 있었다. 그의 의지가 그렇게 움직이고 있음을 그대로 느낄 수 있었다.

나는 믿는다. 그가 그렇게 할 수 있으리라는 것을, 그리고 결국에는 그의 꿈이 이루어지기를 기도한다.

"트라우마가 회복되면 꿈과 희망이 샘솟듯 일어난다. 그것이 고난이 주는 참된 선물일 것이다."

41. 남편에게 전화가 오면 감시당하는 것 같아요
- 태아기 트라우마

종교지도자로 일하는 60세 복음(가명)님이 다급히 찾아왔다.

오늘 강의를 해야 하는데도 불구하고 도저히 몸이 견디지를 못해서 도망치듯이 여기로 왔다는 것이다. 30년간 해오던 강의라 어려움이나 긴장이 되는 것은 전혀 없었다. 그런데 갑자기 귀가 막히는 느낌이 들면서 가슴이 답답해서 견딜 수가 없었다고 한다. 그런 증상이 올라오게 되면 머리가 항상 복잡해지지만 일을 하지 않으면 안 된다는 생각으로 잠자기 전까지 쉴 새 없이 일을 한다는 것이다.

그런데 이런 증상은 항상 일정한 패턴이 있었다. 남편에게 전화가 걸려오는 날이었다. 남편에게 전화가 오면 바로 무의식적으로 이렇게 이상한 생각을 한다는 것이었다.

"나는 지금 남편에게 감시를 당하고 있어!"

몸이 기억하는 정보와 트라우마 기법(트라우마 심리연구소에서 자체개발한 트라우마치유기법)을 통해서 원인과 시기를 탐색해 보았다. 복합외상 트라우마CPTSD로 남편과 관련된 트라우마와 태아기 때의 트라우마의 일부분이 드러났다. 남편은 시대 사람들에게는 너무나 착한 사람이었다. 결혼을 하면서 시부모님을 모시고 살게 되었는데 남편은 집착에 가까울 정도로 착한 아들 역할에 충실했다고 한다. 이들 부부가 살아가는 모든 것들의 중심과 선택에는 시댁 부모님이 가장 우선이었다. 본래 착한 사람을 탓할 수는 없다. 본인이 지향하는 바가 맞다고 생각하고 이를 보는 주변 사람들도 그렇게 생각할 수도 있다.

그러나 지나침이 문제였다. 신혼여행도 시부모님을 모시고 함께 갔었다. 자신만의 시간을 갖는 것이 부모님에게 죄를 짓는다고 생각하며 어디서 무엇을 하든 항상 함께 하지 않으면 안 되는 사람이었다고 한다. 10년 동안 그런 생활을 하고 나서 그렇게 사느니 이혼을 하는 편이 낫겠다는 생각이 들어 남편에게 강경하게 이야기했다. 이혼은 생각하기도 싫었던 남편과 별다른 다툼없이 쉽게 분가를 하게 되었다. 그러나 그것은 잠시의 공간이동이었을 뿐이었다. 분가는 했지만 시 부모님과 남편의 관계는 전혀 바뀌지 않았다. 그전과 조금도 다름없이 모든 행동이 전화기를 통해서 이루어지는 것이었다. 하루에도 수백 번의 전화통화를 했다고 한다. 그러다보니 전화기 소리 노이로제가 걸렸다고 한다. 자신의 모든 행동들이 시부모님께 그대로 알려진다는 생각이 들었다.

그녀의 1차 트라우마는 '남편과 시댁 식구'에 의한 원인이었고, 2차 트라우마는 전혀 생각지도 못했던 '태아기 뱃속 트라우마'*에 의한 것이었다.

***태아기 뱃속 트라우마**
엄마가 임신 중에 부정적인 감정을 크게 느끼면 뱃속 아이에게 그 감정을 그대로 전이시켜 주게 된다. 예민하고 섬세한 기질을 타고난다. 태어난 이후에도 비슷한 사건을 목격하게 되면 즉각 부정적인 감정과 신체 증상을 보이게 된다.

복음 님이 태어나기 직전에 자신의 어머니에게 고모가 한 말이 트라우마(PTSD)의 진짜 원인이 되었음을 알고는 너무 놀라면서 깊은 슬픔을 동반한 통곡을 했다. 그녀의 어머니는 시댁에 쌀 3가마에 팔려와서 결혼을 했다고 한다. 시댁 식구들과 함께 생활을 하면서 하루 종일 노예처럼 일만 해야 했다. 잠시 쉬는 것조차 용납이 되지 않았다고 한다. 그러다 출산을 앞두고 몸이 무거워지고 피곤해서 잠시 부엌에서 앉아 쉬고 있는데, 그 당시 고모가 엄마에게 이런 말을 했다고 한다.

"큰올케, 이 집에 보는 눈이 몇 개인 줄 알아요? 요령 피다가 걸리면 눈에서 눈물 다 빠져나와서 죽어요!"

이 말이 그녀의 어머니에게는 평생 족쇄가 되어 일만 하시다가 병으로 돌아가셨다고 한다. 그런데 60세 된 복음 님이 태아기 때의 기억을 몸으로 정확하게 인식하고 있었다. 어머니의 짐을 그대로 전해받은 것이었다.

" 누군가 나를 감시하고 있다."

"잠시라도 쉬게 되면 죽을 수 있다"

이러한 극도의 두려움과 불안은 평생동안 내면을 지배하는 주요한 원인으로 작용했다. 그래서 트라우마는 DNA에 저장되어 자녀에게 되물림 되는 것이다.

우리 몸은 신기하게도 자신이 가지고 있는 트라우마에 대해 정확하게 원인을 밝히고 실체를 직면하고 나면 스스로 치유하는 자연치유력과 회복력이 있다. 그리고 막연하게 생각했던 사건들이 정확하게 인식이 되면 트라우마 증상들이 치유되기 시작한다. 복음 님은 트라우마 치유 후 집에 와서 아무 일도 하지 않고 앉아 있는 자신을 보면서 신기한 듯이 미소가 지어진다고 했다. 그리고 남편의 전화는 그녀에게 더 이상 어떠한 영향도 끼치지 못하게 되었다.

대부분의 사람들은 자신이 가장 힘들어하는 부분에 대해서 찾아보려는 노력을 소홀히 하는 경향이 있다. 왜냐하면 벌써 몸은 알고 있기 때문에 회피와 자기합리화를 통해 자신을 철저히 가두기 때문이다. 두려움으로 인해 맞서 싸우지 않으려는 것이다.

"자신이 인식하지 못하는 내면의 트라우마를 찾는 것은 잃어버린 자신을 찾는 것이다."

42. 내 아이의 지능을 찾아주세요

지능은 유전적인 요인과 환경적인 요인에 의해서 영향을 받는다. 그리고 환경적인 요인보다는 유전적인 요인에 의해 지능이 결정된다. 즉 지능은 변화되지 않는다는 것이 지금 현재까지의 일관된 관점이다.

그렇지만 10년 동안 수만 건의 임상 사례를 통해서 경험해본 결과 센터를 찾는 대부분의 아동들은 지능에 변화가 일어났음을 필자는 검증하였다. 즉 유전적인 요인이 아니라 환경적인 요인에 의해서 내 아이가 가지고 있었던 잃어버린 숨은 지능(웩슬러 지능검사 79에서 98까지 회복됨)을 다시 찾아주는 계기가 되었다. 환경적 요인에 의해서 지능이 영향을 받는다는 연구자료와 논문들을 먼저 소개해 보면 다음과 같다.

유전적 요소만이 지능을 결정하는 것은 아니다. 예를 들어, 교육 환경은 아이들의 지능에 영향을 미칠 수 있다. 주변 환경에 의해 오랫동안 정식 교육을 못 받은 아이들은 지능지수가 더 낮게 보고되었다(Ceci & Gilstrap, 2000). 또한 아이들의 영양 상태도 지능에 영향을 미칠 수 있다. 생애 초기에 영양을 불충분하게 공급 받았을 경우에 인지 발달에 부정적인 영향을 줄 수 있으며, 추론하기와 같은 고차원적 인지 활동에 어려움을 겪는다(Sigman and Whaley, 1998).

환경적 요인이 지능에 미치는 영향을 입증하는 또 다른 증거는 뉴

질랜드 심리학자 제임스 플린(James Flynn)이 산업화가 진행된 20여 국가의 IQ 변화 자료를 수집하여 분석한 후 발견한 '플린 효과'이다(Flynn, 1994, 1999). 플린 효과는 한 세대에서 다음 세대로 넘어가면서 꾸준하게 지수가 증가 되는 현상을 말하는데, 한 국가에서만 나타나는 현상이라기보다는 범문화적으로 나타나는 현상이다. 예를 들어, 네덜란드, 노르웨이, 이스라엘, 벨기에에서는 한 세대(30년)가 지난 후 지능지수가 평균 18점이나 상승했다(Flynn, 1999). 이러한 플린 효과는 개발도상국에서도 나타나고 있다(Daley et al., 2003; Khaleefa et al., 2008).

이처럼 보편적으로 나타나는 지능지수의 증가가 실제 사람들의 지적 능력의 상승을 반영 하는지에 대해서는 학자들마다 서로 다른 견해를 보이지만, 유전적 요인에 의한 것만은 아니라는 것을 쉽게 알 수 있다. 인류가 약 30년이라는 짧은 시간 안에 지능이 전반적으로 대폭 상승하는 변화를 이루기는 불가능하기 때문이다. 이보다는 환경적인 변화, 즉 현대 사회가 점점 정신적인 활동을 요구하는 사회가 되었고 세대가 거듭될수록 더 풍부한 지적 자극들이 생성되기 때문일 가능성이 더 높다. 또한 교육이나 대중매체의 발달로 인해 지적 자극이 다양해지고 많아지면서 세대가 갈수록 지능지수가 증가 되었을 가능성도 제시되었다(Flynn, 2003).

유전과 환경이 지능에 미치는 영향에 관련된 많은 연구들을 종합해 보면, 두 요소 모두 지능에 영향을 주지만 환경적인 요소보다는 유전적인 요소가 더 결정적인 역할을 한다는 것을 알 수 있다. 다시 말해, 유전적인 요소가 지능의 한계를 정해 주지만 그 한계 범위 내에서 지능이 얼마나 계발되는지는 환경적 요인에 따라 달라질 수 있다(심리학 용어사전, 2014. 4.).

이처럼 수없이 많은 아이들이 자신의 타고난 지능을 회복하지 못한 채 발달 장애나 지적장애, ADD, ADHD, 학교 부적응, 또래 관계 어려움 등의 문제를 가지고 살아가는 경우를 많이 보게 된다. 그리고 시간이 지나면서 현재 보이는 모습이 마치 자신인 것처럼 인식하고 그 모습을 그대로 받아들이며 살아가는 것이 가슴 아픈 작금의 현실이다.

오늘 만난 성준이라는 아이는 초등학교 1학년 남자 아동으로서 지능은 '경계선 수준(전체지능 79, 언어이해 98, 지각추론 84, 작업기억 76, 처리속도 76)에 속하는 것으로 나타났다. 주의 깊게 살펴보니 주의력과 관련된 소 검사에서 일관되게 저조한 수행을 보였다. 신속한 과제처리 능력도 부족하여 전체적인 능력이 저하되는 양상이었다.

사고적인 특성으로는 사고의 흐름 상 합리적이고 객관적으로 판단하는 능력이 부족하고 때론 앞뒤가 맞지 않는 경우가 많이 관찰되었다. 이는 사고장애에서 기인한 것이기보다는 인지적 충동성으로 인해 주변 상황을 부주의하고 성급하게 판단하는 특성이 큰 것으로 보였다. 주변 환경이나 타인과의 관계에 대한 관심은 많았지만 자신에게 위협적인 자극을 제한하고 자신을 보호하려는 욕구가 강했다.

성준이는 정서적으로는 우울감 및 분노감을 경험하고 있는 것으로 보였다. 이러한 부정적인 정서에 대해 분화된 방식으로 인식할 수 있는 능력이 적절하게 발달하지 못했다는 증거였다. 자신의 감정을 정확하게 인식하거나 표현하는데 어려움이 많아 보였다. 더욱이 외부자극에 대해 위협적으로 지각하면서 사소한 자극에도 불안해하고 위축되는 모습이 관찰되었다. 부정적인 정서를 직접적으로 다루기 힘들기 때문에 회피하고 억압하고자 하는 것으로 보였다.

특히 애정 욕구가 컸지만 또래 관계에서 항상 좌절을 하고 아버지에게 인정받는 것에 집착하는 성향이 강했다. 이유는 간단했다. 성준은 입양 아동으로서 그 가정에 입양된 또 다른 아동이 3명이나 더 있었다.

종합적으로 판단해 보니 지능 수준은 경계선 수준으로 나타났다. 주의력 결핍 과잉 행동장애 ADHD(환경적인 요인으로 과잉행동을 드러내지 못하는 ADD성향 나타냄)와 정서적 억압 및 우울증, 분노조절 장애의 문제가 함께 두드러지게 나타나는 아이였다.

본격적인 트라우마 심리치유가 시작되었다. 성준이가 원하는 부분은 다른 것이 아니었다. 자신의 내면 깊숙한 곳에 자리를 잡은 정서적인 부분보다는 그 가정에서 생존해야 하는 부분이 먼저였음을 알 수 있었다.

"선생님, 집중을 잘 하고, 기억도 잘 하고, 머리가 건강해져서 똑똑한 사람이 되어야 해요. 왜냐면 그래야 아빠한테 멋진 아들이 되거든요."

아이에게 뉴로피드백 뇌 훈련과 감정자유화기법EFT(Emotional Freedom Technique)를 진행하였다. 뉴로피드백은 전두엽에 미세한 자극을 통한 훈련을 활성화시켜 집중력향상, 기억력향상, 결정과 판단능력을 향상 시키는 효과가 있다. 그리고 EFT 치유는 감정으로 인한 신체화 증상을 완화시키는데 아주 탁월한 효과를 보여준다.

두 달 가량 집중적으로 뉴로피드백 뇌훈련과 EFT를 하였더니 학교에서 학업에 집중하는 부분과 일상적인 산만함이 많이 개선되었다. 아토피 및 어지럼증 같은 신체적인 증상들 역시 많이 호전되는 것이 관찰되었다. 그리고 4개월이 지나면서 학교 시험에서 효과가 드러나기 시작했다. 처음에는 받아쓰기나 국어시험을 보면 0점이 다반사였다. 시간이 지나면서 시험을 볼 때마다 시험지를 가지고 와서는 10점이나 올랐다고 자랑하고, 그 다음에는 20점, 30점, 40점, 점수가 비약적으로 올랐다.

그리고 지능의 변화에서는 2017. 11. 1에는 전체지능 79점에서 2019. 9. 28에는 전체지능 98점으로 큰 변화가 보였다.

"내 아이의 숨은 지능을 찾아주세요"

※전체 지능79 ▶ 지능98(19UP)

트라우마 치유와 뉴로피드백으로 지능향상,집중력향상 "사례-초등4학년"

Before - 트라우마 치유와 뉴로피드백 훈련전

■ K-WISC-IV(Korean-Wechsler Intelligence Scale for Children-IV) 2017. 11.01

지표점수 결과 프로파일

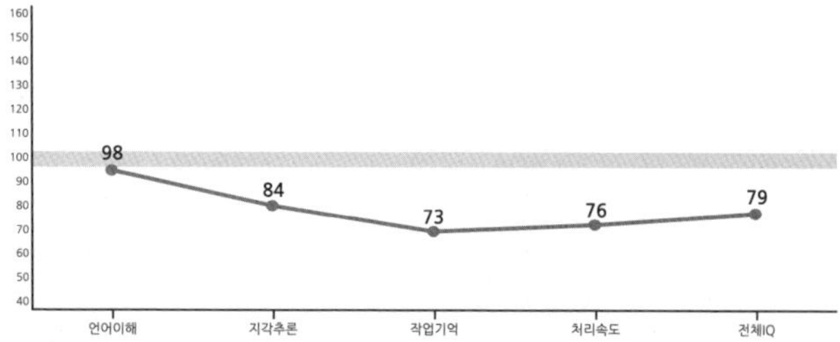

전체지능 79(평균) *언어이해98 지각추론84 작업기억74 처리속도76*

상담기간: 2018년 6월2일 ~ 2019년 10월16일 현재시까지 진행중

After - 트라우마 치유와 뉴로피드백 훈련후

■ K-WISC-IV(Korean-Wechsler Intelligence Scale for Children-IV) 2019. 09.28

지표점수 결과 프로파일

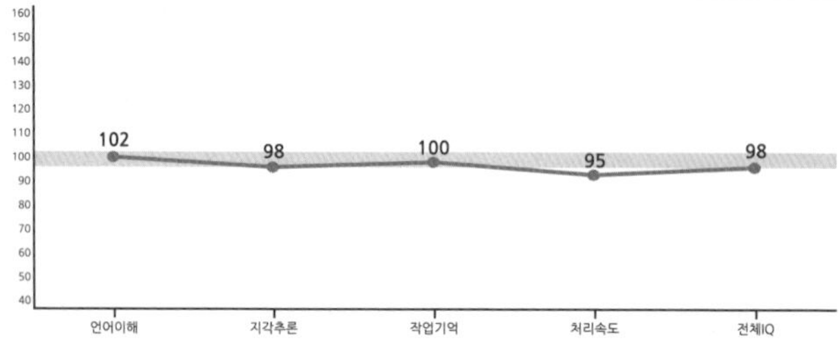

전체지능 98(평균) *언어이해102 지각추론98 작업기억100 처리속도95*

한번은 온몸에 땀을 흘리며 급하게 센터로 찾아와서는 80점이나 받았다고 기뻐서 소리를 지른 적도 있었다. 뉴로피드백 뇌 훈련과 EFT를 진행하면서 아주 조금씩(회피하려는 성향이 강하기 때문에) 인지적인 부분과 산만함, 극도의 불안함에 대한 트라우마(PTSD) 상담을 병행하였다. 몸이 기억하는 정보와 트라우마 통합심리치유 기법(PNT Physical Nervous system Therapy 신체신경치유)을 통해서 탐색한 결과 아동이 지니고 있는 가장 큰 트라우마는 **"6세 11월에 아빠"**로 인해 불안, 분노, 산만함이 나타나고 있음을 알 수 있었다.

6세 11월에 함께 입양되어온 누나가 잘못된 행동을 하여 아빠에게 파양을 당해서 다른 기관으로 가게 된 사건이 있었다. 그 사건은 아이에게 엄청난 '상처'로 기억 속에 각인이 되었고 가장 큰 '두려움'이 엄습한 날이었다. 그날 몸은 사시나무처럼 떨리며 온몸이 굳어 움직일 수 없었다고 한다. 소리를 지르고 싶었는데 목에서 아무런 소리가 나오지 않았다고 한다.

그날의 트라우마는 삶의 곳곳에 많은 흔적과 고통을 안겨주었다. 학교에서의 또래 관계에서 늘 주변을 의식하고 눈치를 보게 되면 여지없이 그날의 PTSD 신체 증상들이 올라와서 성준이를 공포로 몰아넣었다.

그러나 트라우마 치유를 통해서 놀란 신경계가 안정이 되고 회복이 되면서 아이에게는 많은 변화가 찾아왔다. 매일 학교 가는 것이 싫어서 울며 끌려 다니다시피 다녔는데 그것도 옛말이 되고 말았다. 지금은 학교 전체에서 제일 먼저 등교하여 도서관에서 책을 읽는 습관이 생긴 것은 물론 시험에서 100점을 받는 경우가 점점 늘어났다.

그리고 부모님과 가족관계 및 또래 관계는 안정적이고 건강한 관계로 변화가 되었다. 아버지에게 자신의 감정과 생각을 정확하게 표현하게 됨으로 정서적인 자유로움과 안정감을 회복하게 되었다.

"자녀의 지능을 높이려면 안정감과 사랑을 충분히 주어라. 잃어버린 지능을 찾게 될 것이다"

43. 내 아내의 분노 트라우마 원인

(내 아내의 분노 트라우마를 치유하는 과정에서 일어났던 트라우마의 모든 것을 공유함으로 분노로 고생하는 분들에게 조금이나마 위안이 되고, 인생의 항해에서 길을 잃고 있다면 향방을 추측할 수 있는 작은 길잡이가 되었으면 하는 바람이다.)

아내의 일상은 어린아이처럼 늘 해맑은 표정이다. 환한 미소가 얼굴에서 떠나지 않는다. 그러나 분노 트라우마가 촉발(trigger)이 되면 여지없이 핵폭탄이 머리 위에서 터지는 듯한 어마어마한 분노의 에너지를 내뿜는다. 그리고 천국 같은 우리의 부부관계는 순식간에 지옥으로 추락하여 서로가 서로에게 상처를 주는 말과 적막이 흐르는 침묵 속에서 가슴이 터질 듯한 시간이 시작된다. 많은 시간 동안 지옥 같은 침묵이 반복되면서 숨을 제대로 쉴 수도 없다. 우리를 지금까지 지켜준 것은 그래도 서로에 대한 '사랑'이 있었기에 가능하지 않았나 생각해본다.

아내는 바다를 무척이나 좋아한다. 그리고 그곳에 가면 모든 감정적인 분노의 역경들이 잠잠해지고 평안해진다. 그래서 나는 아내와 갈등이 있거나 부부싸움, 즉 전쟁이 일어나면 여지없이 아내를 가까운 바다로 데려간다. 일주일에 3번씩도 밤이나 새벽을 가리지 않고 인천 을왕리 바다로 간 적이 있다. 이런 모습을 보고 주변 사람들은 너무 부럽다고, 너무 멋지다고 하는 분들도 있지만, 우리 부부는 그 고요한 침묵 속에서 치열한 전쟁을 치르고 있었다.

바닷가에서 아내의 깊은 상처를 듣고 있는 성태종박사

우리 부부간에 전쟁이 일어났음을 알리는 적신호는 나의 표정과 몸의 반응에서 먼저 감지가 된다. "내 표정근육은 시멘트처럼 굳고 어깨와 몸은 경직되고 초고조의 긴장감이 내 몸을 옥죈다." 그런 상황이 다가오면 나는 아내가 좋아하는 바다에서 아내가 좋아하는 차를 끓여 마시며, 새벽이슬을 맞을 때까지 아내의 이야기를 듣는다. 그러고 나면 아내 안에 있는 분노에 대한 나의 시각이 달라짐을 느낀다. 아니, 아내 안에 있는 분노에게 오히려 고마움까지 느끼는 경이로움이 시작된다. 아내에게 분노라는 기저의 감정이 없었더라면 힘겨운 유년시절을 견뎌내지 못했을 것임을 알게 되었기 때문이다. 그리고 그 힘겨운 아픔의 시간은 아내에게 우울증이라는 마음의 병을 가져다주었고, 아내는 늘 우울이라는 깊은 동굴 속으로 들어가 아픈 상처를 내려다보며 자신을 보호하며 살아온 것이다.

"아내에게 분노는 우울이라는 깊은 동굴 속으로 들어가지 않고 자신을 지키기 위한 필사적인 몸부림이었음을 알았다."

그 사실을 알고 난 이후부터 아내가 분노를 표출하게 되면 화가 나거나 짜증이 나지 않고, 왠지 모르게 아내가 안타까워 보이고 짠한 마음이 들었다. 왜냐하면 아내에게 보이는 분노의 마음은 아내를 죽을 것 같은 우울감이나 슬픔에서 탈출하기 위한 선한 의도가 있다는 것을 확실히 알았기 때문이다.

"우리에게 보이는 모든 상처의 부분들은 선한 의도가 있다. 증상이 나타난 데에는 분명히 좋은 이유가 있다." "증상은 문제를 해결할 수 있는 방법이다. 증상을 존중하고 증상이 이해받고 싶은 형태로 이해해 주면 회복과 치유를 만날 것이다."

아내에게 보이는 분노의 원인을 트라우마 기법을 통해서 탐색해 보니 놀라운 결과가 나왔다. 태아기 뱃속에서 아버지가 엄마에게 거친 말과 폭언을 할 때, 엄마가 놀라 자리를 피해 혼자 있으면서 우울해지는 것을 아내는 뱃속에서 그대로 느끼고 있었던 것이다. 그리고 아내는 그때의 상황을 떠올리면서 화가 나서 미칠 것 같다고 했다. 그래서 아내는 놀라거나 우울해지면 분노의 마음이 참을 수 없도록 치솟아 오르는 것이었다.

태아기 뱃속 트라우마PTSD
산모가 임신 중에 부정적인 감정을 크게 느끼게 되면 뱃속 아이에게도 그 부정적인 감정이 그대로 전이가 된다. 백지상태의 예민하고 섬세한 기질의 아이들은 뱃속에서 엄마의 감정과 신체 증상을 그대로 느끼게 된다. 이후 태어나서도 동일한 사건이 일어나게 되면 즉각적으로 부정적인 감정과 신체 증상을 보이게 되는 것이다.

그러면 태아기 뱃속 트라우마는 어떻게 치유할 수 있을까? 아내의 내면 작업을 통해 태아기 때의 아이에게 신체적(Somatic Experiencing 신체감각트라우마)·육체적인(Emotional Freedom Techniques 감정자유화기법) 안정감을 제공하여 지금 현재의 건강한 자기와 통합시키는 것이다. 그리고 지금 현재의 자기가 어린 태아기 때의 자기가 원하는 것을 해결함으로 얼어붙어 있던 변형된 뇌의 신경계를 회복시켜 주는 것이다.

그 분노 트라우마(PTSD) 작업에서 신경계가 회복되니까 젊은 시절 가족을 위해서 땀 흘리는 아버지의 모습이 보이기 시작했고, 아버지를 섬기면서 가정을 위해 애쓰는 엄마의 젊은 시절의 모습도 떠오르기 시작한다고 흐느끼며 아내가 말했다. 모든 작업이 종료된 이후에 아내가 이런 말을 했다.

"비로소 그분들이 있는 그대로 보이기 시작해요. 정말 그분들에게 감사함을 전하고 싶어요. 지금 엄마, 아버지 보러 가고 싶어요."

그리고 아내는 자신의 모습에서 부모님의 진정한 모습을 찾을 수 있었다.

'열정적이고 머리가 좋은 아버지의 모습과 천상 여자이면서 해맑은 모습의 엄마가 내 안에 있구나!'

이렇듯이 아내는 수많은 상처에도 불구하고 그 상처의 기억에 압도당하지 않았다. 아내는 상처를 통해 성장할 수 있었다. 지금은 상담학 박사가 되어 심리상담사의 길을 수십 년째 걷고 있다. 그리고 그녀는 트라우마 심리연구소의 트라우마전문가로서 필자와 함께 국내·외를 다니며 이러한 상처로 고생하는 많은 이들을 치유하고 있다.

'상처입은 치유자'의 길을 걷고 있는 한인숙 박사에게 응원과 격려, 그리고 사랑을 전하고 싶다.

44. 진실로 이해받는다는 것

현이는 일반 중학교의 통합수업을 받는 3학년의 지적장애 남학생이다.

가족은 친모, 친부, 남동생(초2), 여동생(5살), 현이를 포함 다섯 식구인데 5년 전 부모의 이혼 이후 두 동생들과 엄마와 함께 살고 있다.

부모님은 3년 정도 연애하다 현이를 혼전에 임신하게 되어 결혼을 하게 되었다. 결혼 후부터는 대화가 별로 없었고 서로 무관심했으며 아이들로 인한 스트레스를 서로에게 미루며 회피했다고 한다. 결혼에 대한 아무런 준비 없이 임신이라는 이유로 시부모와 함께 살게 된 현이 어머니는 고부간의 갈등으로 스트레스가 심했다. 아버지는 아이들이 우는 것을 싫어했다. 일상생활에서도 진지하게 생각하는 것을 귀찮아했다. 아이들에게도 무관심한 편인 것도 모자라 아내와의 대화가 거의 없었다. 반면 어머니는 아이들에 대한 통제의 심리가 매우 높았다. 강박적인 성격으로 인해 육아 스트레스마저 심했고 남편의 무관심으로 인해 우울증이 진행되었다. 초등 2학년인 남동생은 산만하고 충동적 성향이 두드러지며 나이 차이가 많은 형을 무시하면서 경쟁관계의 구도를 설정하기를 좋아해 평소에도 사이가 좋지 않다고 했다.

현이는 또래의 평균 키에 약간 통통하고 다부진 체형으로 옷도 깔끔하게 입고 가방은 단정하게 매고 있었다. 표정은 다소 긴장되어 있었으나 조금은 흥미로운 듯 상담실을 두리번거리며 둘러보고 있었다. 그러나 눈 맞춤의 방법이 부족했으며 말투가 독특했다. 나의 질문에 대해 자신은 모든 걸 다 알고 있다는 것을 강조하는 듯한 말투였다.

"그렇겠죠."

"그렇죠."

표정이나, 눈 맞춤, 말투로 보았을 때 현이는 눈앞의 상황에 대한 자신 없음을 들키고 싶어 하지 않는 회피적 행동으로 보였다. 그리고 자신의 문제를 인지하지 않으려는 저항적 특성이 보였다.

어머니의 말에 의하면 중학교에 들어가면서 친구갈등, 폭력, 거짓말 등이 심해졌다고 한다. 작년에는 자신을 괴롭히던 친구의 물건을 고의로 변기에 빠트려서 학교의 권유로 심리치유까지 받았다고 했다. 아버지가 함께 살지 않아 그 부재로 인한 정서적 경험이 걱정스럽다고 하며 넉넉하지 못한 가정형편과 자신의 양육방법이 별로 너그럽지 못해 아이가 사랑받지 못한다고 느끼는 것 같다며 걱정스러워했다.

현이에게는 모유 수유를 했다고 한다. 애기 때는 성격이 순한 편이어서 먹기, 수면, 건강, 신체발달, 학습능력, 또래 관계 모두 양호했다고 한다. 그러나 동생 출산 이후 아이가 알아서 자기 할 일을 해주기를 늘 강요한 것 같았다고 고백했다. 동생 양육이 힘들어 순하고 표현이 없는 현이에게 자주 스트레스를 풀었다고 했다.

초등입학 후 처음에는 잘 적응하는 듯했다. 그러나 자주 혼자 멍하게 있을 때가 많아 집중력이 떨어져 보였다. 갑자기 울거나 이유도 없이 짜증을 부리는 일이 많아졌다고 했다. 학습은 상중의 성적을 유지했다. 읽기 중, 받아쓰기 평균 80점, 알림장 쓰기 상, 셈하기 상 정도로 크게 뒤떨어지지도 않았다. 반 친구들과도 전반적으로 잘 지냈다고 한다. 현이의 지적 수준으로 봤을 때는 엄마가 아이의 특성을 제대로 파악하지 못해 그 이상의 학습결과를 내기 위해서 학대수준의 통제와 압박이 있었을 것으로 파악되었다.

아들과의 관계에서 힘들다고 느끼게 된 이유로 어린 시절부터 산만하고 말썽을 많이 일으켜 혼내는 일이 많았기 때문이었다. 현이는 엄마가 자신을 믿어주지 않는다고 자주 말했다고 한다. 아버지의 부재로 혼자 그 짐을 다 떠안다보니 아들에 대한 대응이 어려웠다. 아들을 생각하면 아쉬움과 답답함, 미안한 마음이 든 것도 사실이었다. 또 아들의 상처를 잘 알아차리지 못해 일찍부터 치유해 주지 못한 것에 대한 깊은 죄의식도 있었다.

현이의 말에 따르면 엄마에 대한 불신이 너무 깊었다.

"남동생이 저를 너무 귀찮게 해서 같이 있기 싫었요. 그리고 친구들과 놀고 싶은데 엄마가 시키는 일이 너무 많았어요. 엄마에게 솔직하게 말해봤자 아무런 소용이 없어요." 현이는 경계선 지적장애로 일상생활에서 얼핏 보아서는 그런 특이점이 느껴지지 않을 수 있었다. 그러나 문해력의 부족으로 상대방의 말을 잘 이해하지 못해 반항한다는 오해가 있었던 것으로 보였다. 같은 맥락에서 행동마저 느려 자주 엄마에게 꾸중을 들은 것으로 보였다.

현이의 특성을 파악하지 못한 엄마의 강압적인 양육방식에 기인된 정서적 지지 부족은 감정인식의 둔화로 연결되었다. 자신감 저하와 위축감도 높았다. 동생들로 인한 스트레스로 분노, 억압, 어머니의 급변하는 감정 변화와 그에 따른 스트레스, 우울의 영향으로 현이에게도 불안과 우울이 쌓여만 갔다. 당연히 어머니에 대한 불신과 애정 결핍, 불안정 애착으로 이어졌다. 그 결과 자신에 대한 부정적 인식이 높고 집중력 부족이 일상화되었다. 어머니의 일관적이지 못한 양육 방식은 자아의 혼란, 결정에 대한 어려움으로 귀결될 수밖에 없었다.

자기표현이 부족한 현이와 상의를 하며 미술치유를 선택했다. 상담 중에 우울한 표정이나 폭발적 울음, 짜증, 산만함이 그대로 노출되었다. 결정하는 것을 어려워하고 작품을 하는데 있어서도 우물쭈물 망설이는 경우가 대부분이었고 자연스레 행동이 느렸다.

학교에서도 또래 관계나 사회성이 부족하여 부적응이 심했다. 현실을 인정하지 않으려는 회피적 반응으로 애써 반 아이들을 무시하려 하며 자존심을 내세워 갈등이 자주 일어났다. 하지만 현이에게는 많은 강점들도 있었다. 아이의 내면은 온순하고 순종적이었기 때문에 자기의 마음을 알아주면 곧잘 웃으며 신이 나 했으며 남들이 자신에 대해 이야기 하는 걸 듣길 좋아했다. 그만큼 현이는 따뜻한 마음을 가지고 있어 원래 친구들과 어울리는 것을 좋아했던 아이였다. 수학과 체육에 대해서는 유독 자신감을 보였다.

나는 현이와 함께 다양한 미술치유를 통해 심리적으로 위축된 자신의 느낌, 욕구, 감정, 생각들을 표현할 수 있게 함으로써 긍정적인 행동의 변화를 유도했다. 건전한 자아 형성과 부적응 행동의 감소가 일어나도록 신경을 쏟았다. 가정에서도 엄마와 동생과의 관계 개선을 위해 되도록 즐거운 경험을 쌓을 수 있도록 간절하게 부탁도 드렸다. 그런 경험을 통해 현이는 타인에 대한 믿음이 향상되고 자신감이 생기면서 현실감각과 자기표현 향상이 저절로 생길 것이라는 희망이 있었기 때문이었다. 현이는 무궁무진한 가능성을 지닌 아이였다.

현이는 미술활동의 과정을 즐기면서 스스로에 대해 만족감, 즐거움을 느낄 수 있었다. 신체 알아차림의 훈련을 하며 거기서 나타나는 감정에 대해 서로 의견을 나눔으로써 내면의 감정을 느끼고 표현하도록 적극적으로 요구했다. 현이는 자신의 감정을 인식하고 표현함으로써 정서적인 압력을 감소시킬 수 있었다. 자신의 욕구를 회피하지 않고 직면할 수 있는 힘을 키우는 것은 갈등상황에서 대처할 수 있는 적응력을 단련하는 훈련이었다.

그렇게 궁극적으로는 자신을 있는 그대로 인정하고 그대로의 자기를 사랑할 줄 아는 소중한 한 인간으로 살아갈 수 있는 기틀을 만들어 나간 것이다.

45. 한 달에 30,000원이라도 벌었으면 좋겠어요

22세의 수민(가명)이라는 여성은 아르바이트로 생계를 유지하고 싶어했지만 뜻대로 되지 않아 힘든 생활을 하고 있었다.

문제는 취업을 하고서도 두 시간을 넘기지 못하고 해고를 당한다고 한다. 극히 예외적인 경우가 아닐 수 없었다. 본인의 말에 의하면

직장동료들이 하는 말을 이해하지 못하여 커뮤니케이션 자체가 불가능하다는 것이었다. 거기에다 산만한 행동으로 인해 물건을 엎거나 넘어져서 손님들에게 불쾌감을 주는 경우가 많았다고 한다.

그녀의 어머니는 정신지체장애 2급으로 불안과 강박이 심한 분이었다. 불행하게도 아버지는 그녀가 2살 때 직장에서 일을 하다가 사고로 돌아가셨다고 한다. 얼마전 정신과에 의뢰하여 심리평가와 뇌기능검사를 진행하였는데 주증상은 생각한 그대로였다. 타인의 말을 이해하는 능력이 떨어지고 목소리 톤이 높아 시끄럽게 들리고 말을 심하게 더듬는다. 매사에 융통성이 없는 것은 물론 대인관계에서 항상 거부감을 느낀다고 한다. 불안증세가 올라오게 되면 강박적인 행동으로 손톱을 물어뜯으며 했던 말을 반복하는 경향이 있으며, 집에서는 수면장애로 깊은 숙면을 이루지 못하고 있었다. 정신과에서 내린 진단은 감정조절 장애, 강박 장애, 우울증, 불안장애, 인지장애 소견을 보인다고 통보해 주었다고 한다.

상담자는 소견을 참고하여 자체적으로 뇌파검사와 심리검사를 진행해 보니, 타고난 원래의 뇌 상태는 일반적이고 좋은 자원들이 많았다. 하지만 태어날 때부터 정신지체장애인 어머니의 행동과 말을 학습하면서 '학습된 인지장애'가 있음을 알게 되었다.

모든 상담은 내담자의 필요(needs)로 시작된다. 어떤 부분을 먼저 상담 받기를 원하는지 물었을 때 그녀는 손톱을 물어뜯는 것을 고치고 싶다고 했다. 그 증상이 10년이 넘었으며 그녀가 가장 고치기를 원하는 것이었다. 상담자는 너무나도 많은 증상과 상처가 있는 상태라 의외라고 생각했다. 그러나 그녀의 손톱의 상태를 본 후에는 그 심정을 충분히 이해할 수 있었다. 양쪽 열 손가락의 손톱들이 뿌리만 남겨두고 모두 뜯겨 나간 상처의 흔적들이 고스란히 남아 있었다.

그리고 두 번째 고통은 날카로운 것들을 보면 눈이 찔리는 느낌 때문에 눈이 너무 괴로워서 견딜 수 없는 '선단 공포증'을 호소했다. 이 부분을 치유하기를 원하는 이유에 대해 물어 보았다. 대체로 사람을 많이 대하는 편의점이나 공장보다는 적은 인원이 일하는 식당 같은 곳에서 알바를 하고 싶은데 다만 그곳에는 날카로운 물건들이 너무 많이 있다는 것이다. 선단 공포증은 최면 치유 단 한번 만으로 치유가 되었다. 그리고 세 번째가 부주의한 행동들을 고치고 싶다는 것이었다. 그리고 그 이유 또한 알바를 하기 위함이었다.

"어떻게 해서라도 알바를 해서 돈을 벌고 싶어요."

네 번째는 말을 더듬는 것을 고치는 것이었다. 처음 만나는 사람들과 대화하는 것이 걱정이 되고 불안하며, 어눌하고 더듬는 자신이 바보처럼 느껴진다고 했다. 다섯 번째 문제는 식당에서 알바를 할 때 손님들이 주문을 하면 한번에 알아듣지 못해 몇 번씩 손님들에게 되물어야 한다는 것이다. 그것은 이해력과 기억력의 문제인 것 으로 보였다. 이런 문제를 해결해야만 알바를 해서 돈을 벌 수 있다는 것이었다. 그녀 나름의 간절한 바람이었다. 사람은 생업이 있어야 하니 말이다.

최첨단 뉴로피드백 기술에 기반한 BQ 두뇌 검사를 통해 뇌 기능적인 부분에 이상소견이 있음을 알게 되었다. 전두엽 부분에서 빠른 뇌파인 베타파나 감마파가 출현해야 하는데, 꿈을 꿀 때 나타나는 세타파(느린 뇌파)가 출현하여 일상생활에서 느리게 반응하는 부분, 뇌의 각성(뇌가 얼마나 깨어 있는가) 부분이 최저상태로 나타나 아침에 일어나면 몸은 깨어나는데 뇌는 최소한만 깨어나고 많은 부분이 깨어나지 못하는 상태라는 것이 밝혀졌다.

이 부분에 대해서 몸이 기억하는 정보와 트라우마 기법을 통해서 탐색해 보니 어린 시절 트라우마가 주원인이었다. 역시 복합외상 스트레스를 보이고 있었다. 연구에 따르면 복합외상 후 스트레스 장애(CPTSD)는 여러 방식으로 사람의 삶에 영향을 미칠 수 있다. 메모리 문제, 행동 변화, 부정적인 자기 이미지 또는 자기 인식, 근본적인 신념체계의 상실, 우울증 및 공황장애와 같은 정서적 조절 장애, 충동적인 행동이 뒤따르게 된다. 일반적으로 고려할 수 있는 것보다 스트레스에 대한 낮은 내성, 다른 사람을 신뢰하거나 그들의 행동을 해석하는데 어려움, 약물 남용 문제, 어떤 경우에는 플래시백 및 수치심과 같이 사람이 경험할 수 있는 이러한 증상이 사회적 위축으로 이어질 수 있다.

트라우마는 이렇게 정교하게 사람의 뇌를 공격하여 전두엽에 치명적인 영향을 주어 폭력적인 성격, 공격적인 행동을 하게 하며(사건 트라우마), 변연계에 부정적인 영향을 주게 되어 감정조절, 학습장애, 대인관계의 어려움(발달 트라우마)을 주게 된다.

"주의지수는 뇌가 얼마나 깨어있는가와 스트레스에 대하 저항력을 의미한다. 수많은 트라우마 경험자의 뇌파 결과를 통해 알 수 있듯이 트라우마는 뇌의 각성과 스트레스에 대한 저항력에도 큰 영향을 주게 된다."

수민에게 보이는 어린 시절의 발달 트라우마는 극히 심했다. 신체신경치유(PNT 트라우마 통합심리치유 기법)를 통해 여러 차례 치유하였고, 뇌 이상 소견문제는 뉴로피드백으로 전두엽을 활성화시켜 주는 훈련으로 집중력 향상 및 기억력 향상을 높이도록 했다. 브레인 온이라는 뇌파 치유 의료기기를 통해 뇌의 심부인 뇌간을 자극하여 음파를 두뇌 전체에 골고루 보내 현재의 뇌파를 안정된 상태로 동화시켜 뇌 혈류량을 증대시키고, 과 활성은 안정을, 비활성은 활성화 시켜 두뇌의 모든 균형을 이루어 갈 수 있도록 하였다.

그리고 매일매일 감정 일기예보 「감정을 알아차리는 프로그램」을 통해서 자신의 감정과 신체 증상에 대해 알아차리는 심리 재활 트레이닝을 반복적으로 진행하였다. 그리고 내원하는 청년들을 5명 모아서 집단상담을 진행하면서 하브루타 토론방식으로 서로의 생각들을 듣고 자신의 의견을 말하게 하였다. 하브루타 토론은 일주일에 한번 진행하고 시간은 2시간으로 제한했다. 그녀는 이 시간이 가장 행복하고 기쁜 시간이라고 표현했다. 왜냐하면 자신이 늘 생각지도 못하는 부분을 다른 사람들로부터 안정된 상태에서 간접 경험하는 것이 그녀에게는 실로 대단한 경험이었기 때문이었다.

얼마간의 시간이 지나면서 5명의 집단 구성원 중에서도 수민이는 유난히 자신을 표현하고 자신의 생각을 자신 있게 말할 수 있게 되었다. 당연히 그런 긍정적인 경험들과 트라우마 치유는 현실에서 여실히 드러나서 단순한 아르바이트는 쉽게 할 수 있게 되었다. 그리고 지속적으로 치유를 병행하면서 지금은 정규직 회사에 당당히 합격해서 월 250만원의 월급을 받는 위치가 되었다. 원대한 발전이었다. 처음에는 삼만 원만 벌었으면 좋겠다는 소박한 바램이 100배의 결실로 나타나게 된 것이다. 지금 그녀는 사랑하는 남자를 만나서 결혼을 하고 가정을 이루어 행복한 나날을 보내고 있다. 비록 아직도 가야 할 길이 그들 앞에 남아 있지만 사랑과 믿음 가운데 두 사람의 앞날에 축복이 가득하길 기도한다.

"트라우마가 무서운 것은 자신과 타인을 사랑하기 어려워진다. 아무도 믿을 수 없기 때문이다. 그래서 가장 가까운 가족마저도 믿지 못하고 위험의 대상으로 바라보게 한다."

46. 감춰진 기억 속으로

순이 님은 경기도 S시에 거주하는 75세 여성이다.

2남 6녀 중 셋째로 태어났다. 내원 당시 150cm의 정도의 키에 보통의 체형으로 짧은 퍼머 머리에 꽃무늬 티셔츠를 입고 마스크를 한 채로 상담실에 왔다. 다리가 약간 휘어지고 구부정했으며 크게 표시가 나는 것은 아니었지만 절고 있는 상태였다. 슬하에 1남 1녀의 자녀를 두었고 아들은 결혼하여 분가했고, 5년 전 남편과 사별 후 미혼인 둘째 딸과 함께 살고 있었다.

1년 전부터 심리적으로 불안정하고 감정 기복이 심해졌다. 깜빡깜빡 잊는 일이 잦아 자주 집 비밀번호를 잊어버리곤 해 병원에서 검사를 받아 보니 뇌경색으로 인한 인지장애 진단을 받게 되었다. 순이 님은 장애인 돌보미로 일을 하고 있었는데 누가 아는 게 싫어서 상담을 기피하고 있다가 증상이 심해지면서 불안한 마음에 찾아온 것이었다.

부모님은 작은 시골 마을에서 남의 집 땅을 빌려 농사지으며 가난하게 살았다고 한다. 아버지는 늘 술을 마시고 폭력을 휘두르는 사람으로 당연히 경제적 능력이 없었다. 아버지가 기분이 안 좋은 날은 많이 맞았던 기억이 있다고 했다.

"부끄럽게도 초등학교도 제대로 못 다녔어요. 학교에 너무 가고 싶어 몰래 가서 공부를 하고 있으면 아버지가 와서는 머리채를 끌고 부엌에다 가둬놓고는 몽둥이로 머리만 때리는 거야. 공부 못하게 하려고. 사람도 아니었지. 16살인가, 이러고 살다가는 죽겠구나 싶어서 무작정 서울로 올라왔어. 언니가 시집가서 식당을 했는데 거기서 18살까지 일했지. 난 아버지 돌아가신 날 진짜 얼마나 후련한지. 엄청 악을 쓰고 울었어요. 아버지 살아계실 땐 찍 소리도 못했으니까."

그녀는 아버지에 대한 분노와 트라우마(PTSD)가 컸다. 불우하게 보낸 어린 시절로 인한 만성 우울과 불안이 매우 높았다. 아무도 따스한 관심을 가져주지 않았기에 자신을 돌보는 방법을 배우지 못했고 암울한 기억들을 깊이깊이 억누르며 기억 저편에 묻은 채 잊은 듯 살아갔다. 성인이 되어 형부의 소개로 15살 연상의 남자를 만나 결혼하게 되었다. 나이 차이가 많으면 친절하게 대해줄 거라 생각했지만 전혀 그렇지 않았다고 했다.

결혼 후 시아버지의 병 수발을 9년 정도 한 것도 모자라 남편 또한 뇌경색으로 인한 치매로 10년 넘게 고생하다 돌아가셨다고 했다. 또 아들과 며느리와도 금전 문제 때문에 관계의 단절을 두 차례 경험하며 지금은 서로 왕래도 없이 산다고 했다. 지금의 주된 증세는 최근 단기 기억능력 저하로 일상생활이 불편할 정도이며 자신을 이해하지 못하는 딸과의 갈등이 많다고 한다. 이로 인한 우울, 불안으로 계속 잠을 못 잔다고 한다. 자려고 누워도 30분 이상을 못 자고 깨는 일이 잦아 늘 입맛이 없어 밥을 못 먹는 상태라 소화도 잘 안 된다고 한다.

직장에서도 실수가 잦아 사람들이 자신을 향해 손가락질을 하는 것 같아 무섭다고 한다. 자주 가슴이 답답하면서 이상증세를 느끼며 불안한 상태가 지속되고 있어 정상적인 패턴이 완전히 무너졌다고 한다. 먹고 살기 위해 돈을 벌어야 하니 직장에 나가지만 집 밖으로 나오는 것 자체가 무섭다고 한다.

그녀는 자신의 삶의 기반이 흔들리고 개인에게 위협적인 사건으로 지각될 수 있는 복합외상 (CPTSD) 경험자였다. 학대 경험으로 인해 성인이 되어서도 사회적 불안 역시 높았다. 낮은 자아존중감으로 대인관계와 사회적 문제에서도 어려움을 겪고 있었다. 최근에는 뇌경색으로 인한 인지장애 진단 후 전반적으로 모두 좋지 않은 징후들을 보이고 있었다.

대인관계에서는 갈등상황이 생길 경우, 순간적으로 분노감정을 분출시켜 정서적인 감정조절이 어려운 상태였다. 가족 간의 갈등 수준 또한 높았다. 생리적 반응으로는 숨 가쁨, 가슴을 누르는 느낌, 식욕부진, 불면증, 경직된 표정, 안절부절 못하는 증상이 나타나고 있었다. 행동적 반응으로는 신체적 긴장, 회피, 대인관계 기피 증상이 나타났다. 인지적 반응으로는 주의집중 곤란, 판단력 결핍, 생산성 저하, 상실에 대한 두려움, 상해나 죽음에 대한 두려움이 나타나고 있었다. 마지막으로 정서적 반응으로 불편감, 긴장, 두려움, 공포, 신경과민의 증상들이 나타나고 있었다. 초기면담 결과에서 스스로 변화하고자 하는 막연한 치유 의지를 가지고는 있었으나 심리치유에 대한 지식이 부족하여 상담에 대해 이해도가 낮아 치유에 대한 예후 가능성이 낮을 것으로 여겨졌다.

그러나 상담을 지속하며 타인에게 내놓지 못했던 본인의 치부를 솔직하게 드러내며(트라우마 치유의 시작은 안전한 공간에서 자신의 상처를 드러내면서 시작된다), 심리적으로 안정감과 여유로움을 갖기 시작했다. 타인과 삶에 대해 긍정적으로 보는 시각이 높아지면서 경직되고 무거웠던 감정에서 벗어나기 시작하며 삶에 대한 동기부여와 생기를 되찾는 계기를 마련하게 되었다.

나는 아무도 들어주지 않았던 그녀의 어린 시절의 아픔과 내면의 상처에 관심을 보이고 마음을 다해 들어주었다. 기억의 저편에 꽁꽁 묻어 두었던 쓰라린 기억들을 하나씩 풀어내며 생명의 에너지가 내면에서부터 조금씩 차오르는 것이 느껴졌다. 그녀는 딸과 아들과의 관계회복을 간절하게 원했다. 상담을 진행하며 용기를 내어 자녀들에게 다가가 사랑을 표현하며 스스로 자녀들과의 관계회복을 해 나가는 당찬 모습을 보였다. 평생을 상처 안에 갇혀 드러내지 못하던 마음의 속살을 보여주며 그렇게 세상과 그리고 사랑하는 가족들과 연결하는 다리를 견고하게 만들어 나갔다.

"감춰진 쓰라린 기억을 펼쳐놓으면 비로서 날개를 펴고 날아갈 수 있다."

47. 오리, 백조의 날개를 펴고 날다.

아인이는 중학교 2학년의 여학생으로 맞벌이하는 부모님 밑에서 혼자 지내는 시간이 많았다. 초등학교 5학년부터 가출 및 품행 장애 증상을 보이기 시작했다. 가출, 도벽, 길거리 노숙 등의 문제는 물론 학교에서는 산만함과 또래와의 갈등 등 부적응 행동이 심했다. 결석이 잦았고 심지어는 등교를 거부하기도 했다.

아인이가 도벽과 가출을 직접 보이기 시작한 건 초등 6학년부터였다. 중 1학년 초에는 같은 반 남학생과 심한 싸움도 벌였는데 아인이가 가해자로 지목되었다. 그 폭행문제로 인해 학교에서 자신에 대한 이미지가 심하게 훼손되었다는 생각에 친구들을 볼 수 없을 것 같은 마음이 들었다. 자신을 싫어할 것이라는 피해 의식, 또래와의 갈등 및 학교 부적응으로 1년을 휴학하게 되었다. 1년 후 2학년으로 복학을 하였지만 비행과 부적응은 더욱 심각하게 진행되어 있었다. 담배나 음주 등 나쁜 친구들과 어울려 다니며 비행 행동을 일삼았고, 가출한 남학생과의 성적 문제와 폭행문제로 현재는 형사재판 상태였다.

부모님의 무남독녀로 아이를 임신했을 당시부터 부부는 사이가 좋지 않았다고 한다. 엄마는 딸의 출생 후 남편과의 관계악화에 대한 스트레스로 일에 빠져 살았다. 당연히 아인이는 첫돌 전부터 어린이집의 종일반에서 생활을 하였다. 아버지는 폭력적이고 냉담한 성향으로 잦은 욕설과 비인격적인 행동이 심했다고 한다. 비행을 일삼는 딸에 대한 불신 역시 높았다. 부모는 가정에는 늦게 들어오는 편이며, 심지어 종종 새벽에 집에 들어오기도 했다. 이럴 때마다 아이는 길거리를 배회하는 습관이 생겼다. 이에 대해 아버지는 심한 욕설과 매로 아이를 다스렸다. 엄마는 비행 행동이 심해지는 딸에게 통제와 간섭은 심했지만 그냥 지나가는 말뿐이었다. 남편의 딸에 대한 냉대와 욕설에는 무반응으로 일관했으며 딸의 정서적인 지지자가 되어 주지는 못했다.

아인이는 어린 시절부터 겪은 부부갈등과 냉담함 속에 발생한 아버지의 폭력을 목격하면서 자랐다. 정서적으로 열악한 환경과 부모의 무관심으로 방임되면서 정서적인 문제가 깊어진 것으로 보였다. 엄마에 대한 원망과 아버지에 대한 두려움은 당연한 결과였다. 또한 어머니의 우울과 부부간의 갈등으로 인한 삼각관계의 희생자 역할을 한 것으로 보여 먼저 가족치유가 절실하다고 판단이 되었다.

여러 가지 상황을 요약해 보았을 때 아인이는 맞벌이 부부의 자녀로 어려서부터 정서적 지지를 받지 못하고 홀로 지내는 시간이 많았다. 부모와의 불안정 애착, 어머니와의 불안 융합으로 자아 분화가 건강하게 형성되지 못했다. 핵가족임에도 삼각관계의 희생자로 가족의 불안을 흡수하면서 자존감이 현저히 떨어지고 자신을 소중히 다룰 줄 몰랐다. 그 희생자 역할을 하면서 발생한 가면성 우울과 품행 장애 증상은 생각보다 깊고 심각했다.

나는 아이만 치유해 주기를 원하는 부모의 비협조로 인해 가족치유로 들어가기 어려운 상황에 봉착했다. 그래서 상황을 고려하여 우선 아이와 치유자 간의 건강한 관계 경험과 정서적 지지를 통한 심리적 안정감을 단기 목표로 정했다.

이후 지속적인 놀이 치유를 통해 우울과 불안이 조금씩 낮아졌다. 안정적인 내면을 바탕으로 자아 분화를 높여 가족 내 탈 삼각관계 형성을 도왔다. 가족구조를 재구성할 수 있도록 힘을 실어 주며 부모 코칭 역시 이어나갔다. 나는 모든 문제를 청소년의 관점으로 바라보며 공감적으로 이해해 주면서 스스로에게 변화의 동기를 부여해 주었다.

아인이는 치유 초기에는 마치 상대가 없는 것처럼 나를 무시하는 행동을 지속했다. 그 시기를 거치며 이후 관계 맺기를 시작하면서 자신의 존재를 반복적으로 확인했다. 나는 늘 그 자리에 있을 것이라고 반복하여 말해주며 너와 나의 관계와 치유환경이 지속될 것이라는 믿음을 주고자 했다. 아이에게 주의를 집중시키거나 내면으로 침입하지 않고 주로 조용히 눈으로 따라가며 관찰하였고, 아이의 리드에 따랐다. 아이는 가끔 내 앞에 재료를 흩어지게 놓은 뒤 정리하라는 등의 강압적 행동을 하며 치유환경이 얼마큼 자신을 수용할 수 있는지 한계를 시험해 보기도 하는 것이었다.

나는 아인이의 강압적이며 퇴행적 행동에 대해 '안아주는 환경'을 제공함으로써 아이가 자신의 세계에 나를 끌어들일 수 있도록 했다. 그렇게 정서적인 친밀감을 형성해 나갔다. 치유 중간에 엄마, 아빠에 대해 자신의 바라는 마음을 알아차리고 표현할 수 있도록 시도해 보았다. 하나의 사진을 보여주며 그 안에 있는 두 마리의 새가 엄마와 아빠라고 한다면 무슨 말을 하고 싶은지 표현해 보도록 했다. 아인이는 부모님에게 바라는 마음을 진솔하게 느끼고 표현하며 상처받고 아파하는 자신의 내면 아이와 만나는 경험을 하였다.

상담후기에 접어들면서 아인이는 집과 같은 형태의 구조물 작업을 나와 협동으로 하길 원했다. 함께 집중하는 시간이 길어지고 완성하고자 하는 노력을 하며 건강한 관계 경험을 통한 자아존중감과 자신과 타인에 대한 긍정적 정서가 향상되어 갔다. 어느 날 함께 만든 그 구조물을 보며 이런 질문을 했다.

"안 만날 때 줄 거예요?"

그것은 곧 이 치유과정의 종결에 대한 질문이기도 했다. 언젠가는 이 시간이 끝나리라는 것을 알게 되는 것은 꼭 필요한 과정 중 하나이기도 하다. 그 끝맺음을 점진적으로 해나가며 유기되는 느낌이 들지 않도록 해야 한다.

이후 치유 과정에서 충동적인 행동을 한 뒤에 버려질까 두려워하는 모습이 가끔씩 나타나곤 했다. 내면의 양가감정이 분화한 차원의 감정으로 발달될 수 있다면, 충동적이고 반항적이며 공격적인 행동이 문제 행동으로 외현화되는 것이 아니라 점차 내면화되어 자신의 자아 강화로 이어질 수 있을 것이다. 치유 초기에는 마음에 들지 않는 것이 있을 때는 상대를 무시하거나 충동적인 분노 방법으로 소통하려고 했다면, 시간이 지나면서 궁금하거나 수긍할 수 없는 것들을 언어로 표현하거나 질문하는 방식으로 변화되었다.

마무리 단계에서 종결에 대한 이야기를 나눌 때 몹시 불편해하며 회피하려는 모습을 보였다. 나는 조금 오랫동안 만나지 않는 것이지 영원히 만나지 못하는 것이 아니라는 것을 이야기해 주었다. 그리고 언제라도 '다시 만날 수 있다'는 말로 설명을 하면서 그 주체가 아인이가 되어야 한다고 부연을 했다.

이별을 받아들이고 그 안에서 상처받는 것이 아니라 또 한번의 성장의 기회로 삼은 것이었다.

그렇게 아인이는 한 단계 성장하여 백조의 날개를 달고 자신을 찾아갔다.

48. 아픈만큼 성숙해진다는 것
(친한 친구의 자살을 목격한 트라우마)

M은 지방에 있는 대학교 4학년인 25살의 남학생이다.

기숙사에서 함께 생활하고 있던 친한 친구의 자살을 최초목격하게 된 이후 충격에서 벗어나지 못하고 계속되는 불안과 악몽으로 인해 일상생활의 어려움을 겪으며 센터를 찾았다. 자살한 친구는 같은 과 남학생으로 방학에도 함께 알바를 하면서 4년 내내 거의 함께 지냈다고 한다. 사건 당일도 오전에 도서관에서 함께 공부하고, 늦은 아침을 같이 먹고 헤어져 아르바이트를 갔다고 한다. 몇 시간 뒤 아르바이트를 끝내고 기숙사에 들어갔는데 친구가 죽어있었다.

"그날 좀 얼굴이 어두워 보였어요. 일주일 전에 여자친구와 헤어졌거든요. 친구가 병적으로 깔끔한 성격이라 자기 할 일도 잘 하고, 그래서 제가 늘 도움을 많이 받았어요. 어른스럽기도 하구요. 자기 얘기를 좀처럼 하지 않는 편이긴 하지만 제가 신경 써 줄 수 있었는데... 그날 너무 피곤하기도 하고 해야 할 것도 많아서..."

"본인이 좀 더 신경 써 줬으면 그런 일이 없지 않았을까, 그런 생각이 드나요?"

"네, 솔직히 그래요."

M은 친구의 죽음을 자신의 탓으로 돌리고 있었다.

"기숙사 방에 들어갔는데, 친구가 뒤돌아 서 있더라고요. 이름을 부르는데 대답이 없는 거예요. 친구 앞으로 갔는데, 얼굴이, 봉에 목을 매고 죽어있었어요. 전 그런 줄도 모르고..."

한참 침묵이 흘렀다. 뭔가 M이 이야기를 다 하지 못하고 있다는 생각이 들었다.

"또 하고 싶은 얘기가 있나요.?"

"제가... 바로 내려놓기만 했어도... 너무 충격을 받고 정신이 없어서... 무서웠어요. 밑에 조교 누나한테 도움을 청하러 정신없이 뛰어갔어요. 누나와 함께 들어가서 같이 끌어 내렸어요. 누나가 119에 신고하고 사람들을 부르러 간다고 하길래 제가 내려간다고 했어요."

"대신 내려간 이유는요?"

"혼자 있기가 너무 무서웠어요."

M은 친구를 바로 내려놓지 못했던 죄의식과 죽은 친구를 무서워했던 자신을 용서하지 못하고 있었다.

그날 이후 집으로 돌아와 생활하고 있었는데 혼자 있기가 무섭고 겁이 많아진 것 같다고 했다. 일주일에 3~4일 정도 술을 마시고 그렇지 않은 날은 잠을 잘 못 잔다고 하면서 폐인이 되는 것 같아 두렵다고 했다.

"잠을 자면 악몽에 시달려요. 친구가 나오는데, 저는 알잖아요, 얘가 왜 여기 있지? 죽었는데... 그러다가 깜짝 놀라서 깨요."

밤마다 친구를 살리지 못했다는 죄책감과 분노, 스스로 목숨을 끊은 친구에 대한 배신감과 원망의 감정들이 뒤엉켜 가위에 눌리고 몸이 마비되어 움직이지 못했다고 한다.

자살 장면이나 그 시신을 목격한 사람은 그것이 충격적인 경험이 되어 꿈과 현실에서 외상적(PTSD)이고 폭력적인 이미지를 경험하기도 한다. 평생 치유될 수 없는 충격과 죄책감 그리고 자신을 버리고 떠난 자살자에 대한 분노와 배신감으로 고통을 받으며 살아간다. 자살에 대한 부정적인 사회 인식으로 인하여 자신의 고통을 있는 그대로 드러내지 못하고, 슬픔, 분노, 무력감, 수치감을 내면화하는 심리적인 특징을 가지고 있는데 M 또한 이와 같은 고통을 받고 있었다.

M의 가족은 택배 일을 하시는 아버지와 함께 그 일을 돕고 계시는 엄마, 27세의 직장인 누나, 이렇게 네 식구였다. 아버지는 존경을 받을 만큼의 온화한 성품을 지닌 분으로 화를 안 내시는 것은 물론 한번 믿은 사람은 끝까지 믿어주는 분이라고 했다. 엄마와 누나는 기가 너무 쎄서 이기려고 하면 안 된다고 했다.

엄마는 초등학교 졸업 때까지 교육열이 엄청 높으셔서 문제 한 개를 틀릴 때마다 혼을 내시며 통제가 심하고 엄격했다고 한다. 그러다가 중학교 1학년 때부터 엄마가 아버지 일을 도와 드리며 바빠지기 시작하면서 집안일에 소홀할 수밖에 없었다. 학교에 갔다 오면 집에 혼자 있는 일이 많았다고 한다. M은 친구의 자살목격으로 인한 트라우마(PTSD) 증상으로 내원하였지만 상담을 진행하면서 또 다른 사실을 알게 되었다. 어린 시절부터 엄마로 인한 심리적 압박과 자신에 대한 부정적 정서, 우울과 의기소침, 충동적 히스테리 등의 내재된 욕구불만으로 인한 심리적 어려움이 있음을 알 수 있었다. 친구의 죽음 이후 그에 대한 공포로 고통 받았던 원인이 친구 못지않은 자신의 부정적이고 어두운 면을 무의식 속에 눌러놓고 있었다는 것을 발견하고 그 사실을 받아들이기 시작했다.

"사람은 자기가 인식하고 있는 트라우마로 고통 받고 있다고 생각하지만, 실상은 자기가 인식조차 못하는 트라우마가 그 깊은 원인에 숨어 있다."

"집에 혼자 있을 때는 감정을 느끼지 못하도록 하루 종일 글자를 읽어요. 뉴스를 보거나 신문을 보는데, 그때 내가 본 건 그 아이와 겹쳐져 있던 나의 죽은 모습이었고 그 친구에게서 나를 봤었던 거예요. 전 그 친구와 공통점이 많다는 걸 알고 있었지만 인정하고 싶지는 않았어요. 그 아이의 죽음을 보고 내 죽음과 연결을 지었던 거예요."

그리고 내면의 감정들을 마주하면서 비로소 자신을 위로하고 치유할 기회를 갖게 되었다. 그리고 자살한 친구에 대한 추억과 슬픔을 표현하며 뒤늦은 애도를 할 수 있었다.

그렇게 25살의 M은 자신이 만난 트라우마로 인해 내면 깊숙이 자리하고 있었던 인식하지 못한 진짜 트라우마를 만나게 되어 내면의 성장을 선물로 받을 수 있었다.

"자신이 인식조차 하지 못하는 트라우마를 치유하게 되면 폭풍 같은 성장을 이루게 된다."

49. 우울증과 불면증에서 벗어나게 도와준 고양이 치유사

28세 여성 세라 씨는 10년 동안 진행된 불면증, 우울증, 집중력 저하, 기억력 저하로 매사에 의욕이 없었다.

젊은 사람의 생활이라고는 도무지 짐작이 되지 않는 상황이었다. 심한 두통으로 하루에 3번씩 약을 먹어야만 견딜 수 있었고 스트레스를 푸는 유일한 방법은 폭식밖에 없었다. 그로 인해 체중은 87kg으로 고도 비만이었다. 자연스레 삶의 질은 떨어지고 늘 불안한 생각이 엄습하며 잠을 잘 수가 없어 매일 밤마다 술을 마셔야 잠을 잘 수가 있다고 하였다. 우울증 검사와 최첨단 뉴로피드백 기술에 기반한 BQ 두뇌 검사에서 심한 우울증이 진단되었다. 뇌기능검사에서는 스트레스와 불안이 심각하게 나타났으며, 특히 눈을 감았을 때 「폐안」에 불안정한 뇌파가 발견되었다. 이런 경우의 뇌파를 불면증 뇌파라고 한다. 그리고 뇌 발달 정도가 다소 떨어지고, 뇌의 각성 「뇌가 얼마나 깨어있는가」 정도가 좋지 않은 상태를 보여주고 있었다.

너무나 심각할 정도의 상황에서 내원한 그녀에게 정확한 진단과 치유 과정에 대해 설명해 주었다. 상황이 상황이니만큼 치유를 지원할 만한 자원을 찾아보았는데 마땅한 지지자가 없었다. 그러던 중 우연히 센터 근처에서 옷가게를 운영하는 지인분이 찾아왔다. 사연은 이랬다. 고양이가 새끼 두 마리를 낳았는데, 어미는 새끼를 낳고 죽었다는 것이다. 어린 고양이 두 마리를 어떻게 해야 할지 몰라서 무작정 데리고 찾아온 것이다. 때마침 세라의 치유에 동행이 될 자원을 구하고 있던 터라 세라는 고양이 2마리를 분양하게 되었고 그렇게 그녀와 고양이의 러브스토리가 시작되었다. 참 적절한 때에 나타난 인연이었다. 그녀는 고양이 집사가 되어 고양이와의 친밀한 관계가 형성이 되면서 한주 한주를 즐거움으로 채울 수 있었다. 삶에 웃음과 희망이 생기기 시작한 것이다. 상담에 오면 그녀는 일주일 동안 고양이와 있었던 일들을 이야기하며 마냥 웃으며 재미있어 했다. 그 덕분에 상담이 원활하게 지속될 수 있었다. 치유를 진행하면서 어시스트가 되는 이러한 자원은 중요한 요소로 작용하게 된다.

"트라우마 경험자에게 하나의 자원만 있어도 자신을 찾아가는 여정에 큰 활력을 준다."

세라 씨는 고양이 사랑에 푹 빠지면서 생활의 활력을 찾았다. 예쁜 옷을 사다 입히고 맛있는 음식을 먹이며 재미있는 놀이를 같이 하면서 우울증에서 조금씩 벗어나는 모습이 관찰 되었다.

"선생님, 저도 살도 빼고 불면증도 고치고 싶어요. 왜냐하면 그렇게 해야 이 고양이들을 잘 키울 수 있을 것 같아요."

세라 씨는 자연스럽게 삶의 목적과 심리치유에 대한 필요성을 일상에서 연결하고 있었다. 고도비만과 관련된 트라우마를 탐색해보니 **'11세 4월에 엄마'**로 인해서 자신의 음식과 과자를 빼앗아 동생들에게 나눠주게 되어 엄마의 사랑을 빼앗겼다고 생각하면서 화가 나고 억울하여 먹을 것이 있으면 배가 고프지 않아도 미리 먹어버리는 습관이 그때부터 생겼음을 알게 되었다. 그리고 트라우마 치유를 통해서 그때의 분노와 억울함을 치유한 뒤로는 폭식이 잦아들었다.

세라 씨는 불면증과 우울증에 관련된 트라우마 치유를 몇차례 진행후에 일주일에 3번의 뉴로피드백 뇌 훈련을 꾸준히 진행하면서 3개월이 지났을 때 불면증과 우울증이 현저히 개선되었다. 10년 동안 먹어 오던 두통약도 완전히 끊게 되었다. 또한 뇌파가 안정감을 찾아가면서 체중도 8Kg이나 감량하게 되었다. 트라우마 치유와 뇌 훈련이 진행되어 6개월쯤 되었을 때는 불면증과 우울증이 완치되는 놀라운 경험을 하였다. 뇌기능검사에서 뇌 발달 정도가 향상되어 집중력과 기억력이 눈에 띌 정도로 개선되자 세라는 완전히 자신감을 되찾고 일상생활로 돌아왔다. 세라는 이번 경험을 계기로 심리학을 배우길 원했다. 심리상담학과로 편입하여 열심히 공부를 했다. 각종 심리 관련된 자격증을 취득한 것은 물론 고양이의 일상을 알리는 영상을 올리는 유튜버로도 활동 중이다. 더 나아가서 동물 심리에 대해 공부하여 동물 관리사 및 반려동물 심리상담사로 행복하게 활동하게 되었다.

"트라우마가 치유되면 꿈이 생기고 꿈은 희망으로 인도한다."

아래 사진은 세라 씨의 변화되는 모습을 직접 촬영한 사진인데, 자신처럼 아픈 사람들을 위해서 공개해주었다.

트라우마치유와 뇌회복 훈련의 효과

훈련일시: 2018년 3월 5일 훈련모드: 휴식모드 훈련자: 여세라

[그 당시 증상]
1) 10년동안 진행된 불면증으로 무기력함, 우울감, 집중력저하를 보였음.
2) 10년동안 두통으로 하루 3 번씩 두통약을 복용중.
3) 불면증과 우울감으로 폭식이 잦아 체중87kg를 보였음

최점단 뉴로피드백 기술에 기반한 BQ두뇌검사 결과

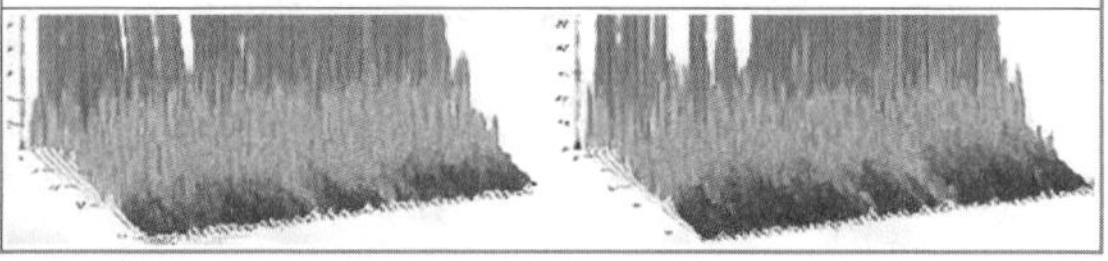

훈련일시: 2018년 8월1일 훈련모드: 주의력모드 훈련자: 여세라

[변화된 증상]
1) 10년동안 진행된 불면증이 개선되고, 집중력과 기억력이 개선됨.
2) 10년 동안 복용하였던 두통약을 끊었음.
3) 불면증과 우울감이 개선되어 체중79kg를 보였음

최점단 뉴로피드백 기술에 기반한 BQ두뇌검사 결과

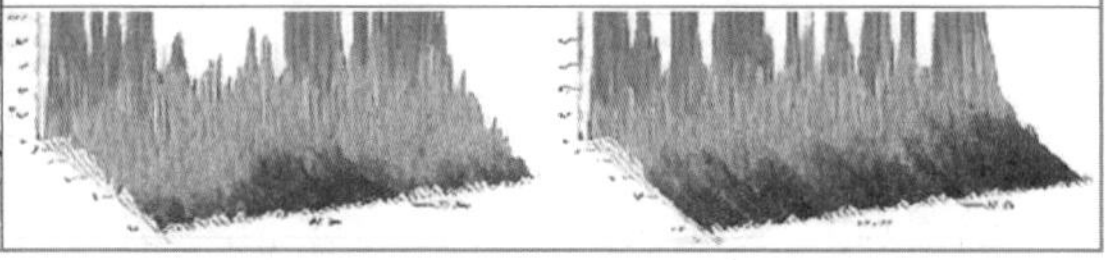

훈련일시: 2019년 1월26일 훈련모드: 주의력모드 훈련자: 여세라

[변화된 증상]
1) 10년동안 진행된 불면증이 완치되고, 기억력과 집중력이 향상됨.
2) 뇌기능향상으로 국가공인 각종 자격증 합격함. 자신감 향상.
3) 뇌의활성화로 자기조절능력 향상, 체중69kg를 보이고 있음.

최점단 뉴로피드백 기술에 기반한 BQ두뇌검사 결과

고베타파가 안정되어 긴장과 스트레스가 개선, 저베타파가 향상되어 집중력이 향싱, 델타파와 세파타의 안정으로 숙면, 알파파 향상으로 뇌기능향상됨

(자신의 치유과정과 사진을 공개해준 세라 님께 진심으로 감사함을 전합니다.)

"기억 저편에 사라진 깊은 상처를 찾는 것이 잃어버린 나를 찾는 것이다."

50. 조현병으로 잃어버린 30년 세월이 가슴 아파요

53세의 우아함(grace, 가명)이라는 여성은 정신과에서 불안과 강박을 동반한 조현병 진단을 받았다.

그녀의 아버지는 불안이 상당히 높은 사람으로 극심한 스트레스 상황이 오면 알코올에 의존하는 중독을 오랜 세월 앓고 있었다. 어머니는 감정 공감 능력이 결여되어 자녀들의 상태를 제대로 알지 못한 채 종교에서 위로와 지지를 받으면서 어려운 시기를 견뎌내고 있었다.

그녀의 병이 발병한 첫 시기는 23세로 대학교를 다닐 때였다. 주로 대학생들이 회원인 종교단체에 가입하여 매주 2~3회씩 모여 공부를 하며 시간을 보냈다. 그녀가 그 모임에서 어떤 사람을 좋아하게 되었는데 그 모임은 회원 사이의 연애를 금하고 있었다고 한다. 그래서 그런 사실을 알아버린 많은 사람들이 모인 자리에게 그녀에게 귀신이 들어왔다는 공개 비판과 함께 집단 폭행이 이루어졌다고 한다. 폭행에 가담한 그들은 그녀를 폭행하는 것이 아니라 그녀에게 들어온 귀신을 쫓는다는 이유로 몇 시간에 걸쳐 폭행을 멈추지 않았고 그녀가 실신한 후에야 비로소 폭행이 멈추었다고 한다. 그리고 그들은 죄에 대해 회개하는 것은 착한 행실을 통해서만 거듭날 수 있다고 하며, 죄를 범한 대가로 매일 특정 지역을 정해서 청소를 하게 하였다고 한다.

지극히 정상적인 연애 감정에 대해 종교적인 마녀사냥이 그녀에게 일어나면서 그녀의 정신은 서서히 무너져갔다. 늘 불안함에 시달리다가 결국 그 모임에서 탈퇴하였지만 그들의 잘못이 세상이 알려질 것이 두려웠는지 매일 사람을 붙여 그녀를 감시하고 협박을 했다고 한다. 그리고 몇 달이 지나면서 그들은 더 이상 그녀를 찾아오지 않았지만 이미 정신적으로 피폐해진 그녀는 그 사실을 믿지 않고 있었다. 「트라우마를 경험한 뇌는 현재에 머무는 뇌의 기능이 마비되고 과거에 머물게 된다」집으로 돌아오면 그들이 자신을 죽이기 위해 감시한다고 믿게 되어 집안의 창문은 전부 닫았다. 온 집안을 커튼으로 둘러 막아놓아야만 비로소 숨을 쉬고 잠을 청할 수 있었다고 한다.

결국 그 증상이 심해지면서 정신과에 입원하게 되어 조현병 진단을 받았다는 것이다. 처음 몇 년 동안은 부모님조차 그 사실을 인정하고 싶지 않아 다른 가족들에게는 철저하게 숨겼다. 그러면서 시간이 지나면서 그 증상과 행동들이 심해지고 입원과 퇴원이 반복되자 가족들이 저절로 알게 되었다. 조현병이라는 사실은 여전히 숨겨둔 채 10년을 그렇게 지내왔다고 한다. 그러면서도 대학 시절부터 장학생이었고 영어 회화에는 특별한 재능이 있었던 그녀는 졸업과 동시에 대형 입시학원에서 유명한 강사로 활동했다고 한다. 정신과에서 주는 조현병 약을 복용하면서 사회생활을 하다가 스트레스 상황이 되면 자신이 환자인 것이 알려지면 사회활동을 못할 것이라는 불안과 강박증세로 약을 임의대로 끊어버리게 되면서 잠을 못자고 병을 이기지 못하게 되어 결국 정신과 병동에 입원하는 것을 1년에 몇 번씩 반복하게 되었다.

그녀와 그녀의 부모님에게 중요한 것은 조현병에 대한 병식*이었다. 자신이 조현병에 걸렸다는 것을 인정하는 것이 그녀에게는 죽을 만큼 싫었고 힘들었다고 한다. 그래서인지 조현병에 대해 그녀와 가족들이 인정하는데 걸린 시간이 무려 20년이나 걸렸다고 한다. 조현병 치유의 시작은 병에 대한 인식이다. 내가 조현병에 걸렸다는 것을 인식하고 인정해야만 근본적인 치유에 접근할 수 있기 때문이다. 그렇다면 문제없이 생활하고 있는 다른 가족들이 있는데도 불구하고 병에 대해 정확한 인식을 하는데 20년이라는 세월이 걸린 이유가 무엇일까?

*병식이란 병의 인식과 자각을 의미한다. 영어로는 insight into disease 직역하면 병에 대한 통찰력이다.

조현병은 혼자만이 겪는 병이 아니다. 가족 전체가 그 병에 걸린 것임을 자각해야 한다. 가족 상담을 진행하다 보면 가족 구성원 중에 병으로 고생하는 사람에 대해 헌신자, 희생자라고 표현한다. 그 이유는 가족 전체가 병이 들어있지만 가장 취약한 한 사람이 그 병을 짊어지고 겉으로 드러나고 있기 때문이다.

그리고 실제로 가족 구성원 중에서 가장 병이 깊은 사람은 숨어 있는 경우가 많다. 우아함(grace)의 경우에는 그녀의 아버지가 그녀보다 더 심한 불안을 동반한 불안장애 및 정신외상에 걸려있는 케이스였다. 그러나 가족들은 그 사실을 전혀 모르고 있었다. 왜냐하면 아버지는 자신의 병이 드러나지 않기 위해 어머니를 조종하고 억압해 오면서 자신을 철저히 숨겨왔던 것이다.

그렇기 때문에 아버지는 그 병을 인정하지 않는 것은 물론 자신이 어떠한 방법을 동원해서라도 딸을 치료해 줄 수 있다는 착각 속에서 살고 있었다. 그리고 그런 사실을 알지 못하는 가족들은 그녀를 바라보는 시선이 한결같이 안타까운 마음도 있었지만, 똑똑한 사람이니까 훌훌 털고 일어날 것이라고 안일하게 생각하며 아버지를 믿고 싶었던 것이다. 그리고 심리적으로 취약한 자매는 그녀와 연합하여 병으로 보지 않고 측은한 마음으로 접근하고 있었다.

그로 인해서 가족 중에 누군가가 병으로 보고 치료하려고 접근하면 그 시도를 연합한 자매가 무너뜨린다. 자매 또한 상처받은 무의식의 행동이었다. 그리고 아버지와 연합하여 근본적인 치료를 시도하려는 가족을 공격하는 패턴이 20년 동안 이어져 왔다. 가족들의 공포에 가까운 불안이 병으로 고통받는 가족 구성원의 치료기회를 사랑이라는 명분으로 놓치고 있었던 것이다. 그러면서 그녀의 증세는 날이 갈수록 심해지고 장기간의 약 복용으로 기억력은 쇠퇴해지고 스스로 자신을 치유하는 자연치유력은 완전히 무력해지고 있었다.

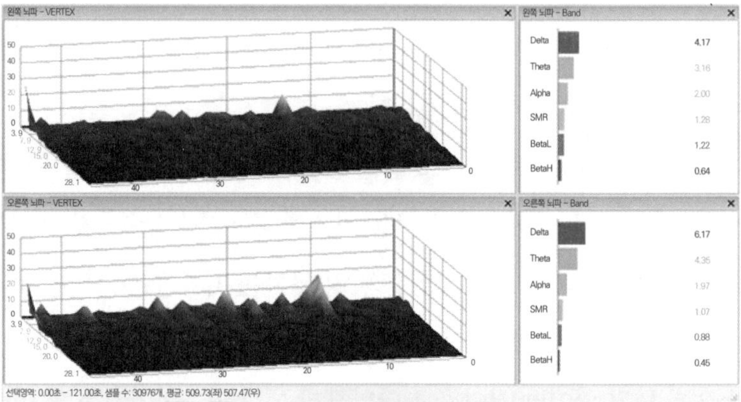

뇌파를 통해 그녀의 뇌를 촬영해 본 결과 아무런 의지가 없는, 마치 '뇌가 정지된 것'처럼 보이는, 아주 무력하고 의지가 없는 뇌파가 관찰이 되었다.

조현병 환자의 대부분은 스트레스 상황이 오면 가장 먼저 잠을 자지 못하고 강박과 불안증세를 보이면서 망상과 환청을 경험하게 된다. 그리고 스트레스의 주요인은 애정결핍과 안정감의 결여에서 오는 인간관계의 갈등과 어려움으로 시작된다.

그래서 조현병을 치유하는 프로세스는 크게 세 가지로 나누게 된다. 첫 번째는 약물치료 두번째는 손상된 뇌를 치유하고 몸과 마음에 깊이 스며들어 있는 상처, 즉 트라우마를 치유하는 것이다. 그리고 세 번째가 재활훈련(사회성훈련, 습관 바꾸기, 매일 규칙적인 생활하기 등)이다.

약물치료는 정신과에서 주는 약을 꾸준히 먹으면서 의사와 긴밀히 소통하면서 증상의 호전을 보이면 약을 조금씩 줄여나가는 것이다. 손상된 뇌를 회복하는 것은 뉴로피드백 뇌 훈련을 통해서 사회성의 뇌 전두엽을 활성화 시킨다. 그리고 브레인 온(Brain on) 뇌파 의료기를 통해서 뇌의 심부인 뇌간을 자극하여 음파를 두뇌 전체에 골고루 보내 현재의 뇌파를 안정된 상태로 동화시킨다. 또 뇌 혈류량을 적당하게 증대시키고, 과활성은 안정을, 비활성은 활성화시켜 두뇌가 통합적으로 균형을 이루어 갈 수 있게 하는 것이다. 그리고 일반적이지 않은 **왜곡된 인지 뒤에 숨어 있는 수많은 트라우마(PTSD)를 탐색하여 지속적으로 치유**하는 것이다. 조현병 환자들은 수많은 상처가 트라우마를 만들었고, 그 상처가 또 다른 상처를 만든 경우가 많기 때문에 트라우마 또한 수십 가지가 넘는 경우가 많다.

그리고 마지막 관문이 재활훈련이다. 재활과 치유는 전혀 다르다는 것을 인식해야 한다. 재활은 훈련이다. 즉 운동을 하듯 트레이닝을 시키는 것이다. 대인관계 트레이닝 훈련, 사회적응 트레이닝 훈련을 통해서 계속적이고 집중적으로 달리기를 하듯이 훈련을 하는 것이다. 꼭 기억해야 할 것은 조현병 환자가 치유되어지는 목표는 '사회구성원으로서 타인과 사회와 연결된 삶'을 살아가는데 있다는 것을 알아야 한다. 그것이 건강한 독립이다.

그러나 대부분의 오래된 조현병 환자는 의지가 없고 하고 싶은 것도 없는 경우가 허다하다. 건강했던 자신의 모습을 잃어버린 채 그런 모습이 자신인 것처럼 착각하면서 살아가는 경우가 많다. 간곡한 마음으로 알기를 당부한다. '의지가 없고 하고 싶은 것이 없는 것'은 장기간의 약 복용에서 오는 무력감의 증상이고 트라우마의 증상이라는 것을 알아야 한다.

그리고 조현병 치유에 있어 가장 중요한 수칙은 가족 전체가 한 목소리를 내는 것이다. 가족의 목소리가 분열되면 분열된 누군가의 마음은 병과 연합하는 특징이 있다는 것을 알아야 한다. 그래서 가족 구성원들은 환자와 관련된 모든 것들을 한 장소에서 공유하고 함께 의논해야 한다. 그래야 한목소리를 낼 수 있기 때문이다. 가족 구성원들이 한목소리를 내는 것을 가장 두려워하는 사람이 환자 자신이다. 왜냐하면 한목소리는 자신의 병적인 고집을 무력화시키기 때문이다. 그래서 끊임없이 가족들이 한목소리를 내지 못하도록 이간질을 시키고, 온갖 거짓말을 동원해서 분열되도록 시도하게 되는 것이다. 이 또한 조현병의 증상이라는 것을 알면 미움보다는 안타까운 마음으로 접근할 수 있을 것이다.

그리고 한목소리가 만들어졌으면 환자와 건강하지 않게 밀착 되어 있는 사람과 분리를 시도해야 한다. 그러기 위해서는 건강하게 독립을 도와주는 그룹홈(Group Home)이나 정신재활시설 공동생활가정 섭리가정을 탐색하여 그곳에서 재활훈련, 약물 관리를 할 수 있게 하면 큰 도움을 받을 수 있다.

마지막으로 중요한 것은 복지에 대해 정확하게 알고 사회복지 시스템을 직접적으로 연결시켜 주는 것이다. 조현병이 심각할 경우에는 장애등록을 신청해서 단독세대를 통해 기초수급자로 신청하는 것은 환자의 미래에 대한 안정감을 줄 수 있는 좋은 방법이다. 장기간 사회 시스템 안에서 경제적인 지원이 보장되어야만 환자는 심리적인 안정감과 사회에 복귀할 수 있다는 자신감이 생기는 것이다.

오늘 소개한 우아함(grace) 씨는 30년이라는 세월이 지난 오늘에서야 수많은 트라우마(PTSD) 치유를 진행하고 그 모든 절차를 받아들였다. 그리고 그룹홈(Group Home)에서 재활과정에 도전하여 자신을 찾아가고 있다. 사람은 누구나 새로운 것을 만나면 불안함을 느낀다. 그래서 늘 익숙한 것을 선택한다. 특히 조현병 환자의 경우에는 이런 부분에서 공포스러운 두려움과 불안을 느낀다는 것을 알아야 한다.

그렇기 때문에 사랑의 마음으로 가족 전체가 하나가 되어 환자를 **'강권적으로 이끌어주어야 한다.'** 그래야 엄청난 두려움과 불안에서 환자를 건져낼 수 있게 된다. 그런 이후에 비로소 치유할 수 있는 기회를 잡게 되는 것이다.

우아함(grace)은 그룹홈(Group Home)에서 재활훈련과 심리치유에 긍정적인 효과를 경험하고 있다. 그리고 사람들의 시선을 의식해서 하지 못했던 장애인등록과 기초수급을 가족들과 사회복지사의 도움으로 신청할 수 있었고 수급자로 결정을 받았다.

이제 그녀에게는 또 다른 꿈이 생겼다. 장애인 특별공고로 임대주택 아파트를 분양받아 자신만의 보금자리를 안정적으로 만들 수 있다는 확신과 소망이 생긴 것이다. 처음에는 독립해서 혼자 산다는 것이 너무 막막하고 두려워 생각조차 못했는데 이제는 할 수 있을 것이라는 자신감이 생겼다고 한다.

우아함(grace) 씨는 자신의 과거를 돌아보며 이렇게 고백했다.

"30년이라는 세월을 부모님 밑에서 어린아이처럼 살았으니 당연히 부모가 돌아가시면 자신의 형제들이 부모가 한 것처럼 자신을 돌봐줄 것이라고 생각되었어요. 그래서 혹시나 하는 생각에 형제들에게 나를 돌봐줄 수 있냐는 내용의 문자를 보냈더니 한 사람도 답장이 없었어요. 그때 정신이 번쩍 들었어요."

그 이후 그녀는 극심한 불안감을 느끼는 동시에 30년 만에 제대로 된 현실감을 느낄 수 있었다고 고백했다. 재활훈련과 사회성훈련, 국비 지원 자격증 취득, 사회적 기업을 통한 경제활동 등은 가족들의 경제적인 도움 없이도 본인 스스로 생활을 할 수 있을 것이라는 자신감으로 드러나 자존감으로 승화되었다. 세상에 대한 신뢰, 자신에 대한 신뢰는 무한 안전감으로 발현되었다. 그리고 가족 구성원과 끊임없이 소통하면서 한발 한발 자신의 잃어버린 30년이 허무하지 않았음을 깨달았다.

"기억조차 못 하는 내 안의 상처로 울었지만 이제는 웃으며 말할 수 있다. 나는 소중하고 행복한 사람이라는 것을"

그리고 긴 세월 동안 자신의 경험을 바탕으로 조현병으로 고생하는 환우들에게 희망을 주는 전도자가 되기를 소망하고 있다. 또한 자신의 이야기가 수많은 조현병 환자와 환우 가족들에게 조금이나마 위로와 희망이 되고, 치유의 길잡이가 되길 간절히 바란다고 전했다.

"끊임없이 현재라는 현실 앞에 두 발을 꿋꿋이 세워라. 그리고 세상을 향해 외쳐라. 고통의 순간은 과거의 일이며, 나는 현재 안전하다."